Lohfink Die Väter Israels im Deuteronomium

ORBIS BIBLICUS ET ORIENTALIS

Im Auftrag des Biblischen Instituts
der Universität Freiburg Schweiz,
des Seminars für Biblische Zeitgeschichte
der Universität Münster i. W.
und der Schweizerischen Gesellschaft
für orientalische Altertumswissenschaft
herausgegeben von
Othmar Keel
unter Mitarbeit von Erich Zenger und Albert de Pury

Zum Autor:

Norbert Lohfink, geboren am 28. Juli 1928 in Frankfurt am Main, hat in
München, Frankfurt, Paris, Rom und Jerusalem studiert. Er promovierte
1962 am Päpstlichen Bibelinstitut in Rom mit einer Arbeit über Deuteronomium 5–11. Dort hat er auch einige Jahre gelehrt. Vorher und dann wieder seit
1970 lehrte er Exegese des Alten Testaments an der Philosophisch-Theologi-
schen Hochschule Sankt Georgen in Frankfurt am Main. Er hat vor allem über
Priesterschrift, Deuteronomium und Kohelet gearbeitet. Er war im Komitee
des »Hebrew Old Testament Text Project« der United Bible Societies. Er
gehörte zu den Gründern und ersten Herausgebern der »Stuttgarter Bibel-
studien«, der »Stuttgarter biblischen Aufsatzbände« und des »Jahrbuchs für
Biblische Theologie«. Seine letzten Bücher sind »Der niemals gekündigte Bund.
Exegetische Gedanken zum christlich-jüdischen Dialog« (1989), »Lobge-
sänge der Armen. Studien zum Magnifikat, den Hodajot von Qumran und
einigen späten Psalmen« (1990) und »Studien zum Deuteronomium und zur
deuteronomistischen Literatur, II« (1991).

Zum vorliegenden Buch:

In der Reihe »Orbis Biblicus et Orientalis« erschien 1990 als Nummer 99 ein Band von Thomas Römer: »Israels Väter. Untersuchungen zur Väterthemathik im Deuteronomium und in der deuteronomistischen Tradition«. Römer untersucht darin alle Texte, wo das Alte Testament von Israels »Vätern« spricht. Er zeigt, dass keineswegs immer die drei Patriarchengestalten der Genesis gemeint sind. Für das Buch Deuteronomium stellt er die These auf, dass die Namen »Abraham, Isaak und Jakob« an den sieben Stellen, wo sie stehen, erst von der Pentateuchredaktion eingesetzt wurden. Vorher seien im Deuteronomium unter den »Vätern« die Israeliten des Exodus und ihre ägyptischen Vorfahren zu verstehen gewesen. Die These hätte weitreichende Folgen sowohl für die Rekonstruktion der Geschichte des theologischen Denkens Israels als auch für die Lösung des Pentateuchproblems.

Dieser nur ein Jahr später folgende Band 111 von »Orbis Biblicus et Orientalis« ist eine Antwort an Römer. Er ist aus dem Versuch einer Rezension von Römers Buch entstanden. Er beschränkt sich auf das Zentralstück von Römers Buch, die Untersuchung des Deuteronomiums. Lohfink analysiert Römers Methoden und die wichtigsten Einzelargumente. Er kommt zu dem Ergebnis, dass Römer seine These für das Deuteronomium nicht bewiesen hat. Unterwegs legt er auch eine Reihe eigener Interpretationen zu den diskutierten Texten vor, und zwar sowohl im Deuteronomium als auch in den Büchern von Josua bis 2 Könige. Er schliesst mit einem Ausblick auf das, was sich im Gefolge seiner Analysen für die Pentateuchdiskussion und für die Geschichte des theologischen Denkens in Israel ergibt.

Der besondere Reiz dieses Bandes besteht darin, dass Lohfink das Manuskript vor dem Druck seinem Kontrahenten zur Verfügung gestellt hat und dass in einem »Nachwort« dessen erste Reaktion auf die Kritik seiner These schon mitabgedruckt ist. Es ist zu hoffen, dass die Diskussion nun auch durch andere weitergeführt wird.

Bd. 90   JOSEPH HENNINGER SVD: *Arabica varia*. Aufsätze zur Kulturgeschichte Arabiens und seiner Randgebiete. Contributions à l'histoire culturelle de l'Arabie et de ses régions limitrophes. 504 Seiten. 1989.

Bd. 91   GEORG FISCHER: *Jahwe unser Gott*. Sprache, Aufbau und Erzähltechnik in der Berufung des Mose (Ex. 3–4). 276 Seiten. 1989.

Bd. 92   MARK A. O'BRIEN: *The Deuteronomistic History Hypothesis:* A Reassessment. 340 Seiten. 1989.

Bd. 93   WALTER BEYERLIN: *Reflexe der Amosvisionen im Jeremiabuch.* 120 Seiten. 1989.

Bd. 94   ENZO CORTESE: *Josua 13–21*. Ein priesterschriftlicher Abschnitt im deuteronomistischen Geschichtswerk. 136 Seiten. 1990.

Bd. 95   ERIK HORNUNG (Herausgeber): *Zum Bild Ägyptens im Mittelalter und in der Renaissance. Comment se représente-t-on l'Egypte au Moyen Age et à la Renaissance.* 268 Seiten. 1990.

Bd. 96   ANDRÉ WIESE: *Zum Bild des Königs auf ägyptischen Siegelamuletten.* 264 Seiten. 1990.

Bd. 97   WOLFGANG ZWICKEL: *Räucherkult und Räuchergeräte.* Exegetische und archäologische Studien zum Räucheropfer im Alten Testament. 372 Seiten. 1990.

Bd. 98   AARON SCHART: *Mose und Israel im Konflikt.* Eine redaktionsgeschichtliche Studie zu den Wüstenerzählungen. 296 Seiten. 1990.

Bd. 99   THOMAS RÖMER: *Israels Väter.* Untersuchungen zur Väterthematik im Deuteronomium und in der deuteronomistischen Tradition. 664 Seiten. 1990.

Bd. 100 OTHMAR KEEL/MENAKHEM SHUVAL/CHRISTOPH UEHLINGER: *Studien zu den Stempelsiegeln aus Palästina/Israel.* Band III. Die Frühe Eisenzeit. Ein Workshop. XIV–456 Seiten. XXII Tafeln. 1990.

Bd. 101 CHRISTOPH UEHLINGER: *Weltreich und «eine Rede».* Eine neue Deutung der sogenannten Turmbauerzählung (Gen 11,1–9). XVI–654 Seiten. 1990.

Bd. 102 BENJAMIN SASS: *Studia Alphabetica.* On the Origin and Early History of the Northwest Semitic, South Semitic and Greek Alphabets. X–120 Seiten. 16 Seiten Abbildungen. 2 Tabellen. 1991.

Bd. 103 ADRIAN SCHENKER: *Text und Sinn im Alten Testament.* Textgeschichtliche und bibeltheologische Studien. VIII–312 Seiten. 1991.

Bd. 104 DANIEL BODI: *The Book of Ezekiel and the Poem of Erra.* IV–332 Seiten. 1991.

Bd. 105 YUICHI OSUMI: *Die Kompositionsgeschichte des Bundesbuches Exodus 20,22b–23,33.* XII–284 Seiten. 1991.

Bd. 106 RUDOLF WERNER: *Kleine Einführung ins Hieroglyphen-Luwische.* XII–112 Seiten. 1991.

Bd. 107 THOMAS STAUBLI: *Das Image der Nomaden im Alten Israel und in der Ikonographie seiner sesshaften Nachbarn.* XII–408 Seiten. 1991.

Bd. 108 MOSHÉ ANBAR: *Les tribus amurrites de Mari.* VIII–256 Seiten. 1991.

Bd. 109 GÉRARD J. NORTON/STEPHEN PISANO: *Tradition of the Text.* Studies offered to Dominique Barthélemy in Celebration of his 70th Birthday. 336 Seiten. 1991.

Bd. 110 HILDI KEEL-LEU: *Vorderasiatische Stempelsiegel.* Die Sammlung des Biblischen Instituts der Universität Freiburg Schweiz. 180 Seiten. 24 Tafeln. 1992.

Bd. 111 NORBERT LOHFINK: *Die Väter Israels im Deuteronomiun.* Mit einer Stellungnahme von Thomas Römer. 152 Seiten. 1991.

UNIVERSITÄTSVERLAG FREIBURG SCHWEIZ

Bd. 69   RAPHAEL VENTURA: *Living in a City of the Dead*. A Selection of Topographical and Administrative Terms in the Documents of the Theban Necropolis. XII–232 Seiten. 1986.

Bd. 70   CLEMENS LOCHER: *Die Ehre einer Frau in Israel*. Exegetische und rechtsvergleichende Studien zu Dtn 22, 13–21. XVIII–464 Seiten. 1986.

Bd. 71   HANS-PETER MATHYS: *Liebe deinen Nächsten wie dich selbst*. Untersuchungen zum alttestamentlichen Gebot der Nächstenliebe (Lev 19,18). XIV–196 Seiten. 1986. Vergriffen. Neuauflage in Vorbereitung.

Bd. 72   FRIEDRICH ABITZ: *Ramses III. in den Gräbern seiner Söhne*. 156 Seiten, 31 Abbildungen. 1986.

Bd. 73   DOMINIQUE BARTHÉLEMY/DAVID W. GOODING/JOHAN LUST/EMANUEL TOV: *The Story of David and Goliath*. 160 Seiten. 1986.

Bd. 74   SILVIA SCHROER: *In Israel gab es Bilder*. Nachrichten von darstellender Kunst im Alten Testament. XVI–553 Seiten, 146 Abbildungen. 1987.

Bd. 75   ALAN R. SCHULMAN: *Ceremonial Execution and Public Rewards*. Some Historical Scenes on New Kingdom Private Stelae. 296 Seiten, 41 Abbildungen. 1987.

Bd. 76   JOŽE KRAŠOVEC: *La justice (Ṣdq) de Dieu dans la Bible hébraïque et l'interprétation juive et chrétienne*. 456 pages. 1988.

Bd. 77   HELMUT UTZSCHNEIDER: *Das Heiligtum und das Gesetz*. Studien zur Bedeutung der sinaitischen Heiligtumstexte (Ez 25–40; Lev 8–9). XIV–326 Seiten. 1988.

Bd. 78   BERNARD GOSSE: *Isaïe 13,1–14,23*. Dans la tradition littéraire du livre d'Isaïe et dans la tradition des oracles contre les nations. 308 pages. 1988.

Bd. 79   INKE W. SCHUMACHER: *Der Gott Sopdu – Der Herr der Fremdländer*. XVI–364 Seiten, 6 Abbildungen. 1988.

Bd. 80   HELLMUT BRUNNER: *Das hörende Herz*. Kleine Schriften zur Religions- und Geistesgeschichte Ägyptens. Herausgegeben von Wolfgang Röllig. 449 Seiten, 55 Abbildungen. 1988.

Bd. 81   WALTER BEYERLIN: *Bleilot, Brecheisen oder was sonst?* Revision einer Amos-Vision. 68 Seiten. 1988.

Bd. 82   MANFRED HUTTER: *Behexung, Entsühnung und Heilung*. Das Ritual der Tunnawiya für ein Königspaar aus mittelhethitischer Zeit (KBo XXI 1 – KUB IX 34 – KBo XXI 6). 186 Seiten. 1988.

Bd. 83   RAPHAEL GIVEON: *Scarabs from Recent Excavations in Israel*. 114 Seiten, 9 Tafeln. 1988.

Bd. 84   MIRIAM LICHTHEIM: *Ancient Egyptian Autobiographies chiefly of the Middle Kingdom*. A Study and an Anthology. 200 Seiten, 10 Seiten Abbildungen. 1988.

Bd. 85   ECKART OTTO: *Rechtsgeschichte der Redaktionen im Kodex Ešnunna und im «Bundesbuch»*. Eine redaktionsgeschichtliche und rechtsvergleichende Studie zu altbabylonischen und altisraelitischen Rechtsüberlieferungen. 220 Seiten. 1989.

Bd. 86   ANDRZEJ NIWIŃSKI: *Studies on the Illustrated Theban Funerary Papyri of the 11th and 10th Centuries B.C.* 488 Seiten, 80 Seiten Tafeln. 1989.

Bd. 87   URSULA SEIDL: *Die babylonischen Kudurru-Reliefs*. Symbole mesopotamischer Gottheiten. 236 Seiten, 33 Tafeln und 2 Tabellen. 1989.

Bd. 88   OTHMAR KEEL/HILDI KEEL-LEU/SILVIA SCHROER: *Studien zu den Stempelsiegeln aus Palästina/Israel*. Band II. 364 Seiten, 652 Abbildungen. 1989.

Bd. 89   FRIEDRICH ABITZ: *Baugeschichte und Dekoration des Grabes Ramses' VI*. 202 Seiten, 39 Abbildungen. 1989.

Bd. 50/2   DOMINIQUE BARTHÉLEMY: *Critique textuelle de l'Ancien Testament*. 2. Isaïe, Jérémie, Lamentations. Rapport final du Comité pour l'analyse textuelle de l'Ancien Testament hébreu institué par l'Alliance Biblique Universelle, établi en coopération avec Alexander R. Hulst †, Norbert Lohfink, William D. McHardy, H. Peter Rüger, coéditeur, James A. Sanders, coéditeur. 1112 pages. 1986.

Bd. 51   JAN ASSMANN: *Re und Amun*. Die Krise des polytheistischen Weltbilds im Ägypten der 18.–20. Dynastie. XII–309 Seiten. 1983.

Bd. 52   MIRIAM LICHTHEIM: *Late Egyptian Wisdom Literature in the International Context*. A Study of Demotic Instructions. X–240 Seiten. 1983.

Bd. 53   URS WINTER: *Frau und Göttin*. Exegetische und ikonographische Studien zum weiblichen Gottesbild im Alten Israel und in dessen Umwelt. XVIII–928 Seiten, 520 Abbildungen. 1987. 2. Auflage. Mit einem Nachwort zur 2. Auflage.

Bd. 54   PAUL MAIBERGER: *Topographische und historische Untersuchungen zum Sinaiproblem*. Worauf beruht die Identifizierung des Ǧabal Mūsā mit dem Sinai? 189 Seiten, 13 Tafeln. 1984.

Bd. 55   PETER FREI/KLAUS KOCH: *Reichsidee und Reichsorganisation im Perserreich*. 119 Seiten, 17 Abbildungen. 1984. Vergriffen. Neuauflage in Vorbereitung

Bd. 56   HANS-PETER MÜLLER: *Vergleich und Metapher im Hohenlied*. 59 Seiten. 1984.

Bd. 57   STEPHEN PISANO: *Additions or Omissions in the Books of Samuel*. The Significant Pluses and Minuses in the Massoretic, LXX and Qumran Texts. XIV–295 Seiten. 1984.

Bd. 58   ODO CAMPONOVO: *Königtum, Königsherrschaft und Reich Gottes in den Frühjüdischen Schriften*. XVI–492 Seiten. 1984.

Bd. 59   JAMES KARL HOFFMEIER: *Sacred in the Vocabulary of Ancient Egypt*. The Term *DSR*, with Special Reference to Dynasties I–XX. XXIV–281 Seiten, 24 Figures. 1985.

Bd. 60   CHRISTIAN HERRMANN: *Formen für ägyptische Fayencen*. Katalog der Sammlung des Biblischen Instituts der Universität Freiburg Schweiz und einer Privatsammlung. XXVIII-199 Seiten. 1985.

Bd. 61   HELMUT ENGEL: *Die Susanna-Erzählung*. Einleitung, Übersetzung und Kommentar zum Septuaginta-Text und zur Theodition-Bearbeitung. 205 Seiten + Anhang 11 Seiten. 1985.

Bd. 62   ERNST KUTSCH: *Die chronologischen Daten des Ezechielbuches*. 82 Seiten. 1985.

Bd. 63   MANFRED HUTTER: *Altorientalische Vorstellungen von der Unterwelt*. Literar- und religionsgeschichtliche Überlegungen zu «Nergal und Ereškigal». VIII–187 Seiten. 1985.

Bd. 64   HELGA WEIPPERT/KLAUS SEYBOLD/MANFRED WEIPPERT: *Beiträge zur prophetischen Bildsprache in Israel und Assyrien*. IX–93 Seiten. 1985.

Bd. 65   ABDEL-AZIZ FAHMY SADEK: *Contribution à l'étude de l'Amdouat*. Les variantes tardives du Livre de l'Amdouat dans les papyrus du Musée du Caire. XVI–400 pages, 175 illustrations. 1985.

Bd. 66   HANS-PETER STÄHLI: *Solare Elemente im Jahweglauben des Alten Testamentes*. X–60 Seiten. 1985.

Bd. 67   OTHMAR KEEL / SILVIA SCHROER: *Studien zu den Stempelsiegeln aus Palästina/Israel*. Band I. 115 Seiten, 103 Abbildungen. 1985.

Bd. 68   WALTER BEYERLIN: *Weisheitliche Vergewisserung mit Bezug auf den Zionskult*. Studien zum 125. Psalm. 96 Seiten. 1985.

Orbis Biblicus et Orientalis   111

Norbert Lohfink

Die Väter Israels
im Deuteronomium

Mit einer Stellungnahme
von Thomas Römer

Universitätsverlag Freiburg Schweiz
Vandenhoeck & Ruprecht Göttingen

Die Deutsche Bibliothek – CIP-Einheitsaufnahme

Lohfink, Norbert:
Die Väter Israels im Deuteronomium: zu einem Buch von Thomas Römer /
Norbert Lohfink. Mit einem Nachw. von Thomas Römer. – Freiburg, Schweiz:
Univ.-Verl.; Göttingen: Vandenhoeck und Ruprecht, 1991
   (Orbis biblicus et orientalis; 111)
   ISBN 3-525-53744-1 (Vandenhoeck und Ruprecht) Gb.
   ISBN 3-7278-0778-4 (Univ.-Verl.) Gb.
NE: GT

Veröffentlicht mit Unterstützung des Hochschulrates
der Universität Freiburg Schweiz

Die Druckvorlagen wurden vom Herausgeber
als reprofertige Dokumente zur Verfügung gestellt

© 1991 by Universitätsverlag Freiburg Schweiz
   Vandenhoeck & Ruprecht Göttingen

Paulusdruckerei Freiburg Schweiz

ISBN 3-7278-0778-4 (Universitätsverlag)
ISBN 3-525-53744-1 (Vandenhoeck & Ruprecht)

Vinzenz Hamp zum Gedächtnis

Inhaltsverzeichnis

Vorwort

Ursprünglich sollte es eine Rezension werden, jetzt ist diese kleine Schrift daraus geworden. Beim Lesen des Buches von Thomas Römer über »Israels Väter« hatte sich mir ein klares Nein zu seiner These über das Deuteronomium ergeben. Aber ich wollte kein Verdikt aussprechen. Der Versuch, auch Gründe zu nennen und auf die wichtigsten angegebenen Gründe einzugehen, endete bei diesem Buch.

Das Buch bleibt Einrede. Es entwickelt keine Gegenthese. Erst recht arbeitet es nicht noch einmal die ganze Literatur auf. Nur auf den Abschlußseiten versuche ich anzudeuten, was sich aus den unterwegs gemachten Feststellungen für das Deuteronomium vermuten und für die Pentateuchanalyse offenhalten läßt. Mehr soll einmal in dem Kommentar zum Deuteronomium stehen, an dem ich, zusammen mit Georg Braulik, langfristig arbeite.

Thomas Römer hat gegen Anfang seines Buches ein Wort von Bernhard Duhm zitiert. Duhm bekennt, wie viele »vielleicht« bei seiner Arbeit zu schreiben seien, und daß er »für Belehrung sehr empfänglich« sei. Ich möchte nicht einmal belehren, denn ich habe in der Auseinandersetzung mit Römers Buch selber viel gelernt und weiß natürlich, wieviele »vielleicht« es auch in meiner Gegenschrift gibt. Aber im Geist des Duhm-Zitats darf Widerspruch auch deutlich ausgesprochen werden. Wenn ich mich frage, worin denn letztlich die Divergenz zu Römer gründet, dann muß ich wohl – jenseits aller Einzeldiskussion – sagen, daß wir offenbar ein verschiedenes Vorverständnis davon haben, was ein Text ist und wie Texte den Leser bei der Hand nehmen.

Ich danke vor allem Othmar Keel. Seine Lust am wissenschaftlichen Diskurs hat es möglich gemacht, daß die Schrift in der gleichen Reihe wie Römers Buch erscheinen kann, und derart hurtig. Auch Christoph Uehlinger hat seinen Teil dazu beigetragen. Mit Jean-Louis Ska konnte ich, als ich noch an kein Buch dachte, schon über die Sache diskutieren. Georg Braulik und Hans-Winfried Jüngling haben andere Arbeiten beiseitegeschoben, fast über Nacht das Manuskript gelesen und mich durch kritische Beobachtungen zu einer neuerlichen Überarbeitung meines Textes gebracht. Allen danke ich sehr.

Othmar Keel hat überdies Thomas Römer dafür gewonnen, noch eine Antwort zu schreiben, und dies in knappster Zeit. Ich danke Thomas Römer dafür, daß er sich darauf einließ und sogar noch die Druckvorlage seiner Seiten in Genf produzierte – denn so kann der Leser nicht nur die beiden Bücher miteinander vergleichen, sondern wird in einen Diskurs hineingezogen. Besonders danke ich Thomas Römer dafür, daß er mir eine Liste von Stellen hat zukommen lassen, wo ich ihn nicht recht verstanden oder wo ich nicht passend formuliert hatte. Über sein Nachwort hatten wir keinen Austausch mehr, es gelang aber noch, alles umgreifende Verzeichnisse herzustellen.

Peter Knauer danke ich für die hochgezüchteten Styles und für die große Hilfe beim Ausdruck.

Beim Lesen des fertigen Manuskripts ist mir aufgefallen, wie oft die Textkritik zu Wort kommt, obwohl es eigentlich um anderes geht. Zugleich wurde mir bewußt, daß dies ein Erbe meines Münchner Lehrers Vinzenz Hamp ist. Er hat dem schlicht der Biblia Hebraica und ihren Apparaten vertrauenden Doktoranden beigebracht, daß man sich zunächst immer noch einmal des Textes vergewissern muß. Dafür, aber auch für so viel anderes, vor allem für seine gütige Freundlichkeit, bin ich ihm zutiefst dankbar. Zu Beginn dieses Jahres ist er gestorben. Ich möchte die Schrift seinem Andenken widmen.

Frankfurt am Main, im Juli 1991   Norbert Lohfink SJ

1. Kapitel

Voll- und Kurzbezeichnungen von Personen in Erzählungen

Die Benennung Joschijas in 2 Kön 22 - 23

Bei der Darstellung Joschijas von Juda in 2 Kön 22 - 23 steht in den deuteronomistischen Rahmenversen[1], wie auch sonst in solchen Königsnotizen, schlicht der Name des Königs: יאשיהו[2]. Nur in der Notiz über Joschijas Tod bei Megiddo tritt Joschija dem מלך־מצרים Necho entgegen, und dieser selbst ist ausgezogen gegen den מלך אשור. Da muß auch Joschija als המלך יאשיהו auftreten (23,29). Diese Abweichung von der Regel ist als sprachliche Herausarbeitung der Dreikönigekonstellation sachgemäß.

Von diesem Befund im Rahmen unterscheidet sich der Befund innerhalb des gerahmten Textes, also in 2 Kön 22,3 - 23,24. Hier steht am Anfang (22,3) und gegen Ende (23,23) die Amtsbezeichnung המלך, zu welcher der Name יאשיהו als Apposition tritt: המלך יאשיהו. Sonst wird da, wo der Erzähler spricht, 15 mal המלך gesagt[3], 3 mal יאשיהו[4]. Die am Anfang und gegen Ende stehende Bezeichnung המלך יאשיהו fehlt.

Schon dieser synchron am Endtext erhobene Befund ist interessant. Die volle Bezeichnung des Protagonisten durch sein Amt und seinen in Apposition beigefügten Namen steht nur am Anfang und gegen Ende der Erzählung. In ihrem Innenbereich ist es offenbar nicht nötig, so formell zu werden. Joschija kann vom Leser, nachdem am Anfang hinreichende Information eingegeben worden ist, allein durch die Amtsbezeichnung המלך (das ist der Normalfall) oder durch seinen Namen (das kommt seltener vor) eindeutig identifiziert werden. Die Kurzbezeichnungen können die zunächst nötige Langbezeichnung ersetzen oder vertreten.

Die Benennung Joschijas im »Auffindungsbericht«

Noch durchsichtiger wird der Sachverhalt, wenn man Textvorstadien rekonstruiert. Das wichtigste in den Text eingearbeitete Dokument ist der sogenannte »Auffindungsbericht«. Er dürfte - von einigen Zusätzen, vor allem in der Huldarede, abgesehen - 22,3-20; 23,1-3.21-23 umfaßt haben[5]. Hier stehen die vollen Be-

---

1   22,1-2; 23,25-30. Ich folge in der Abgrenzung von Rahmen und Korpus der außerordentlich gründlichen synchronen Analyse der Kapitel durch TAGLIACARNE, *Keiner war wie er.*

2   22,1; 23,28.30. מלך in 23,25 ist keine Referenz auf Joschija und deshalb hier nicht mitzuzählen.

3   22,3.9.9.10.10.11.12.20; 23,1.2.3.4.12.13.21.

4   23,16.19, dann auch noch einmal in 24. Ich übergehe den Titel עבד־המלך in 22,12. Ferner klammere ich die zitierte Hulda-Rede aus. Dort heißt es in 22,15: האיש אשר־שלח אתכם אלי, und in 22,16.18 (mit offizieller Titulatur): מלך יהודה. Offenbar folgt das Prophetinnenzitat anderen Sprachkonventionen als der Erzählertext. Es kann offenbleiben, ob das einen anderen Verfasser verrät oder ob ein einziger Verfasser hier bewußt einen anderen Redestil eingesetzt hat.

5   Vgl. als letzten Literaturbericht LOHFINK, »2 Kön 22 - 23«. Literatur von da ab bis 1989: CON-

zeichnungen für den Protagonisten im ersten und im letzten Satz: 22,3 = 23,23 המלך יאשׁיהו, und zwar jedesmal innerhalb einer gleichlautenden Zeitangabe. Dazwischen jedoch sagt der Erzähler *nur* המלך, und zwar 12 mal[6]. Der literarisch genau durchgeformte Text hatte vier Abschnitte. Jeder setzte mit einer Aktion des Königs ein. Obwohl man erwarten könnte, daß die volle Bezeichnung zumindest bei diesen Neuansätzen wiederkehrte, erscheint auch an diesen Stellen als Subjektangabe nur המלך (22,3.12; 23,1.21). Kein Zweifel, die volle Bezeichnung im Rahmen und die Kurzbezeichnung im Innenraum gehen auf eine bewußt angewandte Technik zurück: Nachdem der Protagonist der Erzählung sofort am Anfang durch Funktionsbezeichnung und den in Apposition beigegebenen Namen voll identifiziert worden ist, genügt in der Folge die Funktionsbezeichnung, bis am Ende zum Ausklang und Abschluß auch der Name noch einmal hinzutritt.

Die Erzählung stammt aus der Epoche, in der das Deuteronomium entstand. Sie berichtet von seiner Inkraftsetzung. Ihr Verfasser oder ihre Verfasserin gehört zumindest in den Umkreis dessen, was man »deuteronomische Bewegung« oder »deuteronomische Schule« nennt. Da die deuteronomistische Redaktion der Königsbücher in ihren erweiternden Textteilen die in dieser Quelle vorgefundene Technik der anfänglichen Vollidentifizierung und nachfolgenden namenfreien Kurzreferenz locker aufgenommen und weitergeführt hat, war diese Technik *deuteronomistisch möglich*. Zumindest *eine* deuteronomistische Hand hat sie erkannt und weitergeführt[7].

Literar- und traditionskritische Denkmöglichkeiten

Diese Technik könnte einen Literarkritiker zu einer scharfsinnigen Theorie inspirieren. Es ist ja eine »Spannung« vorhanden. Die gleiche Person wird einmal so und einmal anders bezeichnet. Man müßte also nur annehmen, die beiden in Apposition stehenden Namensangaben am Anfang und am Ende des Textes seien sekundär hinzugefügt oder seien irgendwann verändert worden, und schon kann die eigentliche Erzählung ursprünglich von einem anderen König gehandelt haben und hat vielleicht auch in einer ganz anderen Epoche gespielt.

ROY, »Exegetical Task« 256 Anm. 6. Dort fehlen noch: EYNIKEL, *Hervorming*; PAUL, *Archimedisch Punt*. Meine eigene Sicht ist am einfachsten aus LOHFINK, »Cult Reform«, erhebbar.

6   22,3.9.9.10.10.11.12.20; 23,1.2.3.21.

7   Mir ist im Deuteronomium selbst ein vergleichbares, wenn auch nicht identisches Phänomen zum erstenmal aufgefallen, als ich die deuteronomische Zentralisationsformel untersuchte. Alle in ihren verschiedenen Belegen vorkommenden Elemente sind im ersten Beleg, Dtn 12,4, vereinigt. Nachher folgt nie mehr alles zusammen. Vergröbert man etwas, dann gibt es nachher eine Langformel und eine Kurzformel. In Dtn 12 tritt die Kurzformel erst beim vierten Vorkommen auf, im Gesetz 14,22-17 erscheint sie erst beim dritten Vorkommen, so auch bei den Festgesetzen in Dtn 16. Deshalb spricht vieles dafür, daß die Kurzformel stets im Sinn der Langformel verstanden werden will. Vgl. LOHFINK, »Zentralisationsformel« 314f.

Daß tradierte Geschichten im deuteronomistischen Geschichtswerk einem falschen Protagonisten zugeteilt werden, nimmt man in manchen Fällen an, etwa in 1 Kön 22,1-37, der Geschichte vom Feldzug nach Ramot-Gilead mit der eingeschobenen Episode vom Auftritt des Propheten Micha ben Jimla. Ursprünglich war das vermutlich eine märchenhafte Kriegserzählung. Es bestehen begründete Zweifel, ob die Geschichte in ihrer ältesten Gestalt und auch in den ersten Phasen ihrer Erweiterung (durch die Prophetenepisode) schon unter dem König Ahab gespielt hat[8].

Vergleich mit dem Befund in 1 Kön 22

Warum ist eine ähnliche Annahme – falls ich nicht etwas übersehen habe – niemals für den »Auffindungsbericht« in 2 Kön 22 – 23 gemacht worden? Nun, man nimmt so etwas nicht an, wenn nicht *Beobachtungen* dazu zwingen, die sich anders schlecht erklären lassen. Für 1 Kön 22 gibt es solche Beobachtungen. Der König von Juda tritt in 22,2 als יהושפט מלך־יהודה in die Erzählung ein. Dann heißt er stets nur noch יהושפט (10 mal), außer in 22,10 und 22,29, wo er zusammen mit dem מלך־ישראל (ohne Namen!) agiert und man konsequenterweise auch den Titel מלך־יהודה zu seinem Namen hinzufügen mußte. Der König von Israel wird dagegen nicht mit Namen eingeführt. Sein Name wird nur in einem Gotteswort in 22,20 genannt, mitten in der zweifellos jüngsten Schicht des Textes. Dort heißt er Ahab. Sonst steht im Erzählertext stets einfach מלך־ישראל (17 mal), wenn nicht gar, wo die Referenz im Kontext eindeutig ist, schlicht המלך (6 mal)[9].

Das sind textimmanente Fakten, die ernsthaft dafür sprechen, daß die Geschichte erst relativ spät Ahab zugeordnet wurde. Es kommt hinzu, daß die Königsnotiz in 22,40 keinen gewaltsamen Tod Ahabs zu kennen scheint. Das ist eine historische, textexterne Schwierigkeit. So läßt sich für 1 Kön 22 begründet vertreten, daß die Bezeichnungen מלך־ישראל und המלך in der dort berichteten Geschichte ursprünglich keineswegs Ahab von Israel, sondern entweder einen anderen, im nicht mehr vorhandenen ursprünglichen Kontext auch mit Namen genannten König von Israel oder irgendeinen, in der Erzählung gar nicht näher bestimmten König von Israel oder gar – wenn am Anfang eine eher märchenhafte Geschichte stand – *den* (prototypischen) König von Israel bezeichnet haben.

Wenn für die in 2 Kön 22 – 23 zugrundeliegende Geschichte niemand auf eine analoge überlieferungsgeschichtliche Idee gekommen ist, dann offenbar, weil weder textimmanente noch textexterne Gründe dazu zwangen, eine solche Hypothese aufzustellen. So bleibt es dabei, daß dort für die Benennung einer wichtigen Gestalt eine konsequent durchgeführte und offenbar sowohl verstehbare als auch

---

8　Als neuere Analyse und historische Beurteilung vgl. etwa WÜRTHWEIN, *Könige* 253-262.

9　In zitierter Rede steht normalerweise einfach המלך – woraus im übrigen hervorgeht, daß sich die Geschichte so, wie sie jetzt vorliegt, um ihn, nicht um Joschafat dreht.

akzeptierte literarische Technik gehandhabt wurde: Rahmung durch Funktions-
angabe und appositionellen Namen, Binnenbezeichnung durch reine Funktions-
angabe.

Der Text und das Gedächtnis des Lesers

Was hier an einem schon aus der Umwelt des Deuteronomiums stammenden
Beispiel gezeigt wurde, mag in seiner konkreten Gestalt – Kennzeichnung einer
häufiger zu nennenden Person am Anfang durch Funktion und Namen, nachher
nur noch durch die Funktionsbezeichnung – Ausdruck eines bestimmten literarischen Stils sein. Es ginge auch anders. Hochfeierliche Inschriften würden vielleicht
bei jeder Nennung des Königs dessen gesamte Titulatur oder die volle Liste von
Namen und Beinamen einsetzen. In einer anderen Stiltradition könnte nur der
Name stehen, und allein die narrative Ausführung würde die restliche Information
über den Namensträger liefern.

Doch zeigt sich an solchen Stilen etwas, das dem Text als solchem zukommt.
Texte müssen bei häufiger Wiederkehr gleicher Aussageinhalte nicht immer alle
Informationen wiederholen. Texte rechnen mit dem Gedächtnis des Lesers. Sie
arbeiten mit allen möglichen Arten von »Pro-Elementen«, anfangend mit dem
Pronomen und dem Artikel. Sie können schon Gesagtes verkürzend aufgreifen.
Protagonisten, einmal voll eingeführt, können dann durch ein einziges Wort ange-
zeigt werden. Es aktiviert aus dem Gedächtnis des Lesers heraus die früher schon
mitgeteilten weiteren Informationen. Dies ist ein geradezu banaler und doch offenbar manchen Textauslegern nicht immer bewußter textlinguistischer Grundsach-
verhalt.

Er kann subtiler weiterentwickelt werden. So kann ein Text zunächst Informationen zurückhalten. Auch dann bleibt etwas im Gedächtnis des Lesers haften.
Nämlich das Rätsel, die noch ungeklärte Identität etwa einer genannten und doch
noch nicht wirklich identifizierte Person. Zurückliegende Textpassagen werden erst
später voll verstanden, wenn die zunächst versagte Aufklärung kommt.

Mißachtet ein Text den Normalvorgang der zunehmenden Informationsbeset-
zung einzelner Textelemente, dann macht er allein dadurch schon eine zusätzliche
Aussage: Er gibt durch stereotypen Pleonasmus zum Beispiel seine Gattung kund,
zeigt, daß er eine Prunkinschrift ist oder rituellen Charakter hat.

Auch die Wiederkehr der schon einmal gegebenen volleren Information nach
einiger Zeit kann verschiedenste Funktionen haben. Es kann zuviel anderes dazwi-
schengetreten sein, so daß eine Auffrischung des Lesergedächtnisses angebracht ist.
Im neuen Kleinkontext kann die Referenz nicht eindeutig sein. Dann muß zusätzliche Information hinzugefügt werden. Oder es soll eine Zäsur, eine Art Neueinsatz
markiert werden. Daher spricht man noch einmal so, als begänne der Gesamttext
gerade erst. Vielleicht soll auch nur eine bestimmte Passage unterstrichen werden.

Oder am Schluß des Gesamttexts soll in einer Art Rahmung der volle Ton des Anfangs erklingen. Letzteres ist ja wohl der Fall in 2 Kön 23,23. Das Phänomen des verkürzten Aufgriffs eines schon bekannten Aussageelements hat seine Heimat im durchlaufenden Makrotext. Ist ein solcher nicht gegeben, etwa in einer Anthologie oder in einer Sprichwortsammlung, dann kann natürlich die einzelne Texteinheit nicht mit einem schon angefüllten Textgedächtnis des Lesers rechnen und muß alle wünschenswerten Informationen selber beibringen. Obwohl man auch hier vorsichtig sein muß. Die Gattungsphänomene sind oft sehr subtil. Was als reines Gemenge erscheint, kann heimlich doch verwoben sein. Zumindest arbeitet die Auslegung der Proverbien oder des Psalters neuerdings mit solchen Annahmen.

Je nachdem, ob man in einem konkreten Fall mit einem echten Makrotext oder mit unverbunden aneinandergereihten Stücken rechnet, muß man im Text auftretende Lexeme oder Lexemgruppen oft verschieden verstehen. Ist von »dem König« mitten in einer Erzählung die Rede, so schaut man am besten am Anfang nach. Wahrscheinlich wird man schon in der Exposition der Geschichte erfahren, von welchem König sie handelt. In einer lockeren Sprichwortsammlung wird man »den König«, von dem ein Sprichwort spricht, kaum identifizieren können, indem man andere Sprichwörter konsultiert, die auch von einem König sprechen. Es wird sich um den Prototyp des Königs handeln, und nicht um eine historische Königsgestalt. Wenn man beim Umgang mit einem Text von einer Gattungsannahme gesteuert wird, die der wirklichen Gattung nicht entspricht, kann man hier leicht Fehler begehen. In einem umfassenden Makrotext etwa kann man, wenn man nur mit einem lockeren Textgemenge rechnet, sich zu sehr nur nach Informationen aus dem engeren Kontext richten, während die wirklichen Informationen weiter entfernt, vielleicht ganz am Anfang des Gesamttextes, zu finden sind. Wer aber weiß, daß es sich um einen Makrotext handelt und dennoch seine Informationen nur in einem kleinen Abschnitt sucht, begeht einen Kunstfehler.

Vermutlich hängen manche bibelwissenschaftliche Dauerdiskussionen an verschiedenen Weichenstellungen in diesem Gleisbereich. Ich denke da zum Beispiel an die sogenannten Gottesknechtlieder und die Deutung der Gottesknechtgestalt im Jesajabuch. Synchron gelesen ist recht bald im Textbereich von Deuterojesaja deutlich gesagt, auf wen die Wortverbindung עבד יהוה in diesem Text zielt: auf Israel[10]. Das muß wahrlich nicht ständig nochmals gesagt werden. Doch offenbar

---

10   Vgl. schon 1900 BUDDE, *Ebed-Jahwe-Lieder* 32: »Wenn ein Schriftsteller eine neue Bezeichnung einführt, so kann man von ihm verlangen, daß er ihren Begriff an der ersten Stelle, wo er davon Gebrauch macht, gebührend bestimmt und erläutert. Hat er das *einmal* getan, so kann *er* von dem verständigen Leser verlangen, daß er aus dieser Gleichung das x nachfolgender Stellen sich selber löst, d. h. daß er diese Bezeichnung im weiteren Zusammenhang überall so versteht, wie sie an der ersten Stelle erklärt ist. Niemand kann dem Verfasser die Pflicht auferlegen, die Erklärung an jeder Stelle zu wiederholen. So hat Deuterojesaja an der ersten Stelle, wo der

sind nicht alle Ausleger davon überzeugt, daß wir bei Deuterojesaja einen zusammenhängenden Makrotext vor uns haben. Oder zumindest für Vorstadien des jetzigen Textes bezweifeln sie es. Damit könnten sie in der Tat im Recht sein, selbst wenn es vom jetzigen Text nicht gilt. Wer allerdings in manchen Textstücken an bestimmten Stellen literarkritische Aufteilungen gerade wegen der nicht genauen Identifizierung des עבד יהוה vornimmt, muß sich sehr wohl vorsehen, ob er nicht im Zirkel argumentiert.

Die Technik, mit der in 2 Kön 22 – 23 vom König Joschija gesprochen wird, ist also nur ein Sonderfall eines sehr grundsätzlichen und auch höchst normalen Phänomens in Makrotexten. Außerdem ist schon deutlich geworden, wie wichtig es für die Auslegung von Texten sein kann, ob dieses Phänomen in seiner Eigentümlichkeit erkannt wird oder nicht.

Knecht Jahwes vorkommt, in 41,8, ihn durch ,Israel' und ,Jakob' erläutert und es durch den Hinweis auf Abrahams Berufung unzweifelhaft gemacht, daß das ganze Volk Israel als solches gemeint sei. Wenn er daher den Namen von nun an überall ohne die ausdrückliche Einsetzung seines Wertes gebrauchte, so wären wir als Leser immer noch verpflichtet, ihn nach der ersten Erklärung zu verstehen.«

2. Kapitel

THOMAS RÖMER und die Referenz von אבות im Deuteronomium

RÖMERS These

Die bisher gemachten Überlegungen scheinen mir wichtig zu sein, wenn man das kürzlich erschienene Buch von THOMAS RÖMER über die »Väterthematik im Deuteronomium und in der deuteronomistischen Tradition« – so die Themaangabe im Untertitel – sachgerecht beurteilen will[1].

In RÖMERS Buch wird für das Deuteronomium eine Theorie von der Art entwickelt, wie sie im vorigen Kapitel für die Hauptquelle von 2 Kön 22 – 23 als zwar denkbar, aber aus Mangel an guten Gründen kaum empfehlenswert dargestellt wurde.

Handelte es sich dort um das Wort מלך, das nur beim ersten Vorkommen durch den in Apposition beigefügten Namen יאשיהו eine historische Referenz erhält, während es – selbstverständlich auch dann mit der gleichen Referenz – in der Folge bis zur abschließenden Rahmennotiz in 23,23 allein auftritt, so handelt es sich hier um die pluralische und mit enklitischem Pronomen auf Israel bezogene Bezeichnung האבות »(deine / eure / unsere / ihre) Väter«, und zwar vor allem dann, wenn sie in relativ gleichbleibender formelhafter Sprache im Zusammenhang mit einem Schwur Jahwes bezüglich der Gabe des Landes oder anderer Verheißungsgüter auftritt. Beim ersten Beleg, in Dtn 1,8, folgen ihr in Apposition die drei aus der Genesis bekannten Stammvaternamen Abraham, Isaak und Jakob. In den späteren Belegen fehlt diese Apposition mit den Namen gewöhnlich. Nur noch an 6 weiteren Stellen des Deuteronomiums kehren die drei Namen wieder.

RÖMER bezweifelt nicht, daß im *jetzigen* Deuteronomium alle Aussagen über einen Landverheißungsschwur an die Väter Israels, auch die ohne die Apposition, auf die Patriarchenerzählungen der Genesis zurückverweisen sollen[2]. Doch er stellt die These auf, daß die drei Patriarchennamen überall, wo sie stehen, erst von der Pentateuchredaktion eingefügt worden sind. Bevor diese Einfügung geschah, habe die Rede von Israels »Vätern« dagegen von einer Verheißung oder einem

---

[1] RÖMER, *Väter*. Mit dieser Arbeit wurde der Autor 1988 in Genf zum Dr. theol. promoviert. Im folgenden beziehen sich reine Seitenangaben, falls der Kontext nicht eindeutig etwas anderes nahelegt, auf dieses Buch.

[2] So zumindest in der Zusammenfassung auf S. 269: »Durch die Gleichsetzung der אבות mit den Erzvätern an ‚strategisch' wichtigen Stellen wurde ein konstanter Eingriff in die Väterschwurtexte unnötig, da sich nun eine Identifikation mit den Patriarchen von selbst nahelegte.« Auch für den Endtext des Tetrateuch hält er das semantische Weiterwirken einmal gesetzter Referenzen ohne weiteres für möglich: »Die dtr Belege, die in Ex und Num von einem Schwur an die אבות sprechen, können von einem von der Gen herkommenden Leser natürlich auf die Patriarchen hin interpretiert werden« (566f).

Schwur an eine Ahnengeneration Israels gehandelt, die mit Ägypten zu verbinden sei.

Er denkt primär an die Exodusgeneration. Doch bringt das in manchen Fällen vom Zusammenhang her erhebliche Probleme mit sich. Deshalb schiebt er sekundär oft die Möglichkeit nach, es könne sich zur Not auch um eine der Exodusgeneration vorausliegende Generation gehandelt haben. Aber sie sei in Ägypten unterzubringen. Sie sei auf keinen Fall im Zusammenhang mit den uns aus der Genesis bekannten Gestalten Abraham, Isaak und Jakob gedacht worden.

Wie jeder Leser der Literatur der letzten Jahre zum Pentateuchproblem sofort sieht, besteht ein Zusammenhang mit der Frage, ob der Hauptkomplex der nichtpriesterlichen Texte des Pentateuchs (das, worüber man sich früher mit dem Namen »alte Quellen« verständigte) älter oder jünger als das Deuteronomium und das deuteronomistische Geschichtswerk sei[3]. Gegen die zweite Auffassung bilden die Rückgriffe, ja vielleicht »Rückverweise« des Deuteronomiums auf den Väterschwur einen massiven Einwand – wenn auch keineswegs den einzigen. Die These von RÖMER, so sie sich wahrscheinlich machen ließe, könnte zumindest diesen Einwand ausräumen[4]. Weithin liest sich das Buch von RÖMER wie eine ungemein ausgebreitete Entfaltung der im Kern gleichen These von J. VAN SETERS, der im Zusammenhang seiner Pentateuchhypothese die im Deuteronomium erscheinenden Patriarchennamen ebenfalls allesamt als späteste Zusätze betrachtet[5].

RÖMERS Uferlosigkeit

RÖMER beginnt zwar mit dem Deuteronomium. Doch dann greift er auf das deuteronomistische Geschichtswerk aus, fügt Jeremia hinzu und behandelt schließlich auch noch das »restliche Alte Testament«. Am Ende stellt man fest, daß er mehr oder weniger ausführlich alle in der Konkordanz auffindbaren Belege des Plurals

---

3   ALBERT DE PURY, der Betreuer der Dissertation von RÖMER, hat das Buch schon vor dem Erscheinen mit dem Hinweis angekündigt, RÖMER habe »démontré que les ,pères' auquels se réfèrent l'historiographie dtr et le livre de Jérémie ne sont pas les patriarches de la Genèse, mais les générations sorties d'Egypte. Nous n'avons donc plus de bases nous permettant d'affirmer l'existence à l'époque préexilique d'un ensemble littéraire relatant l'histoire depuis la création du monde jusqu'à l'entrée de l'Israélites en Canaan« (PURY, »Tradition patriarcale« 260). Wie ernst er das meinte, zeigt sich daran, daß er sich in diesem Zusammenhang von wesentlichen Thesen aus seinen früheren Publikationen absetzte.

4   Ich sage dies, obwohl RÖMER in der »Vorbemerkung« des Buches in einem Kleindruck-Abschnitt den Zusammenhang herunterspielt (6). Der Duktus des Buches und der Abschluß der eigentlichen Untersuchung durch ein Kapitel über »Patriarchen und Väter im Tetrateuch« (543-568) sprechen aber eine andere Sprache als dieses Kleingedruckte.

5   VAN SETERS, »Reformulation« 451-453; zum exilischen Zeitansatz für das ganze Thema der Landverheißung vgl. ders., *Abraham* 269-278. Eine knappe, aber gründliche neuere Auseinandersetzung mit VAN SETERS findet man bei BLUM, *Studien* 211-213; vgl. auch ders., *Komposition* 294 Anm. 27 (speziell zu den Väterverheißungen).

אבות innerhalb der hebräischen Bibel überprüft hat. Die Untersuchung weitet sich aus, wie wenn ein Fluß über die Ufer tritt. Wäre das nötig gewesen? Das hebräische Wort אב ist ein *Appellativum,* und sein Plural אבות ebenso. RÖMER formuliert durchgehend so, als sei im Hebräisch der biblischen Bücher beim Plural אבות stets mit einem geprägten *Begriff* zu rechnen. Ja, er spricht schon auf der ersten Seite vom »Väter*titel*« (1)[6]. Praktisch sieht das so aus: Überall, wo im biblischen Text אבות steht, spricht RÖMER auf deutsch von *den* »Vätern«. Man vergleiche etwa die ständige Rede von *den* »Vätern« auf S. 5-8, wo er sein Arbeitsprogramm entwickelt[7]. Das impliziert eine linguistische Klassifizierung des Plurals אבות. Gleichzeitig insinuiert es eine verminderte Referenzmöglichkeit dieses Plurals. Denn wenn man immer schon von »*den* Vätern« sprechen muß, muß es sich ja um eine bekannte Größe handeln. Die Frage ist dann nur noch, wer gemeint ist. Also die Frage nach der »Referenz«. Vielleicht zwingen dann konkrete Beobachtungen zu der Zusatzfrage, ob bei dem als gegeben vorausgesetzten *Begriff* oder *Titel* zu einem bestimmten Zeitpunkt einmal eine *Referenzverschiebung* stattgefunden hat, und was die *ursprüngliche* Referenz war. Der Leser wird also allein durch RÖMERS Formulierungstechnik in eine bestimmte Problemwelt und Antworterwartung hineingezogen.

Es wäre sachgemäßer gewesen, stets so zu formulieren, daß der Plural אבות vom Leser als Appellativum hätte wahrgenommen werden können. Außerdem hätten in einem Verfahren, das recht kurz hätte sein können, im deuteronomistischen Literaturbereich aus den Belegen des Plurals אבות unter Absehung von jeder undiskutierten Begriffs- oder Titelvermutung diejenigen Stellen herausgefiltert werden können, wo es entweder ausdrücklich um Abraham, Isaak und Jakob geht oder wo Verheißungen aus der Frühzeit Israels im Blick sind. Hätte es sich bei deren Untersuchung ergeben, daß ein echter »Begriff« oder »Titel« existierte, hätte man ja noch nachprüfen können, ob solch ein verfestigter Wortgebrauch vielleicht auch schon in andere Zusammenhänge eingetreten war. Ich selbst glaube nicht, daß אבות vor der Spätzeit des Alten Testament zu einem »Begriff« oder »Titel« geworden ist. Vielleicht hätte es sich dann auch hier schon erübrigt, die Untersuchung über den Bereich der deuteronomistischen Literatur auf die ganze hebräische Bibel auszudehnen.

So etwas wie ein derartiges Kurzverfahren, das erst einmal die Untersuchungsmaterie sachgemäß eingrenzt, hat RÖMER später bei anderen Teilen der Bibel mit zunehmender Großzügigkeit eingeschlagen: für das "deuteronomistische Geschichtswerk" (272-

---

6 Das Wort »Vätertitel« (abwechselnd mit »Vatertitel«) rahmt auch die Schlußseiten des Buches (»Bilanz und Ausblick«): vgl. 568 und 575.

7 Das gleiche gilt von den Abschlußseiten 568-575. Ein Beispiel der RÖMERSCHEN Formulierungsweise: »In den für die Untersuchung wichtigen Texten [des Deuteronomiums] werden die ‚Väter’ 48 (50) mal erwähnt« (9). Gemeint ist: »... kommt der Plural אבות 48 (50) mal vor.« (Meine Computer-Konkordanz zählt im übrigen 49 [51] Belege.)

285), beim Jeremiabuch (396), beim Ezechielbuch (492 Anm. 3) und bei den restlichen
Büchern der hebräischen Bibel (520 Anm. 163). Für das Deuteronomium findet sich
zwar auch ein kleines Ausscheidungsverfahren (9), aber, von 18,8 und 24,16 abgesehen,
werden nur Stellen mit dem Singular אב ausgeschieden. Alles andere wird dem Untersuchungsmaterial zugeteilt.

In vielen Fällen, wo im Alten Testament der Plural אבות auf Israel bezogen ist,
zeigt der Kontext von vornherein, daß es sich nicht um die Patriarchen der Gene-
siserzählungen handeln muß. Oft geht es um die Vorfahren aus allen Generationen. Manchmal sind andere Generationen der Vergangenheit gemeint, die im Kontext definiert werden. Oft steht gerade die Generation des Exodus für Israels Ahnen. Bücher wie das Jeremia- und Ezechielbuch lassen Israels Geschichte mit
Nachdruck beim Auszug aus Ägypten beginnen. So gibt es in ihnen für Israel auch
erst von da ab »Väter«.

Was speziell die Landverheißung angeht, so wird es auch vordeuteronomisch
eine Tradition von einer an Mose und durch ihn an die Ältesten Israels in Ägypten
ergangenen Landverheißung gegeben haben, vielleicht auch eine Variante, die
einfach von einer Verheißung an die Israeliten in Ägypten sprach[8]. Ob in ihrem
Zusammenhang in vordeuteronomischer Zeit der Plural אבות benutzt wurde, steht
damit allerdings noch nicht fest[9]. Diese Tradition würde sich literarisch vor allem
in Ex 3,8.17 spiegeln. Für sie typisch wäre die in Ex 3 erstmalig erscheinende Floskel זבת חלב ודבש. Auch das Deuteronomium gebraucht diese Floskel. Übernimmt
es sie aus Ex 3 oder kennt es die besagte Tradition unabhängig davon?

Selbst wenn man für das Deuteronomium bei Landverheißungszusammenhang
generell eine Referenz des Plurals אבות auf die Patriarchen der Genesis annimmt,
ist es also nicht ausschließbar, daß Ausnahmen vorkommen, die durch den Kontext
erkennbar sind.

Das Buch von RÖMER stellt insofern eine sinnvolle Frage. Sie ist mit solcher
Schärfe und Eindringlichkeit bisher noch nicht gestellt worden. Es wäre aber vielleicht etwas schmäler geworden, wenn der Autor es sich versagt hätte, aufgrund der
implizit eingebrachten Begriffs-, ja Titelvermutung für den Plural אבות mit hohem
Aufwand an Gelehrsamkeit auch viele Texte zu untersuchen, in denen eigentlich
alles klar ist.

Natürlich gibt es einige unklare und in der Literatur verschieden interpretierte
Texte. Es gibt ferner bei neueren Autoren, vor allem im deutschen Sprachraum,

---

8   Ich habe diese Annahme ausführlich vorgetragen in LOHFINK, *Landverheißung* 97-100 und 108-
    111. Ich würde heute nach den genaueren Analysen, die ich für die vorliegende Studie gemacht
    habe, nicht mehr so wie dort S. 98, Anm. 22, sagen, daß im Deuteronomium da, wo die Milch-
    Honig-Floskel steht, »unbestimmt bleibt, wer die ‚Väter' eigentlich sind«.

9   Ein Text wie Ex 13,11, wo von einem Schwur an »dich und deine Väter« gesprochen wird (zu-
    mindest im masoretischen Text), spricht eher dagegen – falls er nicht, weil spät, sowieso kein
    Zeugnis für eine frühe Formulierung sein kann.

eine exegetische Begriffsbildung »Väter«, die auf die Patriarchen der Genesiser-
zählungen zielt. Sie wird oft zu schnell in biblische Texte eingetragen. Aber muß
das geklärt werden, indem man zunächst einmal die falsche linguistische Supposi-
tion generell übernimmt und dann an vielen völlig klaren Stellen ausführlich widerlegt?

Die Absicht dieser Studie

Ich möchte die These RÖMERS für das Deuteronomium überprüfen, wobei ich mich
auf die wirklich in Frage kommenden Stellen beschränke.

Dabei will ich keine Gegenthese entwickeln. Ich will nur überprüfen, ob RÖMER
der Beweis seiner These gelungen ist. Sie läuft gegen das Selbstverständnis der
Texte. Insofern hat RÖMER die Beweislast.

Natürlich kann ich es nicht vermeiden, Fakten zu benennen, die gegen RÖMER
sprechen. Bisweilen wird es auch nötig sein, größere Zusammenhänge aufzuzeigen.
Ich glaube, daß ich dabei auch manchmal auf einiges hinweisen kann, das bisher so
noch nicht gesehen worden ist. Insofern enthält dieses Buch nicht nur Kritik, sondern auch positive Beobachtung und Auslegung. Dennoch ist es leider mehr von
der Melodie durchzogen »So bitte nicht!« als von der anderen, die mir lieber gewesen wäre: »Schaut, was ich alles gefunden habe!« Ich will deshalb wenigstens auf
den Schlußseiten versuchen, noch ein wenig anzudeuten, was sich aus dem kritischen Hauptbereich des Buches für die Sachfrage selbst als positives Ergebnis ab-
zeichnet.

3. Kapitel

Methodische und textübergreifende Vorüberlegungen

Hauptschritte der Untersuchung

Die Hauptschritte der Überprüfung ergeben sich aus dem bisher Gesagten mit Notwendigkeit. Als Ausgangspunkt muß die Einsicht dienen: Daß sich mit einem Verweis auf Israels »Väter« nicht immer eine Apposition mit den drei Namen »Abraham, Isaak, Jakob« verbindet, beweist nichts. Denn diese Apposition steht in 1,8 bei der ersten Nennung jener Väter, denen das Land zugeschworen wurde, und sie wird auch später noch mehrfach solchen formelhaften Aussagen beigefügt werden.

RÖMER müßte also jeweils im einzelnen der Nachweis gelingen, daß die Stellen mit Namensnennungen oder in ihnen zumindest die Namensapposition selbst erst im Zusammenhang mit der Pentateuchredaktion ins Deuteronomium eingesetzt wurden. Zu diesem Behufe müßte erstens mithilfe der entsprechenden Kriterien[1] nachgewiesen werden, daß eine Textschichtung vorhanden ist. Zweitens müßte die Zugehörigkeit der so nachgewiesenen sekundären Textschicht zur Pentateuchredaktion bewiesen werden[2].

Eine Diskussion von RÖMERS These sollte daher mit einer Analyse dieser Stellen beginnen. Das 4. Kapitel hat diese Aufgabe. In ihm ist die Tragfähigkeit von RÖMERS Beweisen zu überprüfen. Es handelt sich um Dtn 1,8; 6,10; 9,5.27; 29,12; 30,20; 34,4. Vor allem kommt es auf die erste Stelle an. Denn sie steuert vom Buchanfang aus die Lesererwartung. Stammen *hier* die drei Patriarchennamen erst von der Pentateuchredaktion? Und wie ist es dann bei den anderen sechs Stellen?

RÖMER hat eine andere Untersuchungsreihenfolge. Ihr Sinn ist mir nicht ganz klar geworden.

Nach den Ankündigungen auf S. 7 untersucht er ab S. 10 zunächst den Formelgebrauch im Zusammenhang mit אבות. Doch dabei kommt er kaum über Klassifikationen hinaus[3].

---

1 Vgl. etwa RICHTER, *Exegese* 50-72 und 165-172.
2 Vgl. ebd. 172f.
3 Die Tabelle auf S. 13 stellt gegenüber der RÖMER bekannten Tabelle bei GIESEN, *Wurzel* שבע 231, eine Verschlechterung dar. Abgesehen von den sofort zu nennenden Gruppierungsproblemen ist die Anordnung der Spalten nicht konsequent durchgehalten. Vermutlich um das Wort אבות stets in der gleichen Spalte zu haben, steht die Wortgruppe לתת לאבתיכם für 1,35 und 19,8b eine Spalte zu weit rechts. Damit wird eine Besonderheit dieser beiden Stellen verdeckt. GIESEN ist allerdings auch nicht perfekt. Dort fehlt der Beleg 19,8 – wohl weil in der Vershälfte, wo שבע steht, ארץ oder אדמה fehlt, und in der anderen, wo ארץ steht, שבע fehlt. Hier hätte man berücksichtigen müssen, daß die typischen Komplementärfunktionen des Parallelismus wirksam sein könnten.

Deren Korrektheit und Nutzen kann man teilweise bezweifeln. Die Erscheinung, die seine III. Gruppe aus der Tabelle S. 13 kennzeichnen soll, ist zum Beispiel nicht bei allen Belegen, die er für diese Gruppe nennt, verifizierbar. Die Landempfänger sollen in dieser Textgruppe diejenigen sein, an die die fiktiven Mosereden des Deuteronomiums gerichtet sind (14 - die Beleggruppe tritt hier als die »zweite Reihe« auf). Das trifft jedoch für 6,23 und 26,15 mit Sicherheit, für 26,3 wahrscheinlich nicht zu. Für 26,3 trifft es nur zu, falls das Gesetz 26,1-11 von einem einmaligen Akt nach der Landnahme handelt. Die drei Texte gehören zu »Reden«, die innerhalb der zweiten Moserede zitiert werden als Reden oder Gebete, die später einmal gesprochen werden sollen. In ihnen spricht nicht Mose, sondern nach schon geschehener Landnahme jemand aus einer späteren Generation. Wenn er לנו sagt, meint er nicht Moses Zuhörer, sondern die eigene, spätere Generation. Moses Zuhörer meint er höchstens mit, nämlich in kultischer Generationenidentifizierung. So ist RÖMERS Rede von einem Sichmiteinbeziehen Moses (er ist doch wohl mit dem »Redner« gemeint) für diese drei Stellen kaum angebracht.

Wegen einer so gebrechlichen Klassifizierung also dürfen die Stellen, die alles klären könnten, teilweise erst nach mehr als 200 Seiten behandelt werden.

Auf S. 23 beginnt dann die Analyse einzelner Stellen. Dabei fängt RÖMER mit jenen Belegen des Plurals אבות an, »die sich nicht als formelhafte Wendungen klassifizieren lassen« (23). Warum er das tut, sagt er nicht[4]. Da die Verweise auf den Väterschwur, um die es vor allem geht, formelhaft sind, kommen die wirklich relevanten Texte erst recht spät zur Sprache. Die im Deuteronomium für die Steuerung der Lesererwartung wichtigste Stelle, nämlich Dtn 1,8, wird erst als fünfzigster Text auf S. 196-201 behandelt.

---

4 Später, auf S. 72, sagt er einmal: »Mit Absicht wurde die Untersuchung mit Texten eingeleitet, die von den ‚Vätern' in nicht-formelhaften Zusammenhängen sprechen. In letzter Zeit häufen sich nämlich Untersuchungen, die - wenn die Frage nach den Vätern im Dtn gestreift wird - von den formelhaften Wendungen (besonders Land- und ‚Bundes'-Schwur) ausgehen und aufgrund des Vergleiches mit den Verheißungstexten der Genesis zu dem Ergebnis kommen, die Väter im Deuteronomium seien (fast immer) Abraham, Isaak und Jakob. Von da aus wird dann oft dieses Ergebnis auf die anderen Vätererwähnungen übertragen, ohne daß der Kontext und die Funktion der Nennung näher kümmert.« Mit Recht stellt er fest, dieses Vorgehen sei »methodisch fragwürdig.« Denn in der Tat ist es methodisch fragwürdig, wenn man aus einer Teilmenge der Texte auf den Rest schließt, ohne daß bei den restlichen Stellen »der Kontext und die Funktion« noch beachtet werden. Ich werde mich im folgenden diesem Vorwurf auch nicht aussetzen. Doch folgt daraus nichts für die Reihenfolge der Stellen bei der Untersuchung. Die Absicht RÖMERS, die er fast beiläufig verrät, klingt wie der Wunsch, einen rhetorischen Effekt zu erzielen: von bestimmten Belegen her die Erwartung des Lesers auf andere »Väter« als die Patriarchen der Genesis einzustellen, so daß die später zu untersuchenden Texte dann im Lichte dieser Erwartung wahrgenommen werden. Auch einem wissenschaftlichen Autor ist Rhetorik nicht verboten. Aber das wird doch sicher nicht der einzige Grund für RÖMERS Untersuchungsabfolge gewesen sein. Die eigentlich wissenschaftliche Begründung bleibt mir verborgen.

Lassen sich die Patriarchennamen bei diesem ersten Schritt der Überprüfung nicht
im Sinne von RÖMERS These als jüngste Elemente des Deuteronomiums halten,
dann ist diese zumindest in der von ihm vorgelegten Gestalt schon gefallen.

Allein in dieser Gestalt wäre sie auch für die Pentateuchdiskussion unserer Jahre interessant. Denn dann impliziert sie, daß unser Buch Deuteronomium lange vor der
Pentateuchredaktion in Umfang und wesentlichem Inhalt schon in der jetzigen Form
vorhanden gewesen wäre, doch jede Spur der Patriarchennamen hätte gefehlt, und alle
Erwähnungen der Landverheißung an »Väter« Israels hätten eine andere Referenz gehabt. Das Deuteronomium hätte ein ganz anderes Israel-Konzept gehabt, als es jetzt
darbietet – viel mehr vom Exodus her gedacht. Und vor allem: Einer nachdeuterono-
mistischen Datierung der »alten Quellen« des Pentateuchs stünde zumindest von den
אבות-Aussagen im Deuteronomium her nichts mehr im Wege.

Nun untersucht RÖMER nicht nur die sieben Stellen mit den Patriarchennamen. Da
אב, wie schon betont, ein Appellativum ist und als solches im Deuteronomium mit
unterschiedlicher Referenz vorkommt, wäre es natürlich durchaus möglich, daß
sich im Deuteronomium Belege des Plurals אבות finden, bei denen man streiten
könnte, ob in ihnen die sofort am Anfang in 1,8 mit den Patriarchennamen gesetzte
Referenz noch weitergetragen wird oder nicht. Dies muß jeweils vom Kontext her
entschieden werden.

Theoretisch ist es nicht einmal ausschließbar, daß Erwähnungen der Landverheißung oder anderer Verheißungen an אבות Israels vorkommen, die die Patriarchen der Genesis nicht mit Namen nennen und einerseits in ihrer Formelsprache
mit 1,8 eng verbunden sind, andererseits aber vom Kontext her eindeutig eine andere Referenz haben, etwa auf die Generation des Exodus. Auch das kann sich nur
am konkreten Kontext der einzelnen Stellen erweisen[5].

Insofern müßte gefragt werden, in welchem Ausmaß in Stadien der Deuteronomiumsgeschichte, wo die Anfangspassage Dtn 1,8 (oder sogar schon in einem vordeuteronomistischen Deuteronomium die dort eventuell zu findende Anfangspassage Dtn 6,10) die Empfänger eines Landverheißungsschwurs mit den Patriarchen
der Genesis identifizierte, diese Leserorientierung nun auch im dann folgenden

---

5 Es gibt eine ähnlichklingende programmatische Äußerung bei SKWERES, *Rückverweise* 103. Nach
   ihr reichen die Stellen mit den Patriarchennamen und allgemeine Überlegungen »noch nicht aus,
   um nachzuweisen, daß in den 14 konkreten Texten, an denen von einem Landverheißungseid
   Jahwes den Vätern gegenüber gesprochen wird, mit den Vätern tatsächlich die drei Patriarchen
   gemeint sind. Diesen Nachweis kann nur die Untersuchung jeder einzelnen Stelle in ihrem Kontext erbringen.« Ich würde inzwischen diese Formulierung nicht mehr in dieser generellen Fassung akzeptieren. Was ich oben ausgeführt habe, ist differenzierter. SKWERES sieht nicht, daß
   aufgrund der Stelle 1,8 zunächst eine den Makrotext bestimmende Erwartung besteht, daß in
   ähnlichen Aussagen die Patriarchen wiederum die Referenz von אבות sein werden. Die Einzelbe-
   lege sind zwar zu überprüfen. Aber nur daraufhin, ob sie sich zu dieser Erwartung querlegen. So
   wie SKWERES es formuliert, ist die Beweisanforderung überzogen.

Gesamttext wirksam war. Welche Stellen erhalten durch sie eine eindeutige Referenz? Wo wird diese beim Plural אבות zu erwartende Referenz durch den Kontext ganz oder vorübergehend inaktiv gemacht? Auf diese Fragen soll das 5. Kapitel eingehen.

Das ist nicht als Programm eigener Forschung gemeint, sondern nur als Überprüfung der Argumente RÖMERS. Ich lasse diejenigen Belege von אבות aus, wo mir auf jeden Fall klar zu sein scheint, daß ihre Referenz nicht auf die Patriarchen der Genesis geht. Dann bleiben immer noch etwa 35 Stellen. Wegen der hohen Zahl will ich die oft vielfältigen und höchst subtilen Einzelargumentationen RÖMERS auch nicht immer im einzelnen benennen und widerlegen, sondern im Normalfall nur mein Urteil über ihr argumentatives Gewicht angeben.

Bei dieser Fragestellung geht es nicht ohne literar- und redaktionskritische Betrachtung. Denn wenn ein Text aus einer Schicht stammt, in der noch keine vorausgehende Aussage eine Lesererwartung auf die Patriarchen der Genesis hin geschaffen hat, wiegen Kontextelemente, die eine andere Referenz nahelegen könnten, schwerer als dann, wenn schon eine klare Lesererwartung vorhanden ist. Daß es, sobald man literar- und redaktionsgeschichtlich fragt, recht hypothetisch werden kann, ist wahr. Aber überspielen läßt sich das nicht.

Dies steht im Gegensatz zur Grundsatzentscheidung von RÖMER auf S. 7f. Er möchte mit möglichst wenig oder mit möglichst spät einsetzender Literarkritik auskommen. Ich halte den Verzicht auf Literarkritik oder eine derartige Reduzierung derselben bei einer literar- und redaktionsgeschichtlich orientierten Arbeit für eine methodologische Fehlentscheidung.

An die Stelle der Literarkritik tritt die in den meisten Fällen mit Angabe von Gründen vorgeschlagene Definition von nicht literarkritisch gemeinten »Abschnitten« oder »Kontexten«[6]. Von einem bestimmten Punkt des Buches an ändert RÖMER die Terminologie und spricht oft auch von »Untersuchungstexten« (125, 142, 215 u.ö.) oder »Untersuchungskontexten« (123, 153, 177, 182, 201 u.ö.). Auch die Wörter »Untersuchungsabschnitt« (128, 176) und »Untersuchungsperikope« (142) sind mir begegnet. Gerade in diesen Neologismen scheint sich das Bewußtsein auszusprechen, daß an sich ein viel größerer Makrotext vorhanden ist. Er wird aber, zweifellos aus arbeitsökonomischen Gründen, nicht ins Auge gefaßt. Um seine Ränder in den Blick zu bekommen, müßte man natürlich oft literarkritisch sehr weit ausgreifen – oder man müßte für die gesamte Untersuchung einem einzigen Autor folgen. Die Beschränkung auf »Untersuchungskontexte«, die nicht als in einem Vorstadium des jetzigen Deuteronomiums in sich abgeschlossene Vorstufen gemeint sind, bei einer zugleich semantisch und redak-

---

6 In diesem Zusammenhang kommt häufig auch literarkritische Diskussion vor – aber nur bezüglich der literarischen Einheitlichkeit eben des zu untersuchenden Abschnittes. Ich stimme den vernünftigen und jedem literarkritischen Exzeß abholden Urteilen RÖMERS in diesen Passagen meistens zu. Aber sie beziehen sich auf den jeweils ins Auge gefaßten Abschnitt, nicht auf den Großzusammenhang und dessen entstehungsgeschichtliche Zuordnung. Um letzteres geht es jetzt.

tionskritisch orientierten Untersuchung ist eines der methodologischen Rätsel in RÖ-
MERS Buch.

Man fühlt sich ein wenig an die Weise erinnert, wie GERHARD VON RAD zum Beispiel in seinen *Deuteronomium-Studien* im Kapitel über den »heiligen Krieg« unter
Absehung von jeder Literarkritik einfach »den Blick« auf bestimmte Texte wie Dtn
7,16-26, 9,1-6 oder 31,3-6.7-8 »lenken« und diese dann ohne lange Umstände interpretieren konnte, als ob sie nicht in einem Großtext stünden. Bezüglich der textlichen
Umgebung stellte er nur fest, daß sie ihr »kräftig widerstreben«. Dann blickte er
schnell durch die »sehr geringfügige Überarbeitung«, die diese Texte jetzt im Deuteronomium aufwiesen, hindurch und gab dem Leser die Sicht frei auf die uralten kultischen »Formulare« für »Kriegsansprachen«, auf die es im Grunde allein ankam[7]. Hier
liegt der Unterschied zu RÖMER. RÖMER ist keineswegs an uralten vorliterarischen
Gattungen interessiert, sondern am Deuteronomium selbst. Ihm liegt auch alles daran,
zwischen dem letzten Textstadium des Buches und dem, was diesem vorausging, zu
unterscheiden. Darf er sich dann aber den literarkritischen Kavalierstart GERHARD
VON RADS leisten, der diesem bei seiner Fragestellung und seinem Format zugestan-
den sein mag?

In der Praxis macht RÖMER dann allerdings oft doch buchgeschichtliche Zuordnungen für seine »Untersuchungskontexte« – wenn auch häufig erst am Ende der Behandlung eines Belegs. Aber da leitet ihn eher die Datierungsfrage als eine Frage nach den
Rändern des Gesamttexts, in dessen Zusammenhang der betreffende Beleg aufgrund
einer solchen Zuordnung zu lesen wäre.

RÖMER setzt dabei erstaunlich viele der von ihm untersuchten Texte in Schichten,
die noch jünger sind als das deuteronomistische Geschichtswerk. Dieses datiert er ins
Exil. Er gebraucht für diese Spätschichten das sehr generell gemeinte Siglum »Dtr²«,
das er im Tetrateuch sogar für Texte verwendet, die man früher »J« zuordnete. Letzteres einfach, weil er sie chronologisch als nachdeuteronomistisch betrachtet (vgl. 552
Anm. 393).

Er diskutiert jedoch nicht die Folgen solcher Spätdatierungen. Wenn es sich um so
späte Eintragungen in einen schon vorhandenen deuteronomistischen Makrotext handelt, müßte im einzelnen Fall ja auch diskutiert werden, ob die Referenz des Plurals
אבות bei entsprechender Thematik innerhalb des vorhandenen Großtexts nicht schon
von früheren Stellen her festlag. Würde ein Text dagegen zu einer sehr frühen Schicht
gehören oder hätte er gar schon unabhängig von einem deuteronomischen Zusammenhang existiert, dann schiede eine solche Frage zumindest bezüglich der ursprünglichen
Wortreferenz aus.

Konkretisierungs- oder Verdrängungsthese?

Bei beiden Schritten, vor allem aber beim zweiten, ist ein weiterer Aspekt wichtig.
Vermutlich gab es vorliterarische Landverheißungstraditionen. In diesem Falle ist

---

7   G. VON RAD, *Deuteronomium-Studien* 37-39.

fast anzunehmen, daß in Israel auch über die göttliche Landverheißung gesprochen werden konnte, indem man einfach von Israels Ahnen (אבות) sprach, ohne sich dabei auf Namen oder in der Tradition gegebene Geschichtszusammenhänge festzulegen. Solche Formulierungen könnten dann erst durch die Aufnahme eines Textes in den deuteronomischen Textzusammenhang ins Kraftfeld einer präziseren Lesererwartung auf die Patriarchen der Genesis hin geraten sein. Es wäre sicher interessant, solche semantischen Konkretisierungsvorgänge im Zusammenhang mit der Entstehung des deuteronomischen Großtextes zu verfolgen.

Doch die dabei vorausgesetzte offene, *indeterminierte* Landverheißung entspräche nicht dem, was RÖMER sucht. Er vertritt nicht eine *Konkretisierungs-,* sondern eine *Verdrängungsthese.* Sie besagt, daß die אבות-Verheißungen, von denen das Deuteronomium spricht, vor den Eingriffen der Pentateuchredaktion an die Vorfahren Israels *in Ägypten* ergangen sind: an die Exodusgeneration oder an eine ihr vorausliegende ägyptische Generation – die aber wiederum nichts zu tun hatte mit den im Pentateuch ihr noch vorgeordneten Patriarchen Abraham, Isaak und Jakob.

Bei dieser These hat RÖMER mehr zu beweisen, als daß ein Text von den Patriarchen der Genesis lediglich nicht spricht. Der Text muß erkennbar von der Exodusgeneration oder von einer nicht auf die Genesispatriarchen beziehbaren Ägyptengeneration sprechen. Manchmal scheint RÖMER das unterwegs zu vergessen.

»Deine Väter« als pragmatischer Terminus?

Zumindest die eine Variante der These RÖMERS lautet, daß mit den אבות der deuteronomischen Verheißungsaussagen die Exodusgeneration gemeint war. RÖMER zieht diese Variante normalerweise vor. Nach dem Deuteronomium sind nun aber die Verheißungsempfänger, von denen Mose spricht, für die von Mose im Deuteronomium Angeredeten schon deren »Väter«. Zugleich betrachtet Mose im Deuteronomium die von ihm Angeredeten als die Exodusgeneration. Sollte Mose also von den Vätern der Angeredeten sprechen und dabei, da er von der Exodusgeneration reden will, doch die Angeredeten selbst meinen?

RÖMER setzt sich mit dem Problem, das er sich mit seiner eigenen These geschaffen hat, auseinander. Er behandelt es einleitend (18-21) und – im Rahmen der im folgenden interessierenden Stellen – am deutlichsten bei 1,35 (202-205).

Die einleitende Ausführung besteht größtenteils in einer Aufzählung von »Temporalisation und Lokalisation« (19) innerhalb der Mosereden – wobei nach meinem Eindruck die auktoriale Textschichtung nicht immer sauber erfaßt ist. Dann wird, vor allem von 1,34f aus, auf das eine hier vorliegende Problem, nämlich auf das der doppelten Wüstengeneration, die doch oft nur als eine einzige betrachtet wird, hingewiesen, und in etwas undeutlicher Form wird auch das andere, pragmatische Problem benannt, daß nämlich die fiktive Moserede eigentlich ganz anderen Adressaten irgendwo im babylonischen Exil gilt. Mehr als eine Benennung der Probleme finde ich nicht. Der Abschnitt schließt mit dem Satz: »Wenn man sich damit beschäftigt, wer die ‚Väter' im Dtn sind und welche Funktion(en) sie haben, ist es m. E. notwendig, sich stets die Vielschichtigkeit vor Augen zu halten, mit der wir in Bezug auf Schauplatz, Zeit und Personen konfrontiert sind« (21). Das ist sicher richtig.

Bei der Besprechung von 1,35 und an vergleichbaren Stellen wird dagegen auf Problemlösungen hingesteuert. Doch empfinde ich die Argumentation nirgends als besonders durchsichtig. Ich will sie deshalb jetzt eher unabhängig von RÖMERS Formulierungen nach ihren zwei Aspekten, die sich oft eigentümlich ineinander verschlingen, nacheinander behandeln. Zunächst das, was ich den »pragmatischen« Lösungsversuch RÖMERS nennen würde.

RÖMER richtet den Blick auf die wirkliche Zielgruppe des (deuteronomistischen) Deuteronomiums, nämlich die Judäer im babylonischen Exil. An manchen Stellen werde im Deuteronomium »die fiktive Situation des Textes ein Stück verlassen« (205). Es scheine durch, daß eigentlich das Israel des babylonischen Exils angeredet sei. Die »Väter« seien von ihnen her zu definieren. Von ihnen her könne durchaus die Exodusgeneration als »Väter« bezeichnet werden – »die Vorfahren, mit denen Yhwhs Geschichte mit Israel begann« (205). Was sein könne, sei auch der Fall. Im Deuteronomium seien mit den אבות die Menschen der Exodusgeneration gemeint – von den in Wirklichkeit angesprochenen Israeliten des Exils her gedacht.

Demgegenüber möchte ich zunächst betonen, daß man die beiden Ebenen der narrativen Semantik und der pragmatischen Perspektivierung derselben methodisch stets sauber unterscheiden muß. Der Blick auf die Adressaten der Moreseden im Deuteronomium mußte in der Tat bei den Lesern im babylonischen Exil den Ruf auslösen: »Damit bin ja eigentlich ich gemeint!« Doch daraus folgt keineswegs, daß dabei die in den Moreseden ebenfalls erwähnten Ahnen der von Mose angeredeten Exodusgeneration den Nebenausruf provozieren mußten: »Dann sind auch andere Ahnen gemeint, und da ja eigentlich die damals von Mose Angeredeten meine eigenen Ahnen sind, sind unter den Ahnen, von denen Mose spricht, für mich die von Mose im Deuteronomium Angeredeten zu verstehen.«

So funktionieren pragmatische Identifikationen nicht. Der Text wird nicht zur Allegorie, in der alle Einzelheiten je für sich übertragen werden müßten. Doch selbst wenn er das würde: Wieso müßten die »Väter« dann ausgerechnet die Exodusleute sein? Hier trägt RÖMER dann Israel-Konzepte anderer Bücher ein, etwa des Jeremiabuchs.

Es gehört zwar zu den Möglichkeiten echter Literatur, daß die beiden Ebenen, die narrative und die pragmatische, sich auch ineinanderschieben. Dann zielen etwa mitten im Erzählstrom manche Formulierungen gar nicht mehr auf die narrative Objektivität, sondern sprechen direkt die pragmatische Botschaft für die gewollte Leserschaft aus. Ob und, wenn ja, in welchem Maß und auf welche Weise so etwas im Deuteronomium geschieht, müßte aber im Detail geklärt werden. Ich kann hier nur einige Andeutungen machen. Das Ergebnis dieser Prüfung spricht gegen RÖMER.

Die Exilssituation, in die hinein Mose »eigentlich« spricht, kommt explizit vor allem in Zukunftsaussagen zur Sprache, etwa in Dtn 4, in Dtn 28 ab 28,47, in Dtn 30 und in den Einleitungen zum Moselied in Dtn 31. Sie sind klar eingegrenzt und abgehoben. Es sind direkte Aussagen. Hier schiebt sich nichts ineinander.

Dann gibt es im Bereich der Paränese einige anachronistische Aufforderungen an Israel, die Gesetze zu beobachten, *damit* es ins Land kommen und es erobern kann: 6,18; 8,1; 11,8.22-25; vielleicht auch 16,20. Sie setzen nicht dem Exodus-Israel eine Bedingung für die Landnahme, sondern – den fiktiven Standpunkt, von dem aus Mose redet, ignorierend – direkt dem Israel des Exils die Bedingung der Heimkehr. Es sind die Texte, die ich in einem von RÖMER allerdings als »recht abenteuerlich« bezeichneten Aufsatz (272) einer von RUDOLF SMEND in den Büchern Josua und Richter entdeckten deuteronomistischen Bearbeitungsschicht (»DtrN«) oder nochmals von ihr abhängigen Händen zugeteilt habe[8]. In 6,18; 8,1 und 11,9 steht im Text oder nahebei auch der Plural אבות. Da er von der aufblitzenden pragmatischen Intention jedoch nicht mitbetroffen ist, wird man für seine Referenz daraus an diesen Stellen keine weitere Folgerungen ziehen können.

Soweit ich sehe, gibt es keine anachronistischen, den Leser direkt anzielenden Elemente in den vergangenheitlich angesetzten Erzählungen Moses oder des Buch-Erzählers. Die narrativen Rückblicke Moses sollen offenbar nur als ganze ins Pragmatische transponiert werden[9]. Zunächst sind sie ein geschlossenes Sinnsystem der objektiven Vergangenheit. Auch wenn der Leser sich mit den von Mose Angeredeten identifiziert, muß die Referenz von אבות sich nicht verändern. Innerhalb von Vergangenheitsdarstellung explizit verbalisierte Zukunftspragmatik müßte auf jeden Fall durch andere und sorgfältigere sprachliche und stilistische Analysen nachgewiesen werden als die, welche RÖMER bietet.

So wird es kaum möglich sein, von einer pragmatischen Betrachtung her in den Mosereden des Deuteronomiums die Angeredeten zugleich als ihre eigenen Väter zu verstehen.

---

8   LOHFINK, »Kerygmata« 98f.
9   Ich sehe ab von den Unterbrechungen der Moserede in 2,10-12.20-23; 3,9.11.13b-14; 10,6-9. Denn RÖMER geht auf sie nicht ein. Unter seiner letztlich doch diachronen Rücksicht kann man sie ja vielleicht auch als irgendwann eingefügte »Glossen«, in denen der Plural אבות nicht vorkommt, beiseitelassen. Immerhin hat POLZIN, *Moses* 31-34, bei synchroner Betrachtung in ihnen eine wichtige pragmatische Funktion entdeckt. Sie bewahren den angezielten Leser gerade davor, sich zu massiv mit den von Mose in Moab Angeredeten zu identifizieren. Es ist daher eine Frage, ob RÖMER nicht doch auf ein so wichtiges Gegenargument gegen seine eigene Auffassung hätte eingehen sollen. Im Literaturverzeichnis hat er das Buch von POLZIN aufgeführt. Er kannte es also.

Die Unterscheidung von Exodus- und Moabgeneration

Doch arbeitet RÖMER noch mit einer anderen Überlegung, die sich im Bereich der erzählten Welt der Mosereden selbst zu halten versucht. Mose sagt im Deuteronomium zu seinen Zuhörern »Ihr« und »Du«. Er identifiziert sich mit ihnen auch bisweilen durch »wir«. Er betrachtet die Angeredeten als die Exodusgeneration. Das heißt: Er schreibt ihnen alle Erfahrungen vom Exodus bis zum Augenblick der Verkündigung des deuteronomischen Gesetzes zu.

Andererseits erzählt er jedoch in Dtn 1 – 3, wie im Lauf der 40 Wüstenjahre die Exodus-Horeb-Kadesch-Generation völlig ausstarb und durch die nächste, nennen wir sie die Moab-Generation, ersetzt wurde. Entgegen der sorgfältig eingehaltenen Redekonvention in der Anrede sind die Zuhörer Moses im Deuteronomium nach Dtn 1 – 3 faktisch also nicht mehr die Exodusgeneration.

In Dtn 31, wo der auktoriale Erzähler erstmalig im Buch selbst etwas mehr aktiv wird, führt er durch eine Komposition von kürzeren Reden praktisch den von Mose in Dtn 1 – 3 erzählten Handlungsstrang weiter. Der Erzählzusammenhang im Land Moab tritt deutlicher ins Bewußtsein. So könnten, falls der Erzähler auch bei den kurzen Reden nicht bewußt im Stil der früheren Mosereden bleiben sollte, von hier ab vielleicht die Angeredeten deutlicher die von der Exodus-Generation abzuhebende nächste Generation, nämlich die Moab-Generation sein. Das ist dann auch die Generation, um die es sich im Buch Josua handelt. Auf diese Änderung der Situation etwa ab Kapitel 31 wird später bei der Behandlung der Einzelstellen zu achten sein.

Der Sachverhalt, den ich kurz beschrieben habe, ist bekannt, vor allem für Dtn 1 – 3. Die Vernachlässigung der Generationendifferenz von Exodus- und Moab-Generation im Hauptsystem der deuteronomischen Anrede hat auch ihren Sinn. Die von Mose im Deuteronomium in Moab Angeredeten werden in die Grundsituation ihrer Geschichte, in ihre wahre Identität hineingestellt. Sie ist vom Exodus und vom Horeb her zu definieren. Außerdem erleichtert diese rhetorische Identifizierung der Angeredeten mit der Exodusgeneration es, daß alle späteren Leser des Deuteronomiums eine nochmalige und vielleicht viel größere Generationendifferenz ebenfalls ausschalten können. Sie können sich selbst ebenfalls mit dem ursprünglichen Israel von Exodus und Horeb identifizieren. In dieser rhetorischen Generationenverschmelzung ist Pragmatik am Werk. Das pragmatisch Angestrebte wird durch Moses Anredetechnik narrativ nahegelegt.

Andererseits ließ sich in Dtn 1 – 3, wo die Geschichte der Wüstenzeit im Detail erzählt wird, der Unterschied der Generationen nicht verschweigen. Die Geschichtserzählung mußte davon reden, obwohl sie innerhalb einer vom Erzähler zitierten Moserede steht und deshalb im deuteronomischen Modus der Anrede geschieht, die Generationenidentifizierung also während der Erzählung nicht ausgeschaltet ist.

Das führt dazu, daß Mose in Dtn 1 - 3 manchmal - von der schon toten Generation sprechend - »Ihr« und »wir« sagt, und doch fast im gleichen Atemzug darlegt, daß es sich um die schon tote Generation handelt. Das zu formulieren war sprachlich nicht leicht. Eine der kniffligsten Stellen war zweifellos 1,34f, das RÖMER anführt (20f). In diesem Zusammenhang stellt sich die Frage, ob nicht zumindest an Stellen, wo die beiden Wüstengenerationen unterschieden werden, die historische Exodusgeneration auch als die אבות der angeredeten, nämlich der Moab-Generation bezeichnet werden konnte.

RÖMER kommt zu dem Ergebnis, daß Mose dann, wenn er die Exodusgeneration mit der Moabgeneration nicht identifizieren, sondern von ihr unterscheiden wollte, natürlich auch von »euren Vätern« oder (etwa in zitierter Gottesrede an Mose) von »ihren Vätern« sprechen konnte. Der Plural אבות könnte in diesem Fall also die Exodusgeneration bezeichnen.

Eine solche Formulierungsmöglichkeit gibt es nach RÖMER außerdem nicht nur in Dtn 1 - 3, sondern im ganzen Deuteronomium. Diese Referenz von אבות kommt ihm auch als ganz selbstverständlich vor, da ja in vielen anderen Büchern der Bibel vom Israel des Exodus durchaus als von Israels »Vätern« gesprochen werde. Man merkt hier wieder: »Väter« als Begriff oder Titel!

RÖMER *muß* die Dinge so sehen. Denn nur, wenn sie sich so verhalten, besteht an vielen Stellen überhaupt die theoretische Möglichkeit, daß אבות bei der Rede von Jahwes Schwur an Israels Väter oder bei der Rede vom Gott der Väter sich auf die Exodusgeneration beziehen kann. Das Faktum ist damit im Einzelfall selbstverständlich nicht bewiesen. Aber damit es überhaupt sinnvoll ist, einen Beweis zu versuchen, muß diese Möglichkeit gegeben sein.

Nun setzen die anderen Bücher der Bibel nicht die komplizierte Anredesituation des Deuteronomiums voraus. Auf Bezeichnungsverfahren anderer Bücher zu rekurrieren hilft also nicht. Der Sachverhalt muß am Deuteronomium selbst geklärt werden. Da über die Referenz von אבות bei Stellen, die von der Landverheißung handeln, gerade gestritten wird, wäre der Streit am schnellsten geschlichtet, wenn innerhalb des Deuteronomiums andere Stellen mit anderen Inhalten und aus anderen Zusammenhängen benannt werden könnten, in denen die Exodusgeneration in Opposition und Relation zur Moabgeneration als deren אבות bezeichnet würde. Dann hätte RÖMER freie Fahrt.

Wenn man ihn liest, gewinnt man den Eindruck, als rede das Deuteronomium tatsächlich häufig von der Exodusgeneration als von den »Vätern« der von Mose Angesprochenen. Interessanterweise nennt er - abgesehen von Verheißungstexten (im Sinne seiner Deutung) - nie konkrete Stellen. Eine Nachprüfung zeigt nun, daß man zumindest mit einiger Sicherheit auch keine nennen kann. Es gibt sie nicht.

Der Plural אבות steht im Deuteronomium außerhalb von Verheißungsaussagen und außerhalb des appositionellen Ausdrucks »Gott deiner / eurer / unsrer / ihrer Väter«

an folgenden Stellen: 4,37; 5,3.9; 8,3.16; 10,22; 13,7; 18,8; 24,16a.b; 28,36.64; 30,5a.b.9; 31,16; 32,17.

Sofort können die Texte aus Kasusbeschreibungen und Verfügungen in Gesetzen (18,8; 24,16; hier ist auch 5,9 einzuordnen), der Ausdruck »sich zu seinen Vätern betten« (31,16) und ein Beleg aus dem Moselied (32,17) beiseitegetan werden. Der Relativsatz »die deine Väter nicht kannten« o. ä. hat eher *alle* vergangenen Generationen im Auge, nicht eine bestimmte, und scheidet deshalb aus (8,3.16; 13,7; 28,36.64)[10]. 10,22 spricht eindeutig von frühen Israeliten, die in Ägypten einwanderten[11] - also nicht von der Exodusgeneration in Abhebung von der Moabgeneration. 30,5a spricht zwar die Moabgeneration an, doch ist hier ein zukünftiger Standpunkt, derjenige der späteren Exilsgeneration, eingenommen, und von ihm her wird die Moabgeneration selbst als die der אבות bezeichnet (Stichwort: ירש‎). Das gilt dann auch für die Belege in 30,5b.9[12]. Es bleiben nur noch 4,37; 5,3; 10,15.

In 4,37 steht zu vermuten, daß die Referenz von אבות aus 4,1 und 4,31 weiterläuft - wie sie dort auch zu bestimmen sein mag. Im vorauslaufenden Satz 4,36 werden die Angeredeten als die Horebgeneration gesehen. Es liegt also keine Unterscheidung zwischen Exodus- und Moabgeneration in der Luft. Die »Väter« der angeredeten Exodus-Horebgeneration liebte Jahwe. Sie hatten einen oder mehrere Nachkommen, in einer oder mehreren Generationen[13]. Diesen / diese hat Jahwe erwählt. Das wird in dritter Person gesagt. Dann wird wieder vom angeredeten Du gesprochen, also von der Exodusgeneration. Sie wird an den Exodus erinnert. Es wird dabei nicht deutlich, ob der / die Nachkomme(n) jener »Väter« der Exodusgeneration vorausgeht / -gehen oder mit ihr (also den Angeredeten) identisch sind. Auf jeden Fall können die hier genannten »Väter« nicht die Exodusgeneration im Gegensatz zur Moabgeneration sein[14].

Noch durchsichtiger ist die Lage in dem verwandten Text 10,15. Hier sind die Nachkommen der »Väter« die angeredete Exodusgeneration (בכם). Die »Väter« können also nicht die Exodusgeneration selbst im Gegensatz zur Moabgeneration sein. Vermutlich läuft die Referenz von אבות aus 10,11 weiter[15].

---

10 Vgl. RÖMER 74-105, mit vergleichbaren Ergebnissen.

11 RÖMER 31-34 führt fast verwirrende Kämpfe gegen ungenannte Exegeten durch, die hier אבות auf Abraham, Isaak und Jakob beziehen wollen.

12 Vgl. RÖMER 34-45, mit ungefähr gleichem Ergebnis.

13 Von den textkritischen und philologischen Problemen dieses Textes kann hier abgesehen werden. Dazu gut RÖMER 23f.

14 Ich beschränke mich hier strikt auf die angerissene Frage. RÖMER kommt aufgrund von Hos 11,1 zu dem die Evidenz wohl etwas überziehenden Ergebnis, bei den אבות von 4,37 müsse es sich um »die (in Ägypten ansässigen) Vorfahren der Exodusgeneration« handeln (28). Die Stelle ist in Kapitel 5 noch einmal aufzugreifen. Vgl. auch noch sofort zu 10,15.

15 RÖMER schließt aus übereinstimmenden Formulierungen auf eine einzige für 4,37; 10,15.22 verantwortliche Hand und bestimmt dann - wenn ich ihn recht verstehe - die Referenz von אבות an allen drei Stellen von 10,22 aus. Es sind also überall die siebzig, die nach Ägypten zogen (34). Diesen Typ insulärer und erstaunlich behender Literarkritik kann ich methodisch nicht nachvollziehen. Für die hier diskutierte Frage ist diese Schichtenzuteilung aber irrelevant. Auch auf diese

So bleibt allein 5,3. Hier wird deutlich zwischen der angeredeten Generation und ihren »Vätern« unterschieden. Die Horeb-בְּרִית ist nicht mit einer früheren Generation, sondern mit den Angeredeten geschlossen worden. Ich sehe drei Verstehensmöglichkeiten.

1. Mit den אָבוֹת sind alle Vorfahren aller denkbaren Generationen gemeint. Erst die jetzige Generation, die im übrigen, wie in den Mosereden des Deuteronomiums normal, als die Exodus-Horeb-Moab-Generation angesehen wird, hat diese Zuwendung Gottes erfahren.

2. Unter Voraussetzung der Referenz des Wortes אָבוֹת auf die Patriarchen der Genesis in den bisherigen vier Kapiteln sind diese gemeint, und ihnen wird die angeredete Exodus-Horeb-Moab-Generation gegenübergestellt.

3. Hier ragt die Technik kultischer Gegenwärtigsetzung hinein. Jeder Generation in Israel konnte gesagt werden: Nicht mit euren Vorfahren, die Gott aus Ägypten führte, sondern mit euch hier und heute hat Gott am Horeb den Bund geschlossen. Das wäre in 5,3 literarisch der Moabgeneration zugesprochen, die »Väter« wären die Exodus-Horeb-Generation. Die Unterscheidung zwischen den beiden Generationen, die aus Dtn 1 – 3 bekannt ist, würde im Blick auf die Pragmatik des Textes noch weitergetragen, und dabei würde erstmalig auch der Plural אָבוֹת für die Exodusgeneration in Unterscheidung von der angeredeten Moabgeneration gebraucht.

RÖMER 48f spielt noch mit einer vierten Denkmöglichkeit, die er aber dann anscheinend am Wege liegen läßt. Mit Verweis auf 4,4 nimmt er an, daß es gegen die Aussage von 2,14 im Sinne des Deuteronomiums im Augenblick der Mosereden in Moab doch noch Überlebende aus der Horebgeneration gegeben habe, und daß diese jetzt von Mose angeredet würden. Die in Dtn 5 Angeredeten wären noch wirkliche Horebgeneration. Ich halte diese Sicht nicht für möglich. 4,4 kann unter Voraussetzung von 2,14 nur von neuer Sünde und neuer richtender Auswahl innerhalb der zweiten Wüstengeneration (= Moabgeneration) handeln wollen. Die gemeinten Ereignisse sind die in 1 – 3 nicht erwähnten Vorgänge von Baal-Pegor. Wenn RÖMERS Annahme stimmte, wäre sowieso für das ganze Deuteronomium jegliche Unterscheidung zwischen der Moab-Generation, die Mose anredet, und einer Exodus-Horeb-Kadesch-Generation hinfällig.

Ich halte aus den drei zunächst genannten Deutungen die erste für die wahrscheinlichste, zumindest auf der Ebene der deuteronomistischen Schicht, der der Text angehören dürfte. Denn das ganze noch folgende Kapitel arbeitet mit der narrativen Identität der Angeredeten mit dem Israel am Horeb. Die Konkretisierung der zweiten Deutung zwingt sich nicht auf. Deshalb muß man sie auch nicht postulieren[16]. Die dritte Deutung führt zu Problemen. Denn dann müßte man die Suffixkonjugation spätestens in 5,3 als Koinzidenzfall betrachten (Mose würde sagen: »Nicht mit unseren

---

Stelle ist in Kapitel 5 zurückzukommen.

16 Anders vielleicht auf einer späteren Textstufe, nach Einbau von 4,1-40. Da gelten dann die Beobachtungen von POLZIN, Moses 45f, der ein festes Entsprechungssystem in 4,23.31; 5,2.3 aufzeigt.

Vätern *schließt* Jahwe *hiermit* diesen Bund, sondern mit uns: mit uns, diesen hier, heute, uns allen, den jetzt Lebenden«). Und der Koinzidenzfall könnte sich eigentlich erst gegen Ende des Kapitels verlieren. Das wäre eigenartig.

Das pragmatische Anliegen der dritten Deutung kann, wenn auch in etwas subtilerer Weise, auch bei der ersten und zweiten Deutung gewahrt bleiben. Man vergleiche etwa die vergangenheitliche Formulierung der Abendmahlsberichte in der christlichen Eucharistie. Auch hier steigert der Text sich nicht in eine ausdrückliche Koinzidenzformulierung, die sich ja in unseren Sprachen deutlich vom narrativen Tempus unterschiede. Er bleibt vergangenheitliche Erzählung, obwohl durch den sprachlichen und außersprachlichen Kontext zugleich Koinzidenz insinuiert ist. So bleibt die dritte Deutung, die allein eine Referenz der אבות auf die Exodusgeneration implizieren würde, recht unwahrscheinlich. Immerhin, sie ist nicht unmöglich.

RÖMER endet, wenn ich ihn recht verstehe, ebenfalls bei der ersten Deutung. Er spielt dann allerdings noch mit der Möglichkeit, in 5,2f sei eine spätere Hand am Werk, und für sie handele es sich bei den אבות von 5,3 im Blick auf andere Eingriffe dieser Hand um »eine nach Ägypten gezogene« oder »eine in Ägypten ansässige Generation« (53). Doch auch hier wäre vorausgesetzt, daß die Angeredeten als die Exodus-Horeb-Generation gesehen werden.

Auf einem einzigen *möglichen* Fall, nämlich 5,3, wo die Wahrscheinlichkeit aber auch sehr gering ist, bleiben wir für das ganze Buch Deuteronomium sitzen, wenn wir nach einem Nachweis der Referenz des Plurals אבות auf die Exodusgeneration in Abhebung von der Moabgeneration außerhalb der zu diskutierenden Verheißungs- und Vätergott-Texte suchen. Das ist nicht viel. Es ist zu wenig.

Die methodische Folgerung ist, daß sich in den zu diskutierenden Texten die Identifizierung der dort auftretenden אבות mit der Exodusgeneration nicht etwa nahelegt, sondern vom sonstigen Sprachverhalten des Deuteronomiums her zunächst einmal *nicht* erwartet werden kann und deshalb im Einzelfall durch klare Kontextaussagen nachgewiesen werden müßte. Ausgangspunkt der Argumentation muß stets bleiben, daß das Deuteronomium im Zusammenhang mit dieser Generationenunterscheidung den Gebrauch des Wortes אב für die Exodus-Horeb-Generation da, wo eine Kontrolle möglich ist, unterläßt.

Es kommen noch zwei weitere Sachverhalte hinzu, die RÖMERS Argumentation erschweren.

1. Man muß fragen, ob außerhalb der narrativen Behandlung der Wüstenzeit in Dtn 1 – 3 (und des sich hier anschließenden Erzählertexts ab Dtn 31) die Unterscheidung der beiden Generationen überhaupt im Blick ist. Im restlichen Deuteronomium bemüht sich der redende Mose selbst dann, wenn er auf die Wüstenzeit zu sprechen kommt, eher deutlich, die Identität der von ihm Angeredeten mit der Exodusgeneration durchzuhalten. Man vergleiche 6,21-24; 8,1-18; 9,8 – 10,11; 11,2-7 (hier wird die nächste Generation abgehoben, nicht eine den Angeredeten vorausliegende); 11,10; 16,3; 26,6-9; 29,1-7.15f. Außer in Dtn 1 – 3 achtet Mose also darauf, die Exodus- und die Moabgeneration als eine einzige zu zeichnen, und selbst

in Dtn 1 – 3 bezeichnet er – wenn man nicht von den umstrittenen Texten aus im Zirkel argumentieren will – die Exodusgeneration nicht als die אבות der angeredeten Moabgeneration. Gelegenheit dazu wäre genügend vorhanden gewesen. RÖMER setzt in seinen Beweisführungen häufig das Gegenteil voraus. Es ist also bei der Gewichtung seiner Argumente stets zu fragen, ob seine Beobachtungen auch unter Absehung von dieser Voraussetzung so schwer wiegen, daß sie gegen die nachgewiesene Sprachkonvention aufkommen.

2. An mehreren Stellen spricht gar nicht Mose zur Moabgeneration von den »Vätern«, sondern Mose zitiert eine eigene oder eine göttliche Äußerung, die am Anfang der Wüstenzeit an die Exodus-Horeb-Kadesch-Generation erging, und in ihr ist von den »Vätern« der *damals* Angeredeten die Rede. In diesen Fällen ist es schlechterdings unmöglich, daß אבות auf die Exodusgeneration zielt.

Es handelt sich um die Belege von אבות in 1,8.11.21.35; 10,11. Für 1,8 (in dem von ihm angenommenen Vorstadium) verweist RÖMER auf 1,35 (201). In 1,11.21 scheint er mit einer offenen Aussage zu rechnen, die auf Vorfahren aller Generationen geht (110 und 113). Für 1,35 weicht er, wie oben angedeutet, in die Pragmatik aus und sieht in den אבות die vom Standpunkt des Exils aus anvisierte Exodusgeneration (203-205). Das meint er also auch für 1,8 in dem von ihm angenommenen Vorstadium des Verses ohne die Patriarchennamen. Die Deutung von 10,11 ist verwirrend, doch scheint RÖMER (wenn man das dann noch folgende »oder aber ...« vernachlässigt) bei der Meinung zu enden, es »könnten die Väter in 10,11 die Generation von 9,28 sein« (209) – also die Exodusgeneration.

Weitere Schritte der Untersuchung

Im Anschluß an die beiden am Anfang dieses Kapitels entworfenen Schritte der Überprüfung sollten, um den Aussagen RÖMERS zum Deuteronomium gerecht zu werden, noch zwei weitere Fragen aufgegriffen werden.

RÖMER legt hohen Wert auf eine mehrere Bücher übergreifende Beobachtung: Die Rede von der Landverheißung an Abraham, Isaak und Jakob bricht nach dem Deuteronomium in der Bibel ab. Da das Deuteronomium andererseits mit den dann folgenden Büchern des deuteronomistischen Geschichtswerks zusammenhängt, sollte man auch hieraus auf eine Eintragung der Patriarchennamen erst auf der Ebene der Pentateuchredaktion schließen. Hierzu muß Stellung genommen werden (6. Kapitel).

Eine besondere Rolle, zumindest in der jüngeren Literatur, spielt die Frage, ob die אשר-Sätze, in denen der Verweis auf den Väterschwur im Deuteronomium meist auftritt, als literarische »Rückverweise« zu betrachten seien. Diese These führt über die Semantik des Wortes אבות im Deuteronomium und in seiner Geschichte hinaus zu der Frage, ob das Deuteronomium durch etwas, das etwa Literaturverweisen in den Fußnoten moderner Bücher entspräche, direkt bezeugt, daß es die sogenannten alten Pentateuchquellen oder den ganzen Pentateuch kennt und bei seinen Lesern als bekannt voraussetzt.

Diese Fragestellung ist auch für die Fragestellung von RÖMER wichtig. Denn das Urteil über manche Passagen muß anders ausfallen, wenn man damit rechnet, daß der Leser des Deuteronomiums mit einem zu seiner Zeit eindeutigen Verweissignal direkt auf die Genesis mit ihren Patriarchenerzählungen verwiesen werden konnte, oder wenn man das für falsch hält.

RÖMER nimmt in dieser Sache einen dezidiert ablehnenden Standpunkt ein. Die ausführlichste Untersuchung zu der Frage stammt von D. E. SKWERES[17]. Deshalb soll auch noch geprüft werden, ob und in welchem Maße RÖMER sich erfolgreich mit SKWERES auseinandergesetzt hat (7. Kapitel).

---

17 SKWERES, *Rückverweise*.

4. Kapitel

»Abraham, Isaak und Jakob« im Deuteronomium

Dtn 1,8

Textanfänge entwerfen dem Leser eine erste Hypothese des zu Erwartenden. Was hier abgesteckt ist, bleibt später auch bei abgekürzten Wiederaufnahmen maßgebend. Denn jeder Text rechnet mit dem Gedächtnis des Lesers. Deshalb ist es zumindest im Sinngefüge des jetzigen Deuteronomiums wichtig, daß sofort die erste von Mose in seiner ersten Rede berichtete Gottesrede in Dtn 1,8 das Thema des Väterschwurs anschneidet, dabei später wiederkehrende formelhafte Sprachelemente einführt und die drei Namen Abraham, Isaak und Jakob nennt.

Natürlich wäre auch eine literarische Konstruktion denkbar, bei der die Adressaten des formelhaft eingeführten und wiederkehrenden Schwurs zunächst ungenannt blieben und ihre Identität erst später enthüllt würde. Wäre nachgewiesen, daß die Patriarchennamen in 1,8 erst spät eingetragen wären, bestünde immer noch die Möglichkeit, daß sie ursprünglich erst im Fortgang des Buches aufgedeckt werden sollten. An 1,8 entscheidet sich also nicht notwendig alles. Doch *de facto* fallen hier die Würfel.

RÖMER lehnt es mit Recht ab, in 1,8 wegen des Übergangs in die 3. Person Jahwes den ganzen אשר-Satz als Glosse oder Zusatz zu betrachten (198f). Doch dann schließt er wegen der Länge des Satzes auf die »Möglichkeit von sukzessiven Erweiterungen« (199)[1]. Er entdeckt eine sprachliche Spannung zwischen dem deuteronomistischen Gesamttext und einigen offenbar in eine spätere Zeit gehörenden Ausdrücken. Es sind 1,7 ארץ הכנעני und 1,8 die drei Patriarchennamen sowie להם ולזרעם אחריהם, die Verlängerung der Namen. Lenken diese Elemente in 1,7 und 1,8 den Blick nicht notwendig auf Gen 17,8; 35,6.12; 48,3.4 (199f)? Das sind aber priesterschriftliche Texte. RÖMER nimmt daher an: »Eine die priesterliche Tradition kennende Redaktion hat in Dtn 1,7f. eingegriffen und mit ארץ הכנעני und der Ergänzung des Vätereids durch Patriarchennamen und die Feststellung, daß sie und ihr Same nach ihnen Landempfänger waren, eine Angleichung an die Genesistexte geschaffen (und damit natürlich auch eine Verbindung zu ihnen)« (200).

Zumindest beim dritten von ihm genannten Phänomen, der Rede von »ihnen und ihrem Samen nach ihnen«, ist RÖMER im Recht, wenn er eine besondere Ähnlichkeit mit P-Texten aus der Genesis sieht[2]. Aber folgt daraus seine These?

---

1 Hier folgt noch als Zwischengedanke ein Hinweis auf MACHOLZ, *Land* 89, wonach die Landübereignung in 1,8a eher als ein »neues Handeln Jahwes« geschehe. Doch wenn das eine Landverheißung an Ahnen ausschließt, müßte man den ganzen אשר-Satz als Zusatz betrachten (was MACHOLZ auch tut), nicht nur in ihm die Patriarchennamen und was darauf folgt.

2 Nach RÖMER »behaupte« ich »immer wieder«, der »ähnlichste Text« zu dem Relativsatz in 1,8 sei Gen 13,14f (199). Ich gebe gerne zu, daß ich in meinem frühen Beitrag zu Dtn 1 – 3 (LOH-FINK, »Darstellungskunst«) mich im wesentlichen an MARTIN NOTH gehalten und insofern auch

ארץ הכנעני könnte in der Tat eine Glosse sein, die alle davorstehenden geographischen Angaben zusammenfassen[3] oder angesichts der vorher aufgezählten Landstriche noch etwas ergänzen will[4]. Aber wurde diese Glosse im Blick auf priesterschriftliche Texte aus der Genesis eingefügt? Wäre dann nicht ארץ כנען geschrieben worden? Das ist nämlich die P-Formulierung[5]. ארץ הכנעני erinnert den Leser des Pentateuch höchstens an Ex 3,17; 13,5.11. Das sind keine P-Texte. Der Formulierungsunterschied ist relevant. Damit ist es schon nichts mehr mit einer zusammenhängenden, sich über den ganzen Bereich von 1,7-8 erstreckende Ergänzungsaktion, wie RÖMER sie rekonstruiert. Läßt sich wenigstens eine auf 1,8 reduzierte Aktion dieser Art halten?

Was die drei Patriarchennamen angeht, so zwingt die interne Analyse des Verses, zumindest innerhalb des אשר-Satzes[6], nicht zur Annahme einer Glosse, wie das bei ארץ הכנעני in 1,7 immerhin möglich war. Der Satz läuft in sich glatt und ohne Widersprüche, auch wenn er einer der längsten seiner Art ist. Auch muß die Namenreihe, wenn eine Glosse vorliegen sollte, sicher nicht aus dem P-Text Gen 35,12 abgeschrieben sein. Die Namenreihe muß selbst im Fall einer Glosse überhaupt nicht aus einer Reihenformulierung abgeschrieben sein. Sie kann genau so gut ganz schlicht die Genealogie, die in jeder schon zu drei Patriarchen gelangten Entwicklungsstufe der Vätertraditionen der Genesis narrativ enthalten war, selbst zusammengefaßt haben. Das war zu verschiedenen Zeiten möglich und führt nicht notwendig auf die Pentateuchredaktion.

So bleibt allein die Wortgruppe להם ולזרעם אחריהם. Auch hier gibt es keinen textimmanenten Grund für die Annahme einer Glosse. Dagegen gibt es ein von RÖMER vielleicht doch zu schnell abgetanes textkritisches Problem. Die samaritanische Texttradition liest nur [7]לזרעם אחריהם.

nur vorpriesterliche Texte im damaligen Verstand als mögliche Referenztexte in Betracht gezogen habe. Doch das »immer wieder« ist leicht übertrieben. Ich habe noch nie etwas systematisch über Parallelen zu Dtn 1,8 veröffentlicht. Die beiden von RÖMER zum Beweis seiner Behauptung zitierten Stellen verfolgen andere Interessen. In der einen wird Gen 13,14-17 wegen der Redestruktur eines Rechtsgeschäfts herangezogen, und in der andern wird von den vorher als kompositionell zusammengehörig nachgewiesenen Stellen Dtn 1,8 und 3,27 gesagt, sie spielten vor allem auf Gen 13,14f an. Der Hauptgesichtspunkt ist in diesem Falle die Gipfelschau. Selbst wenn ich RÖMERS These verträte, könnte ich diese beiden Aussagen machen.

3   Vgl. zuletzt LOHFINK, »Dtn 12,1« 201 Anm. 43.

4   Belege von ארץ הכנעני: Ex 3,17; 13,5.11; Dtn 1,7; 11,30; Jos 13,4; Ez 16,3; Neh 9,8. Als Bezeichnung begrenzter Territorien kommen noch Dtn 11,30; Jos 13,4 in Frage.

5   RÖMER weiß wohl, auf welches Glatteis er sich begibt. Man erkennt es an seiner vorsichtigen Formulierung: »ארץ הכנעני, gern als ‚Glosse' charakterisiert, kann man vielleicht in Beziehung setzen zu dem als ‚priesterlich' charakterisierten ‚ארץ כנען'« (200).

6   Ich füge diese Einschränkung hinzu im Blick auf Andeutungen bei PERLITT, »Motive« 55f, die ich verstehe, wenn ich aus den Beobachtungen auch nicht die gleichen Folgerungen ziehe. RÖMER, der PERLITTS Aufsatz kennt, hätte sich vielleicht doch damit auseinandersetzen sollen.

7   Der Kuriosität halber, aber auch um weiterer Proliferation vorzubeugen, sei erwähnt, daß die

RÖMER hat dazu nur eine kurze Anmerkung. Sie schließt sich an die Feststellung an, daß nach 1,8 Jahwe geschworen hat, das Land sowohl den Patriarchen selbst zu geben als auch ihren Nachkommen. Sie lautet: »Sam., der nur לזרעם liest, will diese Schwierigkeit beseitigen« (199 Anm. 1018). Das gleiche textkritische Problem findet sich in 11,9, und RÖMER faßt die kürzere Lesart des Samaritanus auch hier als »Textglättung« auf (213). Er verweist dort noch auf 30,20, wo der Samaritanus statt TM להם (= Abraham, Isaak und Jakob) ein לכם (= angeredete Mosezuhörerschaft) hat. Das liefe auf eine systematische Aktion im Samaritanus hinaus. Doch bei einer solchen hätte auch in 11,21 TM להם in ein לכם verwandelt werden müssen[8]. Das ist nicht der Fall. Man wird deshalb vom Gedanken einer systematischen Glättung in der samaritanischen Texttradition[9] Abstand nehmen und andere textkritische Gesichtspunkte heranziehen müssen. Ein Homöoarkton wäre in 1,8 zwar denkbar, ist aber an dieser Stelle und sofort für die gesamte samaritanische Texttradition unwahrscheinlich. Da der Samaritanus eher erweiternde und harmonisierende, nicht aber verkürzende Tendenz hat, hat seine *lectio brevior* vielmehr als die *lectio potior* zu gelten. In 1,8 und 11,9 bezeugt der kürzere Samaritanus den älteren Text. Das Plus להם ו kann einerseits Anpassung an die im Deuteronomium häufige Formulierung sein, andererseits war es durch die in der Periode des Auseinanderwachsens der Textfamilien selbstverständlich schon wohlbekannten P-Formulierungen der Genesis ermächtigt. Die Erweiterung muß später als die Pentateuchredaktion stattgefunden haben, da diese dem Samaritanus schon vorausliegt.

Der einfache Ausdruck לזרעם אחריהם, der dann für die Phase der Pentateuchredaktion verbleibt, ist erstens auch sonst im Deuteronomium belegt[10], und zweitens findet er sich in dem für die Deuteronomisten zentralen Text des Natan-

---

Angaben der BHS, die korrekt sind und die RÖMER auch richtig entschlüsselt hat, bei ACHENBACH, *Israel* 142 Anm. 307, in dem Sinne gelesen werden, daß im Samaritanus gerade ולזרעם אחריהם »fehlt«, und das sei außerdem auch so »bei Kennicott«.

8 Ja, genau genommen müßte man dann auch in 10,11; 19,8; 31,7 eine samaritanische Textvariante erwarten. Doch ist an diesen Stellen der Bezug von להם auf אבות nicht eindeutig. Eine samaritanische Textglättungsaktion hätte hier vielleicht mit einer bestimmten Interpretation auskommen können. 1,35 sollte bei dieser Überlegung nicht herangezogen werden. Denn hier ist das Fehlen von MT לתת textkritisch breiter als nur im Samaritanus belegt, und die masoretische Lesung scheint auf sekundäre Einfügung des sonst in diesem Zusammenhang häufigen Verbs נתן zurückzugehen (vgl. RÖMER 203, wo die dortigen Folgerungen für 1,8 aber nicht gezogen werden können).

9 Gegen ihn spricht auch, daß der Samaritanus in der Genesis dann ähnliche Änderungen aufweisen müßte. Aber vgl. im Samaritanus Gen 13,15; 15,18; 17,8; 24,7.

10 Vgl. 4,37; 10,15.

orakels[11]. Er ist also deuteronomistisch möglich. Eine P-Vorlage muß nicht postuliert werden.

Da die Formelsprache der Priesterschrift sich durchaus auch an deuteronomistischen Texten orientiert hat, wird man sogar fragen können, ob Dtn 1,8 (zusammen mit der deuteronomischen Normalformulierung ohne einen Hinweis auf den »Samen«) nicht die Quelle für die von RÖMER herangezogene priesterschriftliche Formulierung gewesen sein könnte[12]. Das würde den Gesamtbefund vielleicht einfacher erklären.

Doch selbst wenn man mit RÖMER voraussetzte, daß in Dtn 1,8 die Wörter אחריהם ולזרעם להם לתת als Werk des Pentateuchredaktors nachgewiesen werden können, wäre auch damit noch nichts für die drei Patriarchennamen bewiesen. Denn sie sind nicht erst in Verbindung mit dieser Wortgruppe denkbar. Sie können auch ohne sie vorher schon dagestanden haben. Um ihre Zuteilung an den Pentateuchredaktor war es RÖMER aber in seinem ganzen Beweisverfahren gegangen.

Er hat also keinen Beweis dafür geliefert, daß in 1,8 die Wortgruppe לאברהם ליצחק וליעקב auf der Stufe des deuteronomistischen Grundtextes oder zumindest einer noch exilischen deuteronomistischen »Fortschreibung«[13] von Dtn 1 – 3 noch nicht vorhanden war. Wir müssen bis zur Nachlieferung besserer Gründe dabei bleiben: Schon auf einer solchen Stufe wurden die Empfänger des Landverheißungsschwurs sofort am Anfang des Deuteronomiums mit den drei Namen identifiziert. Von der Zeit des deuteronomistischen Verfassers von Dtn 1 – 3 oder zumindest einer noch exilischen Bearbeitung an konnte und mußte nach dem oben im 1. Kapitel erörterten Darstellungsprinzip im nachfolgenden Text des Buches, falls es im Zusammenhang um die Landverheißung ging und formelhafte Sprachelemente auftauchten, die an 1,8 erinnerten, der Plural אבות ohne beigefügte Namen weder überraschen noch anders als (zumindest auch und vor allem) von den Größen Abraham, Isaak und Jakob verstanden werden – es sei denn, der Kontext arbeitete eine andere Referenz deutlich heraus.

Daß auch die volle Formel (mit den drei Namen) noch mehrfach wiederkehrte, war im Prinzip gar nicht nötig. Wenn ihre weiteren Belege erst später in den Text eingefügt sein sollten, blieb an den besagten Stellen die Referenz der Rede von אבות, an die die Verheißungen ergangen waren, aufgrund von 1,8 trotzdem eindeutig. Desungeachtet sollen diese Belege jetzt ebenfalls besprochen werden. Läßt sich bei ihnen oder bei einigen von ihnen die Hand des Pentateuchredaktors nachweisen?

---

11 2 Sam 7,12; vgl. auch als negative Spiegelung, sei es quellenhaft, sei es deuteronomistisch, 1 Sam 24,22.

12 Liste der P-Belege für die Doppelwendung: Gen 9,9; 17,7.7.8.9.10.19; 35,12; 48,4; Ex 28,43; Num 25,13.

13 Ich füge diese Alternative, die ich selbst nicht für zutreffend halte, im Blick auf die oben erwähnte Auffassung bei PERLITT, »Motive« 55f, hinzu.

Dtn 6,10

Die Namensreihe kommt wieder in 6,10. RÖMER behandelt diese Stelle außerordentlich spät. Das hängt an seiner oben schon erwähnten, mir nicht ganz einleuchtenden Stoffdisposition. Er schreibt zu 6,10: »Die hinter den ‚Vätern' auftauchenden Patriarchennamen lassen sich m. E. als eine späte Redaktionsarbeit verstehen, der daran gelegen ist, den Spannungsbogen der Geschichte Israels, wie er durch den Pentateuch gegeben ist, auch innerhalb des Dtn selbst zumindest anzudeuten« (234).

Er entwickelt nur eine einzige Begründung: Ohne die Namen wäre in 6,10 eine Deutung von אבתיך auf die Ägypten- oder (erste) Exodusgeneration näherliegend, denn in dem wegen der beiden Texten gemeinsamen »Immobilienliste« von Dtn 6,10-11 abhängigen Text Neh 9,23-25 (234 Anm. 1213) zeigt sich, »daß hier bei den ‚Vätern' keineswegs an die Patriarchen gedacht ist, sondern es handelt sich ohne jeden Zweifel um die Wüstengeneration bzw. das Geschlecht des Exodus (vgl. bes. Neh 9,15f.23f.)« (234).

Der Grund für die Annahme eines Zusatzes ist also nicht eine Spannung innerhalb von Dtn 6,10ff (dort gibt es überhaupt nur den einen Beleg des Plurals אבות), sondern eine Spannung zwischen diesem Text und einem nach üblicher Auffassung um Jahrhunderte jüngeren, der sich an ihn anlehne, bei dem der Plural אבות aber eine andere Referenz habe. Ob Neh 9 zeitlich vor der Pentateuchredaktion anzusetzen sei – was RÖMERS Argument voraussetzen muß – wird nicht diskutiert. Gesetzt, es sei so: Darf man aus einer späteren Anlehnung an einen Text so viel folgern?

Doch zuvor schon: Ist die Auslegung von Neh 9 überhaupt richtig? Spricht Neh 9,23f »ohne jeden Zweifel« von der »Wüstengeneration« bzw. vom »Geschlecht des Exodus«? Und lehnt der Text sich wirklich allein an Dtn 6 an?

Neh 9,6-37 greift in Wirklichkeit Formulierungen aus dem gesamten Pentateuch auf[14]. In 9,8 wird eine Landverheißung an Abraham mit Anspielungen auf Genesistexte verschiedener Schichten kommemoriert[15]. 9,15 spricht von einer Landverheißung, deren Adressaten nicht genannt werden[16]. Der dabei verwendete Ausdruck נשאת את־ידך läßt über die beiden einzigen im Pentateuch in Frage kommenden Stellen Ex 6,8 und Num 14,30 Abraham, Isaak und Jakob als die gemeinten

---

14 Vgl. zuletzt BECKER, *Esra / Nehemia* 92f: »Das Bekenntnisgebet verwendet anthologisch die zur Zeit des Chr vorhandenen Bücher und ist ein Kompendium der Heilsgeschichte.« Im dann folgenden Kommentar werden die Einzelanspielungen aufgeschlüsselt.

15 Dabei fällt nicht das Wort אב. Das ist auch nicht zu erwarten, da Abraham an den Bezugsstellen auch nicht so bezeichnet wird.

16 Die in 9,15 erwähnte Gottesrede ist ein Befehl zum Einzug und zur Inbesitznahme des Landes, richtete sich also an die Wüsten- oder Einzugsgeneration (man könnte an einen Aufbruchsbefehl vom Sinai oder von Kadesch denken). Das Wort להם bezieht sich auf diejenigen, an denen die Verheißung in Erfüllung geht, also die gleiche Generation.

Verheißungsempfänger vermuten[17]. Natürlich könnte man über Ez 20 auch die Exodusgeneration mitdenken. Aber es lohnt sich nicht, hier ins einzelne zu gehen. In diesem Gebet soll sowieso der definitive Pentateuch im Zusammenklang gelesen werden. אבתיהם in Neh 9,23 sind sicher nicht unter Ausschluß von Abraham, Isaak und Jakob zu verstehen, selbst wenn auch eine nochmalige Verheißung in Ägypten nicht von dieser aus dem fertigen Pentateuch gewonnenen Gesamtsicht ausgeschlossen werden dürfte. RÖMERS auf die Exodusgeneration eingeengtes Verständnis von Neh 9,23 leuchtet mir deshalb nicht ein[18]. Ganz abgesehen davon, ob man von diesem Text her überhaupt so ohne weiteres auf den ursprünglichen Aussagesinn von Dtn 6 zurückschließen dürfte, selbst wenn Dtn 6 seine einzige Quelle wäre. Weitere Beweise liefert RÖMER nicht.

Daß in 6,10 die Apposition mit den Patriarchennamen zum zweitenmal im Deuteronomium beigefügt wird, kann im übrigen drei verschiedene Gründe haben.

1. Da es sich um den Anfang der von Mose vorgetragenen חקים ומשפטים handelt (vgl. 6,1), könnte eine vollere Formulierung als angemessen empfunden worden sein.

2. Gerade im vorangehenden Kapitel war das pluralische Appellativum אבות mit wechselnder Referenz, und nicht für die Patriarchen der Genesis, gebraucht worden. Da könnte für die Aussage vom Väterschwur eine Auffrischung der Leserorientierung aus 1,8 als sinnvoll erschienen sein.

3. Falls man mit einem Anfang des joschijanischen Gesetzes bei 6,4 rechnet[19] und auch 6,10 zum damaligen Textbestand zählt[20], wäre 6,10 auf dieser noch vordeutero-

---

17 Num 14,30 präzisiert die Referenz nicht näher, mußte aber bei synchroner Lektüre innerhalb des Pentateuchs wohl von Ex 6,8 her verstanden werden, wo die Namen genannt sind. RÖMER sagt zwar: »In Num 14,30 handelt es sich um die (erste) Exodusgeneration« (505). Aber diese wird dort angeredet. Der erwähnte Schwur wird nicht als ihnen selbst gegeben gekennzeichnet. Die Frage ist, ob Neh 9 offensichtliche Anspielungen innerhalb des Pentateuchs von einer entsprechenden vorausliegenden Pentateuchpassage oder von Ezechiel her verstand.

18 Man vergleiche auch bei RÖMER selbst auf S. 234 die Anm. 1216. Ihre Logik funktioniert nur, wenn man mit dem Postulat eines festgelegten »Begriffs« der »Väter« arbeitet.

19 Vgl. RÖMER 267 Anm. 1420: »Vielleicht sollte man zu einer ‚klassischen' These zurückkehren und diese [= die Einleitung des ‚Urdeuteronomiums'] in Dtn 6,4ff* sehen.« Für eine hierzu kürzlich von mir angestellte Überlegung vgl. LOHFINK, »2 Kön 23,3«. Doch scheint RÖMER die Verse 6,10ff dann doch nicht unter dieser Aussage zu subsumieren: vgl. 235, wo er rein referierend, aber ohne zu widersprechen, berichtet, 6,10ff werde heute »meist als ‚dtr' oder ‚redaktioneller' Text angesehen«.

20 Es handelt sich zwar um eine historisierende Gebotseinleitung, aber es fehlen Wörter wie עבר und ירש, die, wo sie in historisierenden Gebotseinleitungen stehen, Querverweise auf eine schon vorhandene deuteronomistische Landnahmedarstellung sind. Zum Problem vgl. LOHFINK, »Kerygmata« 91f; LOHFINK, Bespr. von RÜTERSWÖRDEN, Gemeinschaft 427. Ferner könnten die bei LOHFINK, »2 Kön 23,3« zusammengestellten Beobachtungen dafür sprechen, daß 6,14 schon im joschijanischen Gesetz stand. Doch ob daraus für 6,10 etwas folgt, ist nicht ohne weiteres klar. KOOPMANS, Joshua 24, 334f, kommt bei einem Vergleich von 6,10f mit Jos 24,13 zu dem Ergebnis, daß 6,10f von Jos 24,13 abhängt. Doch ist das nur eine Wahrscheinlichkeit; eine verkürzende

nomistischen Stufe in jener Anfangsposition gewesen, die im jetzigen, deuteronomistischen Deuteronomium 1,8 einnimmt. Bei der ersten Erwähnung des Landverheißungsschwurs hätten die »Väter«, wenn Abraham, Isaak und Jakob gemeint waren, selbstverständlich mit Namen identifiziert werden müssen. Die Namen wären später stehen
geblieben, als noch Text davorgesetzt wurde und 1,8 als Anfangsnamensnennung hinzu-
kam.

Alles in allem: Für 6,10 hat RÖMER seine These nicht bewiesen.

Dtn 9,5

Für Dtn 9,5 wehrt sich RÖMER mit guten Gründen gegen Autoren, die deshalb,
weil sich in der Genesis bei den Patriarchen keine Verheißungen einer »Eroberung« des Landes fänden, in Dtn 9 ganze Verse für sekundär erklären. Doch hält
er es »für nicht unberechtigt, auch hier der These von Van Seters zu folgen und
nur die appositionellen Patriarchennamen als ,later additions' anzunehmen« (165).
Doch sei dies »noch rein hypothetisch« (166).

Als hilfreich empfindet er eine Parallele zu 29,12. Bei 9,5 folgen 9,3 כאשר דבר
יהוה לך und 9,5 אשר נשבע יהוה לאבתיך aufeinander. In 29,12 folgen entsprechend
כאשר דבר לך und כאשר נשבע לאבתיך aufeinander. In beiden Fällen könnten, wenn
im jeweils zweiten Satz die Apposition mit den drei Patriarchennamen nicht wäre,
nach RÖMER die »Väter« auch dort gut »als Vorfahren in Ägypten oder unter Umständen als Exodusgeneration selbst angesehen werden« (166).

Nun steht aber in beiden Fällen im zweiten אשר-Satz die Apposition mit den
Namen. Warum kann nicht der Verfasser des Textes diese Apposition im jeweils
zweiten Relativsatz gerade deshalb hinzugefügt haben, weil er den Unterschied zur
vorhergehenden Aussage herausarbeiten und das, was er sagte, auch klar sagen
wollte? Wir dürfen ja nicht *a priori* ausschließen, daß er wirklich an Abraham,
Isaak und Jakob gedacht hat.

Um für 9,5 ein wenig zu erörtern, warum hier eine Notwendigkeit bestand, die
Namen zu nennen: Die Passage ist sicher relativ spät. Darüber gibt es mit RÖMER
keinen Streit[21]. Sie dürfte auch direkt für den jetzigen Zusammenhang im Deuteronomium verfaßt worden sein. Dem Verfasser muß das oben im 1. Kapitel herausgearbeitete Prinzip der Leserführung klar gewesen sein: Um auf Verheißungen
an Abraham, Isaak und Jakob hinzuweisen, genügte es, im Zusammenhang mit
dem Stichwort »Land« vom Schwur an Israels Väter zu sprechen. Wer diese »Vä-

---

Übernahme aus 6,10f in Jos 24,13 läßt sich nicht schlechthin ausschließen. ACHENBACH, *Israel*
182-184, hat einen noch breiter angelegten Vergleich, aus dem er ebenfalls die Abhängigkeitsrichtung von Jos 24 zu Dtn 6 folgert. Trotz all dem würde ich mich, so sympathisch es mir
wäre, für die Zuordnung von 6,10 zum Joschijagesetz jedenfalls nicht sehr stark machen.

21 Vgl. 166 Anm. 841. Auch schon S. 165, wo RÖMER auf mich verweist: »Lohfink schreibt 9,1-8
einem von ihm kreierten ,DtrÜ' (= Überarbeiter) zu, den er in die Nähe von ,P^s' bringen will.«

ter« in solchem Zusammenhang waren, war seit 1,8 bekannt. Nun sprach unser Verfasser in dieser Passage aber nicht generell von der Gabe des Landes, sondern spezifischer von der Vernichtung der bisherigen Landesbewohner bei der Eroberung des Landes. Mit einer solchen Konkretisierung findet sich in der Genesis keine Landverheißung, weder in den »alten Quellen« noch in späteren Schichten[22]. So war zu befürchten, daß der Leser die Rede von den »Vätern« in diesem Zusammenhang nicht wie selbstverständlich auf Abraham, Isaak und Jakob beziehen würde. Wenn der Verfasser jedoch gerade herausstellen wollte, daß die Vernichtung der Völker bei der Eroberung des verheißenen Landes in der auch bisher im Buch schon öfter erwähnten Landverheißung impliziert sei, und wenn er genau diese Implikation entfalten wollte, mußte er, um das klar zu machen, hier das tun, was bei einfacher Erwähnung des Landverheißungsschwurs überflüssig gewesen wäre: Er mußte die Apposition mit den Patriarchennamen beifügen[23]. Der springende Punkt ist: Dies kann durchaus schon eine Notwendigkeit für den ursprünglichen Verfasser des Textes gewesen sein. Es ist nicht einzusehen, warum erst der Pentateuchredaktor dieses Bedürfnis gehabt haben mußte.

Diese Überlegung zeigt auch, daß RÖMERS Rückgriff auf die von AIROLDI beobachtete konzentrische Struktur in 9,1 – 10,11 (166) nichts bringt. Auch wenn in dieser Struktur 9,1-6 und 10,11 einander aufgrund gemeinsamer Elemente entsprechen, kann man nicht verlangen, daß deshalb in 10,11 auch noch die Patriarchennamen wiederkehren müßten. Der Grund, der in 9,5 zur Hinzufügung der Namen zwang, war in 10,11 nicht gegeben. Dem Verfasser genügten die von ihm geschaffenen Entsprechungen.

Es dürfte RÖMER also kaum gelungen sein, in 9,5 einen Eingriff des Pentateuchredaktors wahrscheinlich zu machen.

Dtn 9,27

Im Fürbittgebet Moses 9,26-29 ist die Zuteilung der Patriarchennamen in 9,27 an den Pentateuchredaktor schon deshalb schwierig, weil offenbar ein Zusammenhang mit der Namenreihe in Ex 32,13 besteht. RÖMER entscheidet sich dafür, daß die

---

22 Obwohl ein so etwas suchender Leser zumindest von einem bestimmten Stadium der Pentateuchgeschichte an Ansätze dazu finden konnte: vgl. ירש Gen 22,17 und (für den das Buch von vorn nach hinten lesenden Leser) den Nachklang im Segenswunsch von Gen 24,60. Daß die Wurzel ירש dort im Qal steht, dürfte angesichts des zweifellos kriegerischen Kontexts kein Problem gewesen sein. Gen 22,17 war auch eine göttliche Verheißung, ja sogar ein Schwur.

23 Man kann die hier vorgetragene Überlegung, wenn auch im Blick auf die Strategie der Pentateuchredaktion formuliert, bei RÖMER selbst finden. Er stellt sich nämlich die Frage, warum die Patriarchennamen vom Pentateuchredaktor gerade in 9,5, »und nicht anderswo«, eingefügt wurden. Seine Antwort ist, »daß es sich dabei gerade um Stellen handelt, wo selbst bei einem Bekanntsein der Gen-Texte sich eine Identifizierung der ‚Väter’ mit den ‚Erzvätern’ nicht allzu leicht von selbst nahelegt« (167; vgl. auch in der Zusammenfassung S. 269).

drei Mosefürbitten in Ex 32, Num 14 und Dtn 9 eine »gemeinsame dtr Tradition« (259) darstellen. Er fragt, ob die drei Texte nicht »auf einen Autoren zurückgehen können« (ebd. Anm. 1379)[24]. Dann legt er dar, daß diese Texte die gleiche Argumentationsstruktur haben, nur stünden innerhalb derselben die Hinweise auf die drei Patriarchen in Ex 32 und Dtn 9 an zwei verschiedenen Stellen. Daraus und aus einem seiner Meinung nach auf späte Zeit weisenden Vokabular schließt er auf ihre Herkunft aus einem »späteren redaktionellen Eingriff« (261), der, jeweils an einer anderen Stelle in der Struktur, die dtr Fürbittradition mit der »Patriarchen-Verheißungstradition der Gen in Einklang gebracht« habe (263). Wieder wären Interessen der Pentateuchredaktion am Werk gewesen.

Es ist unmöglich, hier die weiterästelte Problematik der Mosefürbitten aufzurollen[25]. Die von RÖMER nur teilweise, aber zum Teil gut aufgelisteten Textfakten lassen wahrscheinlich mehrere Hypothesenbildungen zu, ohne daß eine von ihnen die anderen an Plausibilität entscheidend übertreffen würde. Bei RÖMERS Hypothese fällt auf, daß die im ersten Schritt gesetzte Einheitlichkeit des Verfassers der drei Fürbitten dann im zweiten Schritt die verschiedene Position der Patriarchennennung innerhalb der gleichen Struktur zum Problem werden läßt. Wenn man umgekehrt von den vorhandenen Unterschieden ausginge, würde sich eher das Modell verschiedener, voneinander abhängiger Verfasser empfehlen. Dann müßte für die Patriarchennennung keine zweite Hand innerhalb der jeweiligen Texte mehr angenommen werden. Der Verfasser der Fürbitte in Dtn 9 hätte die ihm vorliegende Fürbitte von Ex 32 neu gestaltet. Die Mosefürbitte in Dtn 9 als ganze stammte von einer zweiten Hand im Vergleich zu der in Ex 32.

Bei RÖMER spielt überdies alles schon in so späten Zeiten[26], daß man sich fragen muß, ob unter seinen Datierungen nicht sogar für seinen Grundtext der Fürbitten zu erwarten sei, daß sofort die Patriarchen der Genesis im Blick waren.

Selbst wenn man der von RÖMER vertretenen Hypothese zustimmte, bliebe die Frage, wieso gerade der Pentateuchredaktor und nicht jemand anders die Patriarchennamen ergänzt haben sollte. Ich hätte mir außerdem gewünscht, daß einmal vorgeführt worden wäre, wie das Fürbittgebet in 9,26-29 ohne 9,27a noch Rhythmus und Struktur hätte. Im ganzen scheint mir RÖMER für 9,27 seine Annahme nicht bewiesen zu haben.

---

24 Mir ist an sich nicht klar, wie man noch auf eine Tradition schließen kann, wenn man mit dem Gedanken eines einzigen Autors spielt. Um eine Tradition nachzuweisen, braucht man mehrere voneinander unabhängige Belege.

25 Meine letzte Äußerung, die die hier behandelte Frage aber nur am Rande streift: LOHFINK, Bespr. von AURELIUS, *Fürbitter*.

26 Vgl. seine Ablehnung »jehowistischer« oder »frühdt« Zuteilungen auf S. 259f. Warum er in solchen Zusammenhängen dann noch den Begriff einer deuteronomistischen *Tradition* gebrauchte, wird mir auch von hier aus nicht deutlich.

Dtn 29,12

29,12 ist für die hier geführte Diskussion besonders pikant. Die drei Patriarchen werden nicht als Empfänger eines Landverheißungsschwurs genannt, sondern eines Schwurs, Jahwe wolle Israel durch einen Bundesschluß zu seinem Volk machen und selber Israels Gott werden. Eine Erzählung von einem solchen Schwur fehlt in der Genesis aber nicht nur in den alten Pentateuchquellen, sondern auch in späteren Schichten. Die Stelle bringt RÖMER, wenn er hier den Pentateuchredaktor bewußte Bezüge zu Genesisaussagen herstellen lassen will, in nicht geringere Verlegenheit als die Vertreter der von ihm bekämpften Meinung, das Deuteronomium beziehe sich auf die alten Quellen zurück. Das leitende Interesse, das RÖMER seiner die Patriarchennamen siebenmal ins Deuteronomium einsetzenden Pentateuchredaktion zuschreibt, wird hier innerhalb seiner Theorie selbst falsifiziert. Der »Pentateuchredaktor«, wenn er im Deuteronomium tätig war, und das mit der Absicht, eine Brücke zur Genesis zu schlagen, hätte im Deuteronomium genügend andere אבות-Stellen finden können, die eindeutiger auf die Genesis verweisen konnten.

RÖMER sagt deshalb auch nur ganz vorsichtig am Ende langer Ausführungen: »Schließlich muß auch die Frage gestellt werden, ob diese Gleichsetzung der Väter mit Abraham, Isaak und Jakob in einem Zusammenhang mit der ,Endredaktion' des Pentateuch zu sehen ist. Dies muß einstweilen offenbleiben, bis die anderen relevanten Texte behandelt sind« (160).

Nur hilft solche Zurückhaltung nicht viel. Denn am Ende steht und fällt seine These damit, daß *alle* sieben Stellen mit Patriarchennamen deshalb in das schon fertige Buch Deuteronomium eingebaut wurden, weil dieses mit der Genesis verschweißt werden sollte. Hätte jemand, der eine solche Absicht hatte, die Patriarchennamen hier an einer so unpassenden Stelle eingesetzt?

Es gäbe für RÖMER allerdings einen Ausweg. Es überrascht mich, daß er ihn nicht geht[27]. Er registriert nur einmal nebenbei, und dabei ablehnend, daß SKWERES auf die Möglichkeit hingewiesen hat, daß die beiden אשר-Sätze in 29,12 nicht beide die ganze Bundesformel, sondern je einzeln eine der beiden Hälften der Bundesformel aufgreifen[28]. Nimmt man an, daß die erste Rückverweisformel das

---

27 Im folgenden entwickele ich Beobachtungen und Überlegungen noch etwas weiter, die sich schon bei MILGROM, »Slaughter« 10, finden.

28 SKWERES, *Rückverweise* 132 und 179. Vgl. RÖMER 157 Anm. 798. Ihm erscheint diese Aufteilung als »gekünstelt«. Sie lasse sich »von Dtn 29,12 her keineswegs wahrscheinlich machen«. Doch er kennt offenbar nicht die Stilfigur des Hyperbaton (»Umstellung«) und den Nachweis ihres Vorkommens im Alten Testament durch BECKER, »Hyperbata«. Natürlich hat jedes Hyperbaton etwas Gekünsteltes an sich, besonders in der auswuchernden Verwendung in der Barockdichtung (vgl. M. OPITZ: »Die Sonn, der Pfeil, der Wind verbrennt, verwundt, weht hin, / mit Feuer, Schärfe, Sturm mein Auge, Herze, Sinn«). Aber rhetorische Sprache ist oft »gekünstelt«. KAYSER, *Kunstwerk* 130, spricht von der »Technik der geschachtelten Aufzählung«. In Dtn 17,18f hat

erste Glied der Bundesformel aus 29,12a (Israel Volk Jahwes) auf eine Verheißung an die Exodusgeneration, die zweite das zweite (Jahwe Gott Israels) auf einen Schwur an die Patriarchen beziehen will, dann könnte man nämlich – nun nicht mehr SKWERES folgend – eine Bezugnahme auf eine typische Aussagestruktur der Priesterschrift behaupten. In der priesterlichen Geschichtserzählung hat Gott von Gen 17,7f an geschworen[29], daß er der Gott der Nachkommen Abrahams werden will. Das griffe der zweite Rückverweis, der mit den Patriarchennamen, auf. Erst in Ex 6,7 hat Mose die Zusage erhalten (hier wird in Ex 6 kein neuer Schwur geleistet!), Jahwe werde Israel zum Volk annehmen. Das griffe der erste Rückverweis in 29,12 auf. Natürlich dürfte dann der Pentateuchredaktor in Dtn 29,12 nicht nur für die drei Namen verantwortlich sein, sondern beide Rückverweise in ihrem ganzen Textbestand stammten von ihm.

Es gibt nun allerdings im Text von 29,9-14 selbst keinerlei textimmanente Spannung, die dazu zwänge, die beiden Rückverweise einer zweiten Hand zuzuteilen. Insofern ist eine solche Annahme von außen her begründet. Immerhin scheint mir kein anderer der sieben Deuteronomiumstexte mit den Patriarchennamen einer nachpriesterschriftlichen Ansetzung so entgegenzukommen wie dieser. RÖMER hätte hier seine Sache etwas überzeugender vortragen können.

Die Argumente, die er selber liefert, sind schwach. Mit Recht weist er zunächst Versuche zurück, fast den ganzen Bereich von Dtn 29,10-12 als Zusatz zu betrachten (155). Er sieht nur die drei Väternamen selbst als Zusatz an. Und dies nur, weil es keine Genesisbasis für die Verbindung der Patriarchen mit der doppelten Bundesformel gibt (155-157)[30]. Genügt das aber als literarkritisches Argument?

Er versucht dann noch wahrscheinlich zu machen, daß in 29,12 die Wendung כאשר דבר־לך in einer Phase, wo die drei Patriarchennamen noch fehlten, sich auf 26,17-19 bezog (157), während וכאשר דבר לאבותיך auf eine Tradition verwiesen habe, die wir aus Jer 7,23 und 11,4 erschließen könnten. Diese Tradition habe mit dem Stichwort אבות von der Exodusgeneration gesprochen (158).

BECKER ein Hyperbaton nachgewiesen (261). Subjekt von והיתה ist התורה הזאת, und בו greift auf das maskuline Wort ספר zurück. Schon dem Samaritanus war das zu »gekünstelt«: Er liest statt des בו ein בה. Aber das Hyperbaton des masoretischen Textes hat als schwierigere Lesart die Chance, der bessere Text zu sein. Wenn in 29,12 die Zuordnung der beiden Hälften der Bundesformel zu je einem der beiden אשר-Sätze für Autor und erwartete Leser von damals vom vorausgesetzten Wissen her klar war, kann ein Hyperbaton als Stilfigur kein Verständnisproblem dargestellt haben.

29 ברית impliziert hier die Bedeutung »Eid, Schwur«. Vgl. den Rückverweis in Ex 6,7 נשאתי את־ידי. Für den profanen Sprachgebrauch vgl. GIESEN, *Wurzel שבע* 75f.

30 Er behauptet dabei, PERLITT habe meine Annahme, in Dtn 29f seien agendarische Texte verarbeitet, widerlegt. Dazu vgl. meine Antwort an PERLITT in LOHFINK, »Bundestheologie« 335f. Ich möchte aber im folgenden nicht von einer eigenen Theorie aus argumentieren, sondern nur aufgrund von direkten Textbeobachtungen.

Beide Annahmen sind schwierig. RÖMER erwähnt in seiner Diskussion von 29,12 zum Beispiel nicht, daß in Dtn 26,18 zumindest die zweite Hälfte der Bundesformel zweimal durch die Formel (לך) כאשר דבר auf eine nochmals vorausliegende Jahwezusage zurückgeführt und daß sie in 28,9 – nun vermutlich mit Blick auf 26,18f – als Inhalt eines Schwurs an die von Mose im Deuteronomium Angeredeten bezeichnet wird[31]. Das verkompliziert die Sache erheblich.

Bezüglich der Jeremiastellen verschweigt RÖMER zumindest bei der Behandlung von Dtn 29,12, daß in Jer 11,4f von zwei verschiedenen אבות-Generationen gehandelt wird. Die eine ist die Exodusgeneration. Sie erhielt ein Gebot (צויתי)[32]. In dessen Zusammenhang gehört die Setzung dessen, was die Bundesformel besagt (11,4). Das ganze tat Jahwe aber, um die Landverheißung zu erfüllen, die er einer früheren Generation in Form eines Schwures gegeben hatte: השבועה אשר־נשבעתי לאבותיכם (11,5). Das Verbum שבע verbindet sich hier also gerade *nicht* mit der Exodusgeneration und mit der Bundesformel. Es ist richtig, daß in 11,5 die Pariarchennamen der Genesis nicht aufgeführt werden. Es liegt also eine offene Aussage vor. Doch nichts spricht dafür, daß in Jer 11 die Exodusgeneration gemeint sei. Eine im Zusammenhang ersichtliche Einschränkung auf eine der Exodusgeneration vorausliegende Gruppe, die man aber in Ägypten unterbringen müßte, fehlt.

Es scheint mir darüberhinaus methodisch auch kaum berechtigt, aus den beiden Jeremiapassagen auf eine »Tradition« zu schließen, außer sie bestünde gerade in der Abhängigkeit der Jeremiatexte vom Deuteronomium. Die eher locker gefügten Jeremiapassagen können genau so gut wie auf eine unabhängige Tradition auf das Deuteronomium selbst zurückgreifen. Man beachte, wie in Jer 11,5 die traditionsgeschichtlich eher zu einer Exodus-Landverheißung gehörende Milch-Honig-Floskel mit einer Landverheißung an eine ältere Generation verbunden wird. Das scheint schon die Verschmelzung aller Landverheißungstraditionen, die wir im Deuteronomium finden, vorauszusetzen. An späterer Stelle des Buches, wo RÖMER Jer 11,3-5 *ex professo* behandelt (423f), ist von einer eigenen Tradition keine Rede. Vermutlich meint RÖMER einfach Abhängigkeit vom Deuteronomium.

Gegen die manchmal vertretene Annahme, das in Jer 11,4 eingeführte Zitat reiche nur bis zum Ende des Verses, läßt RÖMER es in 11,5 mit Recht weiterlaufen.

---

31 Vgl. LOHFINK, »Dt 26,17-19«. Zu Dtn 26,16-19 sagt RÖMER an dieser Stelle, dort sei nicht »von einem Eid die Rede«. Wenn er damit sagen will, das Wort שבועה stehe dort nicht, hat er natürlich recht. Doch ob das eine ausreichende Stellungnahme zu meiner Inhalts- und Strukturanalyse des Textes und zur Analyse der Bedeutung von אמר Hiphil ist, steht auf einem anderen Blatt. Interessanterweise scheint die Septuaginta in 28,9 an 29,12 angeglichen zu haben. Papyrus 848 (Fouad 266) liest: τοις πατρασιν σου.

32 צויתי regiert alle dann folgenden Aussagen, selbst wenn sie über Sachverhalte gehen, die eigentlich nicht »befohlen« werden können. Dazu gehört das, was die Bundesformel besagt. Das Verb ist offenbar im Blick auf die Gehorsamsforderung gewählt, die vor allem in 7,23-28 ganz im Vordergrund steht, und die Bundesformel wird locker mitgeführt.

Die oben gezogene Folgerung, der mit למען beginnende Vers 5 spreche dann notwendig von einer der Exodusgeneration vorausliegenden Generation von אבות, entzieht sich RÖMER, indem er mit dem Gedanken eines Zusatzes einer »späteren dtr Redaktion« in 11,5 spielt (»in der Tat schließt v.5b gut an v.4 an«), die »an einem so entscheidenden Text den Landschwur aus dem Dtn nachtragen wollte«. An die Patriarchen der Genesis sei selbst bei diesem Zusatz kaum zu denken, denn diese spielten im Jeremiabuch »überhaupt keine Rolle«. Eine offene Ahnenaussage wird nicht in Betracht gezogen. Vielmehr dürfe man es in dieser ganzen Passage »mit der Chronologie nicht allzu genau nehmen«, wie schon PERLITT gesagt habe. Das scheinbare Nacheinander der beiden Generationen habe sich einfach dadurch ergeben, daß »in v.4b.5a eine Zusammenfassung des Dtn als Rede an die Väter präsentiert wird«. Gemeint ist wohl: Da schon die Adressaten des Deuteronomiums hier als »Väter« auftreten und gleichzeitig als Exodusgeneration gelten, muß die im Deuteronomium als »Väter« benennbare Exodusgeneration infolge der zu starken Anlehnung an die deuteronomische Terminologie hier als eine der Exodusgeneration vorausliegende Generation erscheinen. So gelte: »Ob man dann die Väter von v.4 und v.5 genealogisch in Verbindung setzen muß, wird fraglich. Wer das tun will, kann in den אבות von v.5 – wie im Dtn – eine in Ägypten ansässige Generation sehen, oder u. U. auch die erste Auszugsgeneration.« Hier sieht man, wie man, hat man einmal den Befund verlassen, Hilfshypothese auf Hilfshypothese häufen muß.

Bei der Behandlung von Dtn 29,12 sagt RÖMER am Ende zusammenfassend, er habe sich »bewußt auf traditionsgeschichtliche [...] Argumente gestützt« (159). Genau besehen hat er die entscheidende Tradition nur gewonnen, indem er in äußerst komplizierter und mich jedenfalls nicht überzeugender Beweisführung Jer 11,5a ausschaltete, also jenen Text, in dem gerade das Verbum שבע steht. Die Tradition, die seine Argumentation für Dtn 29,12 trägt, findet sich nach ihm nur in Jer 11,4, wo שבע nicht steht, unter Absehung von Jer 11,5a. Dieses wiederum ist dann eine Eintragung vom Deuteronomium her.

Was Dtn 29,12 angeht, so könnte ich, sobald mit einer deuteronomistischen Textschicht gerechnet wird, trotz aller argumentativen Bemühung RÖMERS selbst bei Streichung der drei Namen nicht genügend Gründe aus dem Kontext entdekken, die dazu zwängen, in dem Väterschwur einen Schwur sei es an die Exodusgeneration, sei es an eine frühere ägyptische Generation zu sehen. Der Kontext gibt das nicht her. Es würde einfach offen in die Vergangenheit verwiesen. Die Patriarchen der Genesis wären selbst dann weder benannt noch ausgeschlossen.

Anders liegen die Dinge, wenn man mit agendarischen Texten rechnet, die in Dtn 29 verarbeitet wären, und wenn man dabei die Beifügung der Patriarchennamen erst als Werk des deuteronomistischen Verarbeiters dieser Texte betrachtet. Dann könnte auf dieser (noch nicht in die Geschichte des Deuteronomiums gehörenden) Vorstufe mit dem לך die im Kult präsente Zuhörerschaft gemeint gewesen sein, die vorher schon die Bundesformel gehört hatte, während לאבתיך auf die frühen Ahnen Israels ohne jede nähere Festlegung verwies, wobei vielleicht vor allem der Exodus vor Augen stand. Doch fragt es sich, ob man für ein solches Vorstadium nicht den ganzen zweiten כאשר-Satz streichen müßte, da in ihm die Wendung נשבע לאבותיך recht deuteronomistisch klingt.

Übernimmt man RÖMERS These am Ende aus guten Gründen nicht, stellt sich natürlich die Frage, warum für den deuteronomistischen Verfasser von Dtn 29 an dieser Stelle nicht der Plural אבות genügte, warum die drei Patriarchennamen gesetzt werden mußten. Es wäre eine ähnliche Antwort möglich wie für 9,5. Wenn von den Patriarchen der Genesis gesprochen werden sollte, genügte aufgrund von 1,8 das Wort אבות nur dann, wenn in der üblichen, formelhaften Weise vom Landverheißungsschwur die Rede war. Das ist hier jedoch nicht der Fall. Es geht nicht um die Verheißung des Landes, sondern um das in der Bundesformel ausgedrückte Verhältnis zwischen Gott und Israel. So mußten die drei Patriarchen, wenn sie gemeint waren, hier auch mit Namen genannt werden. Analog zur Eroberungsaussage in 9,5 kann aber die Meinung zugrundeliegen, der in der Bundesformel ausgedrückte Sachverhalt sei in den Landverheißungen der Genesis schon impliziert. Wieso eine solche Meinung möglich war, mag man dann auf die Weise von SKWERES oder auf eine andere Weise erklären.

Ich lasse für die Zwecke dieser Überprüfung offen, welche Hypothese für Dtn 29,12 vorzuziehen ist: Es könnte sich (1.) um eine Vorgabe aus einem aufgenommenen kultischen Text handeln, (2.) um die Deutung einer solchen Vorgabe durch den deuteronomistischen Autor oder auch die eigene Neuaussage desselben, die vielleicht mit einer Verlagerung des »Bundes« vom Sinai auf Abraham zusammenhängt, in spätexilischer Zeit in der Luft lag und sich in spätdeuteronomistischen Stellen und in der priesterlichen Geschichtserzählung gleichzeitig aussprach, (3.) um eine bewußte Aufnahme von Aussagen der Priesterschrift, (4.) um dasselbe, und zwar durch den Pentateuchredaktor. Letzteres vertritt RÖMER. Ich sehe nicht, daß er die anderen Möglichkeiten argumentativ wirklich ausgeschlossen hätte. Aber für Dtn 29,12 bleiben ihm Chancen.

Dtn 30,20

Zur Frage, ob in 30,20 die Patriarchennamen sekundär sein könnten, sagt RÖMER: »Vom Text selbst ist es kaum möglich, redaktionelle Überarbeitungen zu bestimmen« (221). Er entwickelt dann aber doch drei »Indizienbeweise«. Sie sind wertlos, einzeln ebenso wie zusammengenommen.

Die »appositionelle Stellung der Patriarchennamen« (222) entspricht normaler Syntax, liegt auch an den anderen bisher besprochenen Stellen vor und ist allerhöchstens die Möglichkeitsbedingung dafür, daß man auf einen Zusatz schließen darf, falls Beobachtungen anderer Art diese Annahme verlangen.

30,19f hat mehrere Formulierungsgemeinsamkeiten mit 11,9.21, vor allem das Thema des langen Lebens im Lande. Dort stehen die Patriarchennamen nicht. RÖMER (221) erwartet vom Leser offenbar die Folgerung, es liege Abhängigkeit oder gleiche Schicht vor, sodaß deshalb die Patriarchennamen ursprünglich auch in 30,20 nicht gestanden haben könnten. Doch läßt sich das selbst bei Abhängigkeit oder gleicher Schicht nicht erschließen, falls für die Hinzufügung der Namen in 30,20 ein besonderer Grund vorhanden war. Darüber sofort. Außerdem kann man nicht so mechanisch auf Abhängigkeit oder gleiche Schicht schließen. Man muß erst einmal fragen, ob die Ähnlichkeiten nicht inhaltlich bedingt sind. In der Tat ist sowohl in Dtn 11, am Ende der Hauptgebotsparänese, als auch in Dtn 30, am Ende der langen Moserede überhaupt, der Blick auf die Zukunft gerichtet, und es geht um Segen und langes Leben im Land. Da stellen sich natürlich automatisch die gleichen deuteronomischen Stichwörter ein.

Zum diesbezüglichen Wortfeld gehört auch לשבת, das RÖMER zu einem weiteren »Indizienbeweis« verhilft (221f). Die »Kombination« dieses Verbs mit dem Landschwur finde sich sonst nie im Deuteronomium. Um klar zu sehen, müsse man Jer 25,5; 35,15; Ez 36,28; 37,25 vergleichen. Dort verbindet sich bei der Rede von der Gabe des Landes ישׁב mit dem Plural אבות, und dessen Referenz ist die Landnahmegeneration. »Falls ein Zusammenhang mit dem Dtn-Text besteht«, soll man offenbar folgern, daß auch in Dtn 30,20 ursprünglich die Exodusgeneration gemeint war, daß also die Pariarchennamen nicht von Anfang an dagewesen sein können.

Hier hätte ich erstens gern den »Zusammenhang« der Texte bewiesen und näher definiert gehabt, denn sonst handelt es sich nur um eine luftige Denkmöglichkeit. Einiges spricht nicht gerade für Abhängigkeiten oder gleichen Autor. Nach Ez 37,25 hat Jahwe Jakob das Land gegeben, und die Väter der Angeredeten haben darin gewohnt. Wenn das Deuteronomium im Landverheißungszusammenhang Namen nennt, dann drei. An keiner der vier Stellen ist ferner die typische Deuteronomiumswendung mit נשׁבע vorhanden.

Zweitens kann die Rede vom Wohnen im Lande für das Deuteronomium nicht so abgetan werden, wie RÖMER es tut[33]. Sie gehört nur normalerweise nicht in den engeren Zusammenhang des Väterschwurs. Dieser bezieht sich im Deuteronomium darauf, daß Jahwe das Land »gibt«. Da ist die Landeroberung selbst im Blick. Die erste Reaktion Israels im Land selbst mag noch hinzutreten. Das spätere Wohnen im Land wird im Deuteronomium dagegen dann thematisch, wenn auf die Zeit nach der Landnahme vorausgeblickt wird[34]. Es ist also normal, daß die For-

---

33 »ישׁב spielt auch sonst im Dtn bzgl. der Theologie des Landes eher eine untergeordnete Rolle« (221). In der Anmerkung zu diesem Satz muß er dann immerhin 7 Stellen nennen.

34 Alle sieben 221 Anm. 1153 genannten Stellen außer 30,20 sind historisierende Gebotseinleitungen. Bei diesem durchaus auf das Land bezogenen Gattungselement spielt das Verb ישׁב also eine feste und entscheidende Rolle. Nur wird bei solchen historisierenden Gebotseinleitungen in den Gesetzen selbst der Blick ganz auf die Zeit im Land gelenkt, nicht auf die Frühphase der

mel vom Väterschwur und das Wort ישב gewöhnlich nicht gemeinsam auftreten. Im stark zukunftsgerichteten Ende von Dtn 30 dagegen, wo außerdem sprachliches Formelgut bewußt gehäuft wird, bestand offenbar das Bedürfnis, die Rede von der »Länge der Tage« aus 11,9.21 nochmals zu verstärken, und da legte sich der Gebrauch von ישב wie von selbst nahe. Die Annahme einer besonderen sprachlichen Abhängigkeit der Formulierung von Stellen in Jeremia und Ezechiel oder umgekehrt ist angesichts der Gesetze der deuteronomischen Sprachverwendung überflüssig.

Warum aber in 30,20 die Patriarchennamen zum Landverheißungsschwur hinzugefügt sind, hat RÖMER selbst gut ausgeführt (219f). Wir sind am Ende der langen Moserede. Da soll die volle Formel aus 1,8 wiedererscheinen. Nimmt man die oben gebrachten textkritischen Überlegungen zu 1,8 an, ist die Übereinstimmung zwischen 1,8 und 30,15-20 zwar etwas geringer als es bei RÖMER erscheint[35]. Aber sie ist trotzdem da. Es ist jedenfalls auch schon auf deuteronomistischer Stufe sinnvoll, daß die drei Namen in 30,20 wiederholt werden.

Von nachgewiesenem Zusatzcharakter der drei Namen in 30,20 kann also keine Rede sein. Vom Pentateuchredaktor als Zufüger der Namen wagt selbst RÖMER hier nicht zu reden.

Dtn 34,4

Zum letztenmal stehen die drei Pariarchennamen in Dtn 34,4. Da hier אבות nicht vorausgeht[36], kann die Reihe der Namen nicht einfach später als Apposition hinzugefügt worden sein. Sie ist im syntaktischen Gefüge als Bezugspunkt des Suffixes von לזרעך kaum verzichtbar[37]. Also muß, wenn die Namen hinzukamen, der ganze Vers mit der Gottesrede hinzugekommen sein.

RÖMER stellt daher »folgende These auf: 34,4 gehört zur (oder in die Nähe der) Endredaktion des Pentateuch, d.h. für unsere Fragestellung zum selben Autor, der für die ‚Patriarchen-Ergänzungen' in 1,8; 6,10; 9,5; 29,12; 30,20 verantwortlich ist. Im Gegensatz zu diesen Texten hat er hier frei formuliert und nicht nur ergänzt, mit der Intention, die Vätererwähnungen des Dtn auf die Patriarchen zu interpretieren und somit einen großen Spannungsbogen Gen 12 – Dtn 34 zu schaffen« (254). Man sieht hier übrigens deutlich, wie RÖMER plötzlich seine bei den ande-

---

Geschichte Israels. Wo in einer historisierenden Gebotseinleitung die Landnahme nur gerade noch in den Blick kommt, wie in 6,10, kann durchaus vom Väterschwur die Rede sein. Dann fehlt aber natürlich das »Wohnen im Land«.

35 Ich würde auch etwas davor zurückscheuen, 30,16.18 als Parallelen zu 1,8 באו ורשו zu erklären.

36 Mit Recht wird auf S.253, Anm.1340, die Lesung des Samaritanus und der Peschitta als sekundär beurteilt.

37 Obwohl und weil die Referenz des Singularsuffixes dann hart ist, ist die masoretische Singularlesung gegenüber dem Plural in Septuaginta und Peschitta vorzuziehen. So mit Recht auch RÖMER auf S.254, Anm.1350.

ren Stellen eher fragend und vermutend vorgetragenen Ansichten unter der Hand in Sicherheiten verwandelt.

Dtn 34 ist literarkritisch schwierig und entsprechend kontrovers. Auch 34,4 ist nicht stets der gleichen Hand zugeschrieben worden. Wie RÖMER selbst darlegt, entdeckte man in 34,4 früher meist eine alte Pentateuchquelle, seit NOTH jedoch meist den »Deuteronomisten« (252). Ich prüfe im folgenden die Gründe, die RÖMER für eine Zuordnung des Verses zur Pentateuchredaktion oder ihrem Umkreis gibt.

Zunächst vermißt RÖMER vor den Namen den Plural אבות (253). Dies ist jedoch weniger erstaunlich, als es zunächst zu sein scheint.

34,4 ist die einzige Erwähnung des Väterschwurs, die nicht innerhalb einer Mosrede ans Volk steht. Sie findet sich in einer direkt an den Leser adressierten Erzähleraussage, wenn auch da in einem Zitat. Infolgedessen werden typische Paränese-Elemente, zu denen die mit der Väter-Aussage gegebene Herausstreichung von Verwandtschaftsbeziehungen gehören könnte, nicht mehr so benötigt[38]. Nüchterne Kürze steht dem so sehr im Hintergrund verbleibenden »Erzähler« des Deuteronomiums zweifellos besser.

Genau besehen, handelt es sich um ein Wort Gottes an Mose. Es spricht auch nur von Moses Geschick, nicht von der Geschichte Israels. Gott müßte hier also zu Mose sagen: »*deinen* Vätern«. Nun gibt es im ganzen Deuteronomium nur noch zwei andere Erwähnungen des Väterschwurs in Gottesreden an Mose.

Erwähnungen eines Schwurs an die אבות Israels in Gottesreden stehen in 1,8.35; 10,11; 31,20. 1,8 und 1,35 scheiden aus der Betrachtung aus. 1,8 befindet sich nach Ausweis von 1,6 in einer Gottesrede an »uns«[39], nicht an Mose allein. Für das Gotteswort 1,35f wird kein Adressat genannt. Es scheint göttliches Selbstgespräch zu sein, wenn es auch in der Mitte einmal in die Anrede gleitet (לאבתיכם). Das ist bei Selbstgesprächen möglich. לאבתיכם wendet sich im übrigen nicht an Mose, sondern an Israel. Beide Stellen scheiden also aus, enthalten im übrigen aber auch keine nur auf Mose bezogene Väteraussage. So bleiben nur 10,11 und 31,20.

In 10,11 spricht Gott jedoch zu Mose schon über Israel, und so auch von »ihren Vätern«. In 31,20, innerhalb eines bezüglich der Suffixe notorisch schwierigen Zu-

---

38 Einerseits ist die Moserede nivellierend. Sie zieht selbst von Mose zitierte Gottesworte in die paränetische Tonart hinein. Andererseits ist die Meinung von POLZIN, *Moses* 27-29, zu differenzieren, der wohl etwas zu generalisierend sagt: »We may expect to find characteristics of the narrator's speech in the hero's speech, and vice versa« (29).

39 Hier muß wohl POLZIN, *Moses* 26, korrigiert werden, der meint: »As far as Moses is concerned, none of the words of God which he quotes are described as also having been heard by the people, except for the decalogue.« Natürlich ist bei 1,6-8 nicht explizit gesagt, das Volk habe diese Worte »gehört«. Aber da sonst selbst in Gottesworten, die das ganze Volk betreffen, Mose nicht sagt, Gott habe zu »uns«, sondern er habe zu »mir« gesprochen, wird man doch mit einem nicht allein von Mose vernommenen Gotteswort rechnen müssen.

sammenhangs, spricht Gott im Blick auf Israel von »seinen Vätern«. So gibt es im Endeffekt überhaupt keine Analogie, die das Postulat legitimieren könnte, im Zusammenhang des Väterschwurs *müsse,* wenn die Rede nur an Mose gerichtet sei, von *Moses* »Vätern« gesprochen werden.

Diese Beobachtungen fügen sich zu einer Beobachtungsreihe, die ERHARD BLUM bezüglich jener Texte vom Schwur an Abraham, Isaak und Jakob gemacht hat, die sich in Genesis – Numeri finden und nicht den Plural אבות enthalten. Er sagte, man solle »den jeweiligen Kontext bedenken«. Denn »in Gen 50,24 liegt der Redesituation nach eine betonte Rede von ‚euren Vätern' weniger nahe als in der ‚späten' Situation der Abschiedsrede Moses. Und vor allem: Ex 32,13; 33,1; Nu 32,11; Dtn 34,4 haben gemeinsam, daß hier jeweils nur *Jhwh* und Mose miteinander kommunizieren – so auch in Dtn 9,27 ... Dies mag man als Hinweis darauf deuten, daß die Verwendung von אבות[] neben den Namen etwas mit den Adressaten der Reden und ihrer Wirkabsicht zu tun hat."[40]

Da, wie sich am Ende des Buches zeigt (554-568), RÖMERS Theorie von der Einfügung der Patriarchennamen in das Deuteronomium durch die Pentateuchredaktion letztlich gerade an der Beurteilung der Belegreihe Dtn 50,24; Ex 32,13; 33,1; Num 32,11; Dtn 34,4 und ihrer deutlichen Abhebung von Ex 13,5.11; Num 11,12; 14,16.23 hängt, ist BLUMS Beobachtungsreihe, die dieser an sich im Blick auf SKWERES notiert hat, hier ganz wichtig. Sie stellt die von RÖMER angenommenen Belege für die Pentateuchredaktion von der anderen, nichtdeuteronomischen Hälfte des Pentateuchs her in Frage. Der für RÖMERS Theorie lebenswichtige Unterschied der beiden Belegreihen ist auch anders als bei ihm erklärbar.

Es kommt hinzu, daß der Erzähler im folgenden Satz Dtn 34,5 Mose als Jahwes עבד charakterisieren wird. So wurden von Mose in 9,27 auch die drei Patriarchen Jahwe gegenüber bezeichnet. Sehr verhalten wird Mose ihnen, den Empfängern der Landverheißung, also gleichgestellt. Darauf kommt es hier an, nicht darauf, daß er von ihnen abstammt. Das paßt auch zu den Beziehungen von 34,4 zu Gen 12, die RÖMER gut gesehen hat. Falls man nicht schon vorentschieden ist, daß die entsprechenden Verse in Gen 12 zu den allerletzten Retuschen am Pentateuch gehören, sind solche Beziehungen ja auch in einer älteren Phase der Deuteronomiumsgeschichte denkbar.

Man sollte daher aus dem Nichtvorhandensein von אבות vor den Patriarchennamen in 34,4 nicht zu viel machen. Das Fehlen des Wortes kann sogar zu einer intendierten Aussage beitragen, gleichgültig, welcher Hand der Vers zuzuschreiben ist.

Es sei auch ungewöhnlich, daß der Väterschwur mit לאמר und direktem Zitat konstruiert sei, sagt RÖMER dann (253). Schaut man nur auf Nennungen des Väterschwurs, dann ist das korrekt beobachtet. Fragt man, ob die genannten Phänomene als Elemente des deuteronomischen Stils vorkommen, ergibt sich: 1. Mit לאמר

---

40 BLUM, *Studien* 174 Anm. 329.

eingeführte Jahweworte finden sich in 1,6.34.37; 2,2.17; 9,13.23 – also in genügender Zahl, um das Phänomen als deuteronomisch möglich zu betrachten. 2. Das Phänomen eines Zitats im Zitat findet sich noch in 1,28; 13,14 – abgesehen davon, daß ja fast der ganze deuteronomische Text schon zitierte Moserede ist, so daß jede wörtliche Rede innerhalb derselben eigentlich schon Zitat im Zitat wird. Der beim Thema Jahweschwur übliche infinitivische Anschluß hängt natürlich wieder mit der rhetorisch-paränetischen Grundstimmung der anderen Texte zusammen. Sie muß man hier im Erzählertext nicht voraussetzen. Kam es in 34,4 darauf an, einen möglichst deutlichen Bogen zu den Abrahamserzählungen der Genesis zu schlagen, dann war ein knappes direktes Zitat gar nicht so schlecht. Ich könnte hieraus kein Argument für eine bestimmte oder für eine nicht deuteronomistische Hand machen.

RÖMER zeigt dann eine chiastische Aussagenentsprechung zwischen 32,52 und 34,4 auf. 32,52 werde aber »allgemein als ‚priesterlich' angesehen« (253). Also könne 34,4 kaum vorpriesterlich sein (254). Damit wäre ein Zeitansatz im Bereich der Pentateuchredaktion gewonnen.

Ich zweifle nicht daran, daß zwischen den beiden Texten literarische Abhängigkeiten, ja vielleicht sogar kompositorische Zuordnungen bestehen. Doch müßte bewiesen werden, daß das Gefälle von Dtn 32 zu Dtn 34 geht, und nicht umgekehrt. RÖMER schweigt hierzu, obwohl er 34,4 nicht »P« zuteilen möchte (254). Jüngst hat PERLITT nun auch noch die Zuweisung von 32,48-52 an die Priesterschrift in Frage gestellt und den Text in den Bereich der Pentateuchredaktion gerückt[41]. Die Anfangsverse von Dtn 34 betrachtet er als diesem Text vorgegeben. RÖMERS Argument für den Zeitansatz von 34,4 steht auf tönernen Füßen.

Was RÖMER dann zur Intention von 34,4 ausführt, ist gut, läßt sich sogar noch ergänzen – doch zugleich ist es auch bei anderen Schichtenzuteilungen gültig. Der von RÖMER herausgestellte textliche Bezug zu Gen 12,7 müßte durch den Motivbezug zu Gen 13,14-17 ergänzt und verstärkt werden. Wie dort: Gipfelschau. Nicht wie dort: kein Zug durch das Land. Eine spezielle, das Deuteronomium als Buch rahmende Beziehung zu 1,8 ist ebenfalls offensichtlich[42]. Falls die »alten Quellen« des Pentateuchs nicht schon als nachdeuteronomistisch vorausgesetzt werden, kann eben auch ein deuteronomistischer Autor aus ihnen zitiert und auf sie angespielt haben. Und daß jener deuteronomistische Autor, auf den der Hauptbestand von Dtn 1 – 3 zurückgeht und der dort ein sich tief ins Buch Josua hinein ziehendes Aussagesystem begonnen hat[43], keine narrative Basis für Jos 1,1f und keine narra-

---

41 PERLITT, »Priesterschrift« 72-76.

42 Wer RÖMER nicht darin folgt, in 4,37 und 10,15 den Plural אבתם auf die Exodusgeneration zu beziehen, wird allerdings in der Betonung des Ausnahmecharakters der Rede vom »Samen« in 1,8 und 34,4 (255) etwas vorsichtiger sein.

43 Vgl. LOHFINK, »Übergang«. Das in diesem Aufsatz gezeichnete Bild erscheint neuerdings BLUM, *Studien,* 87 Anm. 187, als »z.T. konstruiert«, und er entwickelt im Zusammenhang für Dtn

tive Notiz über den in Dtn 1,37f; 3,21-28; 31,1-8.23 erzählerisch sorgfältig vorbereiteten Tod Moses vor dem Jordanübergang Israels in seinem Text gehabt hätte, ist kaum denkbar. Sie kann durch spätere Hände textlich ersetzt worden sein. Doch die Beziehung von 34,4 zu 1,8 spricht eher dafür, daß wir sie in 34,4 noch besitzen. Zu ihr gesellt sich überdies eine von RÖMER zwar erwähnte, aber nicht weiter ausgewertete Beziehung zu 1,37 und 3,27.

Zusammenfassung

RÖMERS These, alle sieben Nennungen der Patriarchennamen im Deuteronomium seien Einfügungen der Pentateuchredaktion, kann nicht als bewiesen betrachtet werden. Wirklich bewiesen wäre sie nur, wenn sich die Herkunft von der Pentateuchredaktion für jeden Beleg gesondert begründen ließe. Widerlegt ist sie aufgrund der Möglichkeit der oben im 1. Kapitel behandelten Erzähltechnik schon, wenn sie für 1,8 nicht nachgewiesen wurde. Ich habe trotzdem auch die Gründe RÖMERS für alle anderen Stellen im einzelnen untersucht. Nirgends ließ sich ein überzeugender Beweis erkennen. Allenfalls für 29,12 könnte man – bei anderer Begründung als der RÖMERS – unter mehreren Denkmöglichkeiten auch die Herkunft von der Pentateuchredaktion ins Auge fassen. Aber dieser Einzelfall würde die These nicht retten. Besonders auffallend war noch, daß RÖMER bei den einzelnen Stellen oft sehr vorsichtig, fast tastend formuliert hat, einmal sogar das Wort »Pentateuchredaktion« völlig vermied, am Ende aber dann kumulativ für alle sieben Stellen insgesamt zu einer sehr sicher klingenden Formulierung kommt. Dem

---

31,14f.23 eine (für seine Pentateuchgesamttheorie essentielle) Schichtzuordnung, nach der diese Verse noch nicht in deuteronomischem Zusammenhang gestanden haben können – was das von mir gezeichnete Aussagensystem zumindest als deuteronomistisches unmöglich machen würde. Sein Einwand ist, die Zweiteilung der Aufgaben Josuas, die der Zweiteilung des Josuabuches entsprechen solle, sei »eingetragen«. Daß Landeroberung und Besitzverteilung zusammenhängen, gebe ich gern zu. In Dtn 1,38 ist die Zweiteilung der Aufgaben auch noch nicht ganz deutlich herausgearbeitet. Aber ab 3,28 ist sie da. In Jos 13 – 19 steht zwar nie נחל Hifil, häufig jedoch נחלה, und so auch im entscheidenden Text Jos 13,7. Dagegen fehlt die Wurzel נחל in dem von BLUM als Gegeninstanz angeführten Jos 12,7. Daß in der abschließenden und zugleich vorblickenden Summation 11,23 das Wort נחלה steht, ist keine wirkliche Gegeninstanz. Der Vers blickt schon auf Jos 13. Die Zweiteilung von Jos 1,2-5 und 6-9 als Eroberungsbefehl und Einsetzung zum נחלה-Verleiher ist durch Formanalyse gesichert. Dazu hat sich BLUM nicht geäußert. So halte ich meine Sicht nicht für widerlegt. Für BLUMS Annahme deuteronomistischen Charakters von 31,23 stellt dagegen das auf die בני ישראל bezogene להם zur Bezeichnung der Empfänger des Landschwurs ein Problem dar. Diese Formulierung ist für die deuteronomistischen Landschwuraussagen des Deuteronomiums ganz untypisch und ist schwer als Übernahme deuteronomistischen Sprechens verständlich zu machen (das gilt auch von Num 14,16). Wenn jedoch die Formulierung dem Deuteronomisten, der das Aussagesystem über den Übergang der Führung Israels von Mose auf Josua schuf, schon fest vorgegeben war, konnte er sie in seine Aussagen einbauen und sie dabei in seinem Sinne verstehen. Vgl. dazu noch unten im 5. Kapitel bei der Diskussion von Dtn 31,7.

Leser wird ein qualitativer Sprung aus der Sphäre des Vermutens und vorsichtig suchenden Fragens in die klare Luft des sicher Bewiesenen zugemutet.

Es bleibt also dabei: Wenn im Deuteronomium, und zwar auch vor der Pentateuchredaktion, der Plural des Appelativums אב in Verbindung mit dem Aussageinhalt »Landverheißungsschwur« und bestimmten Sprachelementen, die von 1,8 ab aufgebaut werden, erscheint, muß der Leser als Referenz des Plurals אבות an Abraham, Isaak und Jakob denken – es sei denn, der unmittelbare Kontext baute gegen die seit 1,8 existierende Lesererwartung deutlich eine andere Referenz auf. Das führt zum zweiten Schritt der Überprüfung von RÖMERS These.

5. Kapitel

Das semantische Kraftfeld von Dtn 1,8

Die Fragestellung

Jeder Text rechnet mit dem Gedächtnis des Lesers. Wenn im deuteronomistischen Deuteronomium in Verbindung mit der zugehörigen Formelsprache von einer Landverheißung an die Ahnen Israels gesprochen wurde, war von 1,8 her klar, daß mit dem Plural אבות die Ahnherren Abraham, Isaak und Jakob gemeint waren. Möglicherweise war das auch vorher schon im joschijanischen Deuteronomium von 6,10 her klar, falls dieses sich darin schon befand. Es war klar, außer bei einem konkreten Einzeltext zeigte der Zusammenhang, daß eine andere Landverheißung gemeint war.

RÖMER erkennt diese semantischen Prinzipien für den Endtext des Deuteronomiums an. Nur muß man, wenn man aufgrund des vorigen Abschnitts seine Thesen über die Späteinfügung aller Patriarchennamen für falsch hält, die Prinzipien auch bei älteren Textgestalten anwenden – bei allen Textformen nämlich, in denen 1,8 (oder auch 6,10) schon stand und den Leser darüber orientierte, daß in dem von da ab folgenden Text die Empfänger des Landverheißungsschwurs Abraham, Isaak und Jakob hießen.

Natürlich kann es Randfälle geben. Bei einer konkreten Passage mit dem Plural אבות kann es unklar werden, ob sie noch unter die von 1,8 und 6,10 geschaffene Leserorientierung fällt, ob nicht. Schon die Texte, in denen eindeutig die Landverheißungsthematik aufgegriffen wird, stehen in ihrer Sprachgestalt den beiden orientierenden Stellen manchmal mehr, manchmal weniger nah. Darüber hinaus gibt es aber Texte, die nicht von der Landverheißung sprechen und trotzdem noch durch dieses oder jenes gemeinsame Element an 1,8 und 6,10 erinnern. Wie weit reicht in solchen Fällen die leserorientierende Kraft der Schlüsselstellen? Wo beginnen gegenläufige Kontextelemente, sie aufzuheben?

Da RÖMER *alle* Belege des Plurals אבות untersucht hat und *immer* zu dem Ergebnis gekommen ist, daß die Referenz *nicht* auf die Patriarchen der Genesis geht, sollen jetzt seine Argumente, vor allem bezüglich diskutabler Stellen, ins Auge gefaßt werden – allerdings nicht unter seiner, sondern unter der hier definierten Fragestellung, die allein mir richtig zu sein scheint.

Es geht nicht mehr eigentlich darum, seine These zu falsifizieren. Das ist im 4. Kapitel geschehen. Es geht um Aufhellung der Konsequenzen. Einerseits der Konsequenzen aus dem Sachverhalt, daß es ein von 1,8 (und 6,10) beherrschtes semantisches Kraftfeld gibt, das auf Abraham, Isaak und Jakob weist: Wie weit reicht es? Andererseits der Konsequenzen daraus, daß RÖMER zu allen in Frage kommenden Stellen vielfache Beobachtungen und Überlegungen vorgelegt hat: Was tragen sie, wenn man sie sorgfältig zur Kenntnis nimmt, auch unter den hier entwickelten Gesichtspunkten dazu bei, dieses Kraftfeld kleiner oder größer anzusetzen?

Für den Untersuchungsgang ist es nützlich, die in Frage kommenden Texte gemäß ihrer Eigenart zu gruppieren.

Die von RÖMER erstellte Klassifikation der Texte mit dem Plural אבות und seine daraus abgeleitete Untersuchungsreihenfolge sind nicht besonders hilfreich. Es käme an dieser Stelle der Diskussion darauf an, die Texte nach ihrer inhaltlichen und sprachlichen Nähe zu 1,8 und 6,10 (und den weiteren Stellen mit Nennung der Patriarchennamen) zu ordnen. Das sei im folgenden versucht.

Gruppe A. Die vorgegebene Leserorientierung, den Plural אבות auf Abraham, Isaak und Jakob zu beziehen, kommt bei jenen Stellen am stärksten zum Tragen, wo streng von der Landverheißung die Rede ist und wo die stereotypen Sprachelemente aus 1,8 und 6,10 wiederkehren, vor allem auch die Rede vom Schwur Jahwes (שבע). Das sind die folgenden Stellen: Dtn 1,35; 6,18.23; 7,13; 8,1; 10,11; 11,9.21; 26,3.15; 28,11; 31,7.20. Hinzu kommt 19,8a.b, wo die Aussage im Hinblick auf die Vergrößerung des Gebiets gewissermaßen zerdehnt und weiterentwickelt wird.

Gruppe B. Eine abgewandelte, aber doch noch vergleichbare Sprachgestalt haben einige Stellen in Dtn 4 und Dtn 7 – 9. Dort steht vor dem Relativsatz, der (mit שבע) von einem Schwur an »Väter« spricht, schon ein spezifizierendes Nomen (הברית, הדבר, הברית והחסד, השבעה). Der Inhalt des Schwurs wird nicht mehr, wie bei der Gruppe A, infinitivisch expliziert. Es handelt sich um 4,31; 7,8.12; 8,18. Dieser Gruppe gehört vom Typ her auch 9,5 an, wo die Patriarchennamen explizit stehen.

Gruppe C. Es gibt eine Reihe von Stellen, in denen Jahwe als der אלהי אבתיך\יכם eingeführt wird. Im Zusammenhang ist meist vom Land, zweimal auch von der Volksvermehrung die Rede. Sollte auch hier noch die Referenz des Plurals אבות von 1,8 her bestimmt sein? Es handelt sich um 1,11.21; 4,1; 6,3; 12,1; 27,3.

Diese Stellen faßt auch RÖMER zu einer Gruppe zusammen (105-135). Die von ihm hier ebenfalls eingeordneten beiden restlichen Belege für Jahwe, den Gott der Väter Israels (26,7 und 29,24), sind etwas anderer Art. Sie stehen nicht in Moserede, sondern in durch Mose antizipierten zukünftigen Äußerungen, mit einem Standpunkt in der Periode nach der Landnahme (26,7) oder sogar in der Exilszeit (29,24). Von diesen Standpunkten aus kann אבות eine andere Referenz haben. Allerdings identifiziert sich der Hausvater in 26,7 mit den Israeliten vor dem Exodus, noch in Ägypten. Die »Väter« des dabei gebrauchten Ausdrucks »Gott unserer Väter« sind also noch vor der Exodusgeneration zu denken. Doch es kann eine offene Aussage über Vorfahren vieler Generationen sein, ohne eine spezielle Referenz auf die Patriarchen der Genesis[1]. In 29,24 werden die Israeliten des Exils vermutlich mit der Exodus- und Horebgeneration identifiziert. Denn der Hauptsatz aus 29,24a wird in 29,25 fortgeführt, und es ist eher unwahrscheinlich, daß die Suffixe innerhalb des Relativsatzes 29,24b in עמם und אתם sich auf die אבות von אלהי אבתם beziehen, wenn das auch nicht ausgeschlossen werden kann. Sie dürften sich auf die Israeliten beziehen, von denen die Hauptsätze han-

---

1   Zumindest für diese Diskussion mit RÖMER bleibe ich also zurückhaltender als in LOHFINK, »Credo« 23. Allerdings stimme ich deshalb keineswegs RÖMER zu, nach dem der Plural אבתינו auf den Singular אבי aus 26,5 »zurücklenkt« (67).

deln. Dann sind auch hier die »Väter» des Ausdrucks »Gott der Väter« noch vor Exodus und Horeb zu denken. Doch ist wieder eine offene Aussage über die Vorfahren in vielen Generationen möglich.

Gruppe D. Hierhin gehört nur eine einzige Stelle: 13,18. In einem Relativsatz steht das Verb שבע. Doch betrifft der Schwur Jahwes an Israels אבות nicht die Gabe des Landes, sondern die Vermehrung des Volkes.

Gruppe E. Am lockersten mit 1,8 und 6,10 verbunden und doch unter Umständen immer noch von dorther zu verstehen ist der Plural אבות in 4,37 und 10,15. Es geht um Jahwes »Liebe« zu Vätern Israels. Die beiden Stellen könnten auch mit 7,8 aus Gruppe B zusammenhängen.

Die 18 restlichen Belege des Plurals אבות im Deuteronomium[2] gehören nicht in dieses semantische System. Sie haben ihre Referenz aus dem jeweiligen Zusammenhang. Das zeigt sich in den meisten Fällen schon beim schnellen Lesen. Es stellt auch kein Problem dar, da das Wort אב ja ein Appellativum ist. Eine Irritation wäre denkbar, wenn auch in einigen dieser Texten formelhafte Sprache wie etwa in 1,8 vorkäme. Doch das ist nicht der Fall.

Bei den Argumenten RÖMERS soll wie bisher nur gefragt werden, ob sie überzeugen und etwas austragen. Doch wird es von jetzt ab zur Erhellung der Sachverhalte nötig sein, den Textbefund selbst eingangs zu beschreiben und zu erklären. Ich habe aber weiterhin nicht die Absicht, eine volle eigene Gegentheorie aufzubauen.

Die formelhaften Sätze vom Landschwur

Die 14 Belege der Gruppe A stehen den Landsätzen von 1,8 und 6,10 in Wortbestand und Bau außerordentlich nahe. Das sei an den ersten, im einzelnen je verschiedenen Beispielen exemplifiziert:

לאבתיכם לתת להם	אשר נשבע יהוה	את־הארץ		1,8
לתת לאבתיכם		את־הארץ הטובה אשר נשבעתי		1,35
לאבתיך לתת לך	אשר נשבע	הארץ		6,10
לאבתיך		את־הארץ הטבה אשר נשבע יהוה		6,18
לאבתינו	אשר נשבע	את־הארץ	לתת לנו	6,23
לאבתיך לתת לך	אשר־נשבע	על האדמה		7,13
לאבתיכם	אשר־נשבע יהוה	את־הארץ		8,1

Ich habe die beiden Belege mit den Patriarchennamen miteingeschmuggelt, doch die Namen weggelassen. Die Stereotypie ist deutlich. Kleine Verschiedenheiten ergeben sich von den Erfordernissen des jeweiligen Zusammenhangs her. Vor allem kann das Element, das die Schenkung ausdrückt, an verschiedenen Stellen stehen. Es gibt auch inhaltliche Differenzen. Vor allem sind die Empfänger der

---

2 Es sind 5,3.9; 8,3.16; 10,22; 13,7; 18,8; 24,16a.b; 26,7; 28,36.64; 29,24; 30,5a.b.9; 31,16; 32,17.

Schenkung nicht immer die gleichen. Dennoch muß der Leser den Zusammenhang dieser formelhaften Aussagen sofort erkennen und sie miteinander verbinden. Die meisten Belege sind Moserede. 1,35 ist von Mose erzählte Gottesrede in Kadesch. אבות ist dort von der Exodus-Horeb-Kadesch-Generation aus rückwärts zu verstehen. 6,23; 26,3.15 gehören zu von Mose vorentworfenen Äußerungen von Menschen aus späteren Generationen. Bei ihnen muß man natürlich fragen, ob sie, da von einem anderen Standpunkt aus redend, in den hier behandelten Zusammenhang gehören. Könnte der Standpunkt des imaginierten Sprechers nicht zu einer offeneren Referenz von אבות führen? 31,20 steht in vom Buch-Erzähler direkt erzählter Gottesrede, die in Moab an Mose ergeht. Hier im Bereich von Dtn 31, wo nicht mehr ohne weiteres die Gesetze der typischen deuteronomischen Moserede gelten, wäre ein Sonderfall denkbar. Es muß auf jeden Fall genauer zugesehen werden. Die Frage muß auch für 31,7 diskutiert werden, obwohl dort Mose redet. Damit sind einige problematische Fälle signalisiert, die zunächst besprochen werden sollen.

In 6,21-25 entwirft Mose das Glaubensbekenntnis, das der israelitische Vater späterer Generationen (»morgen«) seinem Sohn gegenüber auf dessen Anfrage hin ablegen wird. Im »wir« dieses Bekenntnisses identifiziert der Vater sich (und den ihn befragenden Sohn) völlig mit dem Israel des Exodus und der Landnahme, das selbst ebenfalls wie eine einzige Generation erscheint[3]. Von diesem Exodus-Landnahme-Israel sind die אבות in 6,23 nach rückwärts abzuheben. Die semantische Perspektive entspricht also der Perspektive in den deuteronomischen Mosereden selbst.

In 26,3, dem ersten Darbringungsgebet des Gesetzes über die Erstlingsfrüchte (26,1-11), identifiziert sich der Israelit der Zukunft voll mit der Landnahmegeneration – so sehr, daß der Eindruck entstehen konnte, es handle sich um ein Ritual, das überhaupt nur für die erste Ernte nach der Landnahme gemeint ist[4]. Im Sinne der umgebenden Moserede ist die Landnahmegeneration sicher nicht von der Exodusgeneration abzuheben. So ist von dieser aus rückwärts zu denken, will man die Referenz der אבות bestimmen. Bei 26,3 kommt entstehungsgeschichtlich hinzu, daß dieses Darbringungsgebet vermutlich zumindest auch deshalb sekundär vor das zweite von 26,5-10 gesetzt wurde, weil dort die im Deuteronomium übliche Nennung der Landverheißung an Israels אבות vermißt wurde[5]. Dann ist aber auch die übliche Referenz anzunehmen.

26,15 blickt zwar auf die Landnahme zurück[6], hat aber eine Doppelfunktion und

3 So auch RÖMER (237f). Nur meint er, in 6,23 werde das alles zusammenfassende »wir« durch die Väter »überlagert« – womit er sagen will, daß die im »wir« einbegriffene Exodusgeneration im gleichen Atemzug auch als Generation der »Väter« bezeichnet wird. Das kann ich nicht nachvollziehen.

4 So zuletzt noch CRAIGIE, *Deuteronomy* 319.

5 Vgl. RÖMER 68f, der sich dagegen wehrt, in der Vorschaltung von 26,3 nur Priesterinteressen am Werk zu sehen. Er betrachtet die erste Erklärung mit RAD, *Deuteronomium* 113, als ein »Resümee der zweiten«, doch liege hier nun der Akzent auf dem Väterschwur.

6 Dies erklärt auch die Abweichungen von den üblichen Rückverweisen auf den Landverheißungs-

steht insofern doch nicht ganz auf einem von der Redesituation Moses aus zukünftigen Standpunkt. Hier endet ein zukünftiges Gebet, hier endet aber auch die deuteronomische Gesetzessammlung. Das »wir«, dem Gott das Land gegeben hat, ist in *einem* das Israel des späteren Beters und das der Landnahmegeneration selbst[7]. Es ist kein Grund zu erkennen, diese selbst nicht auf der Linie der ganzen Moserede mit der Exodusgeneration zu identifizieren. Die »Väter«, denen das Land verheißen wurde, sind dann nochmals davor anzusetzen. Wieder spricht dabei alles für die übliche Referenz.

Die drei Belege 6,23; 26,3.15 dürften also trotz des zukünftigen Standpunkts der jeweiligen Rede vom konkreten Textzusammenhang her nicht anders zu beurteilen sein als jene Belege der Gruppe A, die Moserede in Moab sind.

31,7 gehört zur zweiten Moserede in Dtn 31. In der ersten wie der zweiten Rede dieses Kapitels geht es um den bevorstehenden Einzug ins verheißene Land unter Führung Josuas. In der ersten (2-6) spricht Mose darüber zu ganz Israel, in der zweiten (7f) zu Josua. Durch diese Rede führt er das aus, was Jahwe ihm nach 1,38 vor vielen Jahren in Kadesch erstmalig und nach 3,28 vor kurzem in Moab nochmals und noch schärfer aufgetragen hatte: Er setzt Josua in die beiden Ämter des Landeroberers und des Erbbesitzverteilers ein[8]. Vor Augen stehen dem Leser dabei die Situationen aus Dtn 1–3, in denen narrativ zwischen der Exodus-Horeb-Kadesch-Generation und der Moab-Landnahme-Generation unterschieden wurde. Die dort akute Sache ist wieder akut[9]. Mose nennt das Land in 31,7 Josua gegenüber הארץ אשר נשבע יהוה לאבתם לתת להם. Nun gibt es ja im Zusammenhang der Generationenunterscheidung in Dtn 1–3 einen zweiten Jahweschwur, durch den Jahwe für die erste der beiden Generationen den alten Landverheißungsschwur aufhob. Könnte man diesen den »Vätern« der jetzt angeredeten Moabgeneration geleisteten Schwur nicht zugleich als einen Schwur betrachten, durch den der Moabgeneration das Land zugesprochen wurde? Das ist zumindest nicht ausschließbar. Dann hätten wir hier (wenn ich von der recht zweifelhaften Stelle in 5,3 absehe) zum erstenmal im Deuteronomium eine Referenz des Plurals אבות auf die von der Moabgeneration narrativ abgehobene Generation des Exodus, die, von Mose, Kaleb und Josua abgesehen, in der Wüste weggestorben war.

Es gibt allerdings zwei Gegengründe gegen diese Annahme. Der eine ist, daß die Formulierung des Landschwursatzes der von 1,8 und 30,20 (unmittelbar vorausgehend) näher steht als der des göttlichen Gegenschwurs in 1,35. In 1,8 wie in 30,20 werden

---

schwur. An האדמה schließt sich zunächst der Relativsatz אשר נחתה לנו an, und an diesen selbst, nun notwendigerweise mit כאשר eingeleitet, ein Relativsatz zweiten Grades, der vom Schwur an die Väter Israels spricht. Hier 1 Kön 8,34 zur Deutung heranzuziehen (so RÖMER 244f), ist überflüssig und verwirrt eher die Sicht.

7 RÖMER sagt selbst, daß »dieser Vers augenscheinlich als Abschluß für das voranstehende Bekenntnis konzipiert wurde (vielleicht sogar als Abschluß des ganzen Gesetzeskorpus)« (243).

8 Vgl. LOHFINK, »Übergang« 41f.

9 RÖMER unterstreicht das mit Recht: »Es wird Dtn 1–3 vorausgesetzt, wie denn auch 31,7 auf 1,38f zurückgreift, wo der Generationenwechsel thematisiert wird« (225). Eine andere Frage ist, ob man daraus so leicht die Folgerungen ziehen kann, die er zieht.

jedoch die Patriarchennamen genannt. Ein Vergleich der Stellen zeigt die größeren und geringeren Beziehungen sofort:

זרעם אחריהם(לתת ל(הם ול	לאבתיכם	...	נשבע יהוה	1,8
	לתת לאבתיכם		נשבעתי	1,35
לתת להם	לאבתיך	...	נשבע יהוה	30,20
לתת להם	לאבתם		נשבע יהוה	31,7

Die Position von לתת ist in 1,35 anders. Ferner ist in 1,35 da, wo man die Nennung des Empfängers der Landschenkung erwartet, eine Leerstelle. Man wird in 31,7 also weniger an 1,35 erinnert als an 1,8 und 30,20, wo die Patriarchennamen stehen.

Der andere Gegengrund besteht darin, daß der in Schwurform ausgesprochene Gegenschwur von 1,35 sich nur auf die zum Tod in der Wüste verurteilte Generation bezieht (eventuell noch in 1,36 auf den Gegenfall Kaleb). Dann kommt eine neue Redeeinleitung, mit der Themenangabe »Groll auf Mose« (1,37). Erst in der dann anschließenden Gottesrede wird (wieder in einer Art Gegenfall, jetzt zu dem mitverurteilten Mose) von Josua und der von ihm ins Land zu führenden nächsten Generation gesprochen (1,38f). In 31,3 steht ein Rückverweis auf 1,38. Auch er spricht nicht von einem Schwur Gottes. Er sagt: כאשר דבר יהוה. Daher frage ich mich, ob Gottes Äußerung in 1,38f, die sich auf den Einzug Josuas und der Moabgeneration ins verheißene Land bezieht, im Sinne der deuteronomistischen narrativen Konstruktion noch als Teil des Schwurs von 1,35 betrachtet werden darf.

Der Sachverhalt ist allerdings noch einmal komplizierter. In 4,21 wird das Grollen Gottes auf Mose aus 1,37 als Schwur bezeichnet. Es ist für 4,21 offenbar noch ein Teil des Schwurs, der in 1,35 eingeleitet wird. Was von 1,37 gilt, sollte auch von 1,38f gelten. Dann müßte es auch noch in 31,7 gelten.

Diese Argumentation ist richtig für den definitiven Deuteronomiumstext, obwohl damit allein noch nicht alles geklärt ist. Es bleibt ja auch auf dieser Textstufe das Argument der größeren Formulierungsnähe von 31,7 zu 1,8 und 30,20. Stellt man in Rechnung, daß 31,7 zur ältesten deuteronomistischen Schicht von Dtn – Jos gehören dürfte, für die das Thema des Übergangs der Führung von Mose auf Josua grundlegend war[10], während 4,1-40 eine spätere Erweiterung ist, dann kann man mindestens für den Sinn von 31,7 auf der ersten deuteronomistischen Textstufe 4,21 nicht als Verständnishilfe heranziehen.

Alles zusammengenommen, frage ich mich trotzdem schon für die älteste deuteronomistische Schicht, ob nicht eine Art Synthese der beiden bisher allein ins Auge gefaßten Extremmeinungen versucht werden kann. Es bliebe dabei: Die Rede vom Landverheißungsschwur an die »Väter« des bei der Rede an Josua anwesenden Israel ist auf Abraham, Isaak und Jakob bezogen. Doch der Schwur Gottes an die Patriarchen ist von Gott gegenüber der Exodus-Horeb-Kadesch-Generation noch einmal konkretisiert worden. Auch da hat Gott geschworen. Durch diesen Schwur ist erst

---

10 Vgl. LOHFINK, »Übergang«.

deutlich geworden, daß der Hauptschwur sich gerade an der in Dtn 31 vor Mose und Josua stehenden Generation erfüllen wird. Insofern gehört die nun in der Wüste ge- storbene Exodus-Horeb-Kadesch-Generation mit hinein in die Rede vom Schwören Gottes an Israels אבות. Die Referenz von אבות im Zusammenhang des Väterschwurs wird erweitert. Zwar nicht nach beiden Richtungen. Sie behält ihren Anfangspunkt mit Namen Abraham. Aber von diesem Punkt aus erstreckt sie sich doch bis zur Eltern- generation des Landnahme-Israel. Wegen der paränetischen Generationenver- schmelzung innerhalb der großen Moserede des Deuteronomiums war dort eine solche Annahme nicht angebracht. Hier, wo wieder stärker historisch gesprochen wird und die Differenz zwischen denen, die in der Wüste starben, und denen, die ins Land hin- einziehen dürfen, neu in den Brennpunkt gerückt ist, legt sie sich nah.

Für dieses Verständnis von אבות in 31,7 spricht noch eine weitere Beobachtung. Es ist umstritten, welcher Werdestufe des Deuteronomiums man die Erscheinung Jahwes in der Wolkensäule beim Offenbarungszelt in 31,14f.23 zuordnen soll – der ersten deuteronomistischen Schicht oder einer späteren, vielleicht sogar erst der Pentateuch- redaktion[11]. Ich nehme an, daß diese Verse schon in der ersten deuteronomistischen Schicht zu finden waren, da sie in ihr ein unentbehrliches Element im System des Übergangs der Führung Israels von Mose auf Josua bilden. Wie dem auch sei, in 31,23 ist der sehr knappe Rückverweis auf einen Landverheißungsschwur Jahwes interessant. Denn dort sind die Adressaten des Schwurs nicht irgendwelche אבות, sondern jene בני ישראל, die Josua in das *ihnen selbst* verheißene Land führen soll: הארץ אשר נשבעתי להם[12]. Hier wäre auf der deuteronomistischen Stufe entweder nur an die jet-

11 Außerdem handelt es sich vielleicht um ein eingebautes älteres Textstück aus alten Penta- teuchtraditionen. NOTH, *Studien* 40, mit Anm. 3, meint, das Stück stamme »aus einer älteren Quelle«, sei aber erst bei der Zusammenarbeitung von Deuteronomium und Pentateuch hier »eingeschoben« worden und insofern »im jetzigen Zusammenhang literarisch sekundär«. Später hat er allerdings seine Meinung geändert, weil er zur Meinung kam, in den alten Quellen sei Mose schon vor der Eroberung des Ostjordanlandes gestorben und in Dtn 31,15 gebe es schon priesterschriftliche Formulierungen. Vgl. NOTH, *Pentateuch* 35 Anm. 126.

12 Die Urseptuaginta könnte τοῖς πατράσιν αὐτῶν gehabt haben, wie man vor allem aus der Vetus Latina des Codex Lugdunensis erschließen mag. Doch auch dann hatte sie schon eine harmonisierende Vorlage, welche die ganze wörtliche Rede von 31,23 als Moserede und nicht als Jahwewort stilisiert hatte. Das gilt selbst, wenn die Urseptuaginta αὐτοῖς las (so WEVERS). Die Harmonisierung ist dadurch ausgelöst, daß am Anfang von 31,23 kein Subjekt genannt wird. Durch das lange Jahwewort an Mose allein in 31,16-21 und die eingeschobene Notiz über die Niederschrift des Lieds, in der Mose Subjekt der Aussage ist, erschien es nicht mehr als deutlich, daß der in 31,14f herabgestiegene Gott, wie er in 31,14a angekündigt hatte, aus der Wolkensäule zu Josua spricht. Sekundär ist innerhalb der Septuagintatradition sogar die Zuteilung des Zitats in 31,23 an Mose noch dadurch verdeutlicht worden, daß Mose am Anfang von 31,23 ausdrück- lich als Subjekt genannt wurde. Nach WEVERS, *Text History* 123, kam Mose »on the basis of the preceding verse« sekundär hinein. Mir scheint noch wichtiger die schon vorliegende Umformulie- rung des Zitats aus Jahwerede in Moserede zu sein. Alle Probleme, die ich im Haupttext disku- tiere, wären beseitigt, wenn LABERGE, »Deutéronome 31« 156f, recht hätte. Er hält die Septua- ginta-Vorlage hier für den älteren Text. Er sieht im masoretischen Text eine nachträgliche Stili-

zige Generation zu denken. Dann stünde allein der Schwur von 1,34-39 vor Augen[13]. Oder es wäre das Israel aller bisherigen Generationen gemeint, die Patriarchen miteingeschlossen, aber gar nicht besonders hervorgehoben. Ich rechne – wie gesagt: auf der deuteronomistischen Stufe – mit dem zweiten. Diese Auffassung fügt sich gut zu der oben gegebenen Deutung der Referenz von אבות in 31,7.

31,20 steht in der ersten Einleitung des Moseliedes (31,16-21). Sie wird am Offenbarungszelt von Gott zu Mose aus der Wolkensäule gesprochen. Bis zu 31,18 verschiebt sich der Standpunkt der Aussage immer mehr in die Zukunft, wenn auch vielleicht nicht bis zum Exil. Doch man darf daraus nicht schließen, in 31,20 werde von einem zukünftigen Standpunkt aus zurückgeblickt. Denn in 31,19 springt der Text mit ועתה und drei Imperativen wieder in den Redeaugenblick, worauf von 31,20 ab der Aussagenstandpunkt sich von neuem langsam in die Zukunft schiebt[14]. Der erste Schritt nach vorn ist die Hineinführung der jetzt angeredeten Generation in das verheißene Land. Und hier steht der Landsatz, um den es geht. Die אבות liegen der Landnahmegeneration voraus. Man wird für die Referenz des Wortes das aufnehmen können, was zu 31,7 erarbeitet wurde. Dies umso mehr, als in 31,21 nochmals ein Landsatz mit Leerstelle nach נשבעתי, also ohne Adressatenangabe für den Schwur[15], folgt. Wird hier ein Übergang zu 31,23 geschaffen?

Für die beiden Belege der Gruppe A in 31,7 und 31,20 scheinen also, weil nun nicht mehr die großen Moseparänesen weiterlaufen, besondere Gesetze zu gelten. Die Referenz von אבות auf die Patriarchen der Genesis bleibt, wird aber erweitert bis zur Elterngeneration des angeredeten Israel der Landnahme hin. Zumindest scheint mir das die plausibelste Lösung der schwierigen Probleme zu sein.

---

sierung Moses als Prophet, der als solcher dann auch im Ich Jahwes sprechen könne. Als Bestätigung betrachtet er die Tatsache, daß im masoretischen Text in 31,25 Mose sekundär ausdrücklich als Subjekt neueingeführt werde (die Septuaginta nennt Mose hier nicht noch einmal ausdrücklich). Für 31,25 könnte LABERGE recht haben. Doch kann die Verdeutlichung auch nachträglich erwünscht gewesen sein und muß nicht unmittelbar bei einer Textänderung in 31,25 geschehen sein. In 31,23 bietet der masoretische Text die *lectio difficilior*, und zwar aus drei Gründen: Einmal wegen der Unklarheit über das sprechende Subjekt, dann wegen der ungewöhnlichen Adressaten des göttlichen Schwurs, schließlich, weil sonst im Deuteronomium Gott stets durch Mose handelt. All dies ist in der Septuaginta-Fassung durch Anpassung an 31,7 weggebügelt. Eingekauft ist dafür allerdings, daß 31,23 zur reduzierten Doppelung von 31,7 wird und daß die Ankündigung Gottes aus 31,14 ואצונו (vgl. 31,23 ויצו את-יהושע) sich ins Leere verliert. Ursprünglich sollte die Wiederkehr dieses Verbs offenbar genügen, um dem Leser bewußt zu machen, daß jetzt Gott selbst spricht.

13 Vor einem Einbau in den deuteronomistischen Zusammenhang könnte die Referenz einfach auf das aus Ägypten ausziehende Israel gegangen sein. Hier hätten wir vielleicht eine Spur jener Tradition von einem Landschwur Jahwes an die Exodus-Israeliten, die RÖMER sucht.

14 Vgl. die Analyse des Textes bei RÖMER 182f.

15 Der Samaritanus fügt hier לאבחיו hinzu, die Septuaginta τοῖς πατράσιν αὐτῶν (vgl. Syriaca und einzelne hebräische Manuskripte), die Vulgata *ei*. Die einfachste Erklärung ist die Ursprünglichkeit der masoretischen Lesung. Die dort empfundene Leerstelle wurde je verschieden ausgefüllt. So auch RÖMER 185, mit meiner Meinung nach unberechtigtem Zögern.

Folgerung: Vom Fehlen der Patriarchennamen abgesehen, sind die 14 Belege der Gruppe A nur kontextbedingte Variationen der Stellen 1,8 und 6,10, wo die Namen stehen. So interessant es wäre, auch für die soeben nicht besonders diskutierten Stellen die kleinen Unterschiede vom jeweiligen Kontext her zu erklären – für die Zwecke meiner kritischen Überprüfung ist es allein wichtig, die Gemeinsamkeit zu betonen. Sie verbindet diese Texte alle sehr eng mit 1,8 und 6,10, und ebenfalls mit dem die langen Mosereden abschließenden Vers 30,20 – also mit den rahmenden Stellen, wo zu אבות in Apposition die drei Patriarchennamen hinzugefügt sind. Bei den Stellen der Gruppe A liegt deutlich das gleiche Muster vor wie zwischen dem rahmenden המלך יאשיהו und dem dazwischenstehenden einfachen המלך im sogenannten »Auffindungsbericht« von 2 Kön 22 – 23.

Dies gilt rückwärtsschreitend im uns vorliegenden definitiven Deuteronomium, auf deuteronomistischer Redaktionsstufe und, falls 6,10 und Stellen der Gruppe A in ihm standen, auch schon im joschijanischen Deuteronomium. Nun zu RÖMER!

Wie ordnet RÖMER die Belege der Gruppe A redaktionsgeschichtlich ein? Soweit ich sehe, versucht er für keinen einen Nachweis vordeuteronomistischer oder gar vorjoschianischer Herkunft. Keine präzise Meinungsäußerung konnte ich für 1,35; 7,13; 28,11 entdecken. Von seinem Umgang mit diesen Stellen her ist aber anzunehmen, daß er sie eher im exilisch-deuteronomistischen Bereich ansiedelt. 26,3 ist mit ganz 26,1-11 »dtr« (70). 31,7 ist »Dtr« zugeordnet (225). 8,1 wird als »exilisch« bezeichnet (83). In den Bereich von »Dtr²«[16] gehören 6,18 (180f, mit Fragezeichen), 10,11 (209), 11,9 (214 Anm. 1105), 11,21 (217) und 31,20 (188). 6,23 ist »Dtr« oder »Dtr²« (239). 26,15 ist »Dtr²« oder »nachdtr« (243). 19,8 ist schlicht »nachdtr« (194).

Ich diskutiere diese Ansetzungen nicht, sondern stelle einfach fest, daß, wenn man sie voraussetzt, alle Texte dieser Gruppe nach RÖMER in einen Großtext hineinformuliert wurden, an dessen Anfang Abraham, Isaak und Jakob in Dtn 1,8 als Empfänger des Landverheißungsschwurs genannt waren. An allen diesen Stellen mußte daher der Landverheißungsschwur an Israels אבות auf die Patriarchen der Genesis bezogen werden, es sei denn, der Kontext stellte klar eine andere Referenz her.

RÖMER hat für seine Untersuchung der Einzelstellen natürlich nicht die von mir angewendeten Prinzipien formuliert. Er blickt nicht auf den Großtext in seinem kontinuierlichen Aussageaufbau, sondern definiert sich jeweils einen kleinen »Untersuchungskontext«, der manchmal nur wenige Verse umfaßt. Ihn befragt er auf

---

16 Ich erinnere noch einmal daran, daß RÖMER dieses auch sonst gebrauchte Siglum neu definiert. »Dtr²« faßt bei ihm alles zusammen, was noch deuteronomistisch ist, aber später als das (für ihn exilische) deuteronomistische Geschichtswerk (vgl. 53). Es ist im Tetrateuch auch für die (spätdatierten) früher als jahwistisch betrachteten Texte verwendbar (552 Anm. 593). Daraus wird deutlich, daß sprachlichen Kriterien zur Bestimmung des »Deuteronomistischen« bei ihm nicht unentbehrlich sind.

leise Anzeichen, aus denen eventuell ersichtlich sein könnte, auf wen die Referenz des Wortes אבות gehe. Recht gern zieht er auch außerdeuteronomische Parallelen heran, etwa aus Numeri oder aus Jeremia.

Ich kann aus Raumgründen, und auch, weil es doch nichts austrägt, hier nicht auf die Unzahl der einzelnen Kleinargumente eingehen. Sie sind manchmal auch reichlich nebelhaft, oft spinnwebenzart, mehrfach auch von RÖMER selbst schon mit Fragezeichen versehen oder nur als Denkmöglichkeiten charakterisiert. Keines hat ein solches Gewicht, daß es einen der Belege der Gruppe A wirklich aus dem Kraftfeld der Rahmenstellen mit den Patriarchennamen herausziehen könnte. Nur ein dreimal (und dann auch später noch bei anderen Belegen) wiederkehrendes Argument will ich diskutieren: die in 11,9; 26,15; 31,20 zum üblichen Sprachmaterial hinzutretende Milch-Honig-Floskel. Diese Diskussion kann auch methodologisch aufschlußreich sein. Sie führt nämlich zu der Frage, in welchem Maß man auch noch in fortgeschrittener Stunde den Sinn einer Formulierung aus Frühstadien ihrer Traditionsgeschichte erheben kann.

Zur Milch-Honig-Floskel: Die im Deuteronomium im ganzen sechsmal[17] zu einem Wort für »Land« hinzutretende Wortgruppe זבת חלב ודבש findet sich in der Genesis in keiner Landverheißung. Sie tritt im Pentateuch erstmals in Ex 3,8.17 in diesen Zusammenhang. Man kann daraus auf das distinktive Vokabular einer vorliterarischen Tradition von einer Landverheißung an Mose und damit an seine Generation in Ägypten schließen und hat das auch mehrfach getan.

Tritt diese Floskel in einem älteren[18] biblischen Buch nun im Zusammenhang mit der Landverheißung auf, ohne daß in diesem Buch schon vorher klargestellt wurde, wer als Empfänger von Landverheißungen zu denken ist, dann kann man annehmen, daß auf die dem Leser des Buches bekannte mündliche Tradition einer Landverheißung an Mose und seine Generation angespielt werden soll. Natürlich läßt sich auch die Möglichkeit nicht ausschließen, daß im Bereich mündlicher Traditionen die Floskel זבת חלב ודבש mit indeterminiert-offener Rede von einer Landverheißung an die Ahnen verbunden war und daß sie in Ex 3 erst literarisch und damit sekundär mit Mose in Zusammenhang gebracht wurde.

Doch wie nun, wenn, wie im Deuteronomium, vom Anfang des Großtextes her die Lesererwartung besteht, die Landverheißungen seien an Abraham, Isaak und Jakob ergangen?

Wenn dann bei Erwähnung der Landverheißung die Floskel erscheint, wird der Leser die Floskel, wenn nicht andere deutliche Hinweise hinzukommen, selbst dann, wenn er sie bisher nur aus mündlichen Mosetraditionen kannte, sofort mit Abraham,

---

17   6,3; 11,9; 26,9.15; 27,3; 31,20. Nimmt man noch die leicht abgewandelte Wendung in 8,8 hinzu, hat man eine Siebenzahl. Vom Land ist die Rede in 11,9; 26,15; 27,3; 31,20, von der Volksvermehrung in 6,3, einem schwierigen Text (vgl. RÖMER 120). Nur an den zuletzt genannten Stellen steht im Zusammenhang auch der Plural אבות.

18   Wo ein jüngeres Buch sich schon am Deuteronomium inspiriert, gilt das im folgenden Gesagte nicht mehr.

Isaak und Jakob verbunden haben. Es handelte sich ja um das gleiche Land und um Verheißung dieses Landes. Wenn er die Floskel sogar schon literarisch aus Ex 3 (oder Vorstufen von Ex 3) kannte, war die Zuordnung zu den Patriarchen der Genesis nochmals leichter, da die Verbindung zu ihnen in Ex 3 durch die Selbstvorstellung Jahwes als »Gott Abrahams, Isaaks und Jakobs« schon ausdrücklich gemacht ist, auch wenn dort kein expliziter Rückverweis auf die den Patriarchen gegebene Landverheißung steht.

Man muß für eine Wendung wie זבת חלב ודבש deutlich zwischen traditionsgeschichtlichen Sachverhalten und semantischen Bezügen innerhalb des Sinngefüges eines Buches unterscheiden. Der Leser liest ein Buch. Er treibt keine traditionsgeschichtliche Forschung. Ich spreche natürlich vom »implizierten Leser«, und das heißt zugleich: von der Aussageintention des »implizierten Autors«.

Alles spricht dafür, daß im Deuteronomium die Floskel זבת חלב ודבש in die Rede von der Landverheißung an Abraham, Isaak und Jakob eingeschmolzen ist und daß die Gottesworte in Ex 3, die auf dieser oder jener Stufe des Deuteronomiums durchaus bekannt waren und als dem Adressaten bekannt vorausgesetzt wurden, nur als eine erneuerte Aufnahme der Verheißung an die Patriarchen betrachtet wurden. Die Benutzung der Floskel zeigt, daß Ex 3 als Zwischenstation zwischen der Verheißung selbst und der Redesituation in Moab immer mitzudenken ist; aber das ändert nichts daran, daß als die eigentlichen Empfänger des Landverheißungsschwurs die Patriarchen Abraham, Isaak und Jakob zu betrachten waren.

Die Beurteilung der Stellen der Gruppe A würde schwieriger, wenn RÖMER Theorien verträte, nach denen einzelne dieser Stellen dem Deuteronomium schon in festen Texten vorgegeben gewesen und dann als solche einverleibt worden wären. Denn dann wäre es denkbar, daß sie in ihrer vordeuteronomischen Existenz tatsächlich eine andere Referenz der Landverheißungsaussage gehabt hätten und daß sich die Referenz erst durch die Einfügung in den deuteronomischen Großtext geändert hätte. Für die Deutung solcher vordeuteronomischer Textverhältnisse würden dann auch traditionsgeschichtliche Überlegungen wichtiger. Aber RÖMER hat bei keiner der untersuchten Stellen eine solche Annahme vorgetragen. Er argumentiert auf der Ebene des deuteronomisch/deuteronomistischen Großtextes, auch wenn er stets nur einen relativ kleinen »Untersuchungskontext« näher analysiert.

Sätze über einen Jahweschwur mit vorausstehendem Nomen

Die 5 Belege der Gruppe B, die sich nur in bestimmten, klar abgrenzbaren Bereichen des Deuteronomiums finden und schon deshalb wahrscheinlich als weiterentwickelte Formen des diffuser verbreiteten Grundtyps des Landsatzes zu betrachten sind[19], setzen nicht nur ein spezifizierendes Nomen vor den Relativsatz, der vom Schwur zu den Vätern spricht, sondern verändern durch dieses Nomen auch den

---

19 Vgl. LOHFINK, *Hauptgebot* 88f.

Charakter der Verheißung. Sie wird hier zur ברית (4,31), zur שׁבעה (7,8), zu ברית וחסד (7,12), zur ברית יהוה (8,18) und zum דבר (9,5). Daß sich dieser lockerere und großräumigere Typ der Aussage von einem Schwur an »Väter« mit den Namen aus der Genesis verbinden kann, zeigt von vornherein die Präsenz der drei Namen in 9,5.

Da in dieser Gruppe das Stichwort für »Land« fehlt, stellt sich zunächst die Frage, ob an diesen Stellen das Thema »Land« denn wenigstens vom Kontext her vorhanden ist. Das scheint der Fall zu sein.

So sicher in 4,31. In 4,26f war vom Verlust des Landes und der Zerstreuung Israels unter die Völker gesprochen worden. Dann hatte 4,29f die Bekehrung im Exil ins Auge gefaßt. Von da ab steht unausgesprochen die Frage im Raum, ob es eine Heimkehr ins alte Land geben könne. Mose geht aber nicht direkt auf sie ein. Er lenkt den Blick auf Gott und spricht von Jahwes Barmherzigkeit. Doch er fügt noch etwas hinzu, und das könnte nun doch, wenn auch höchst verhalten und indirekt, die Antwort auf die noch unbeantwortete Frage nach der Rückkehr ins Land sein: Jahwe wird den Bund, den er den Vätern Israels geschworen hat, nicht vergessen. Daß es hier wirklich um die Rückkehr ins Land ging, ist definitiv klar in 4,40, dem Schlußsatz der Rede. Er endet: »damit es dir und später deinen Nachkommen gut geht in dem Land, das Jahwe, dein Gott, dir gibt כל הימים.« Diese Aussage kann im vorausgehenden Text überhaupt nur durch 4,31 legitimiert sein.

Dtn 7 ist von Anfang bis Ende mit der Eroberung des Landes beschäftigt, auch wenn der Zentralteil diesen Vorgang in weitdimensionierte Zusammenhänge stellt. Die Belege 7,8 und 12 befinden sich in einem zusammenhängenden Text, und zu ihm gehört auch 7,13, ein der Gruppe A beizuordnender Beleg mit אדמה als vorauslaufendem Nomen.

Auch in Dtn 8 geht es um das Land. In kompositorischer Entsprechung zu 8,18 steht der ebenfalls zur Gruppe A gehörende Beleg 8,1 mit ארץ als vorauslaufendem Nomen.

Über den Zusammenhang von 9,5 mit der Landverheißung habe ich oben in Kapitel 4 schon gehandelt. So fallen keine Belege der Gruppe B, auch wenn kein Wort für »Land« vor dem Relativsatz steht, aus der Landthematik heraus.

Dies vorausgesetzt, muß man annehmen, daß die אבות von 4,31 ihre Referenz von 1,8, die אבות von Dtn 7 und 8 ihre Referenz von 1,8 und 6,10 her erhalten. 9,5, das von der Form her zur Gruppe B gehört, wo aber die Patriarchennamen ausdrücklich stehen, setzt das Siegel darauf.

Dies gilt, es sei denn, die Stellen stammten aus Textphasen, wo 1,8 und 6,10 noch nicht vorhanden waren, oder im Kontext einzelner Stellen werde die Wirkung von 1,8 oder 6,10 wieder zugunsten einer anderen Referenz aufgehoben. Jetzt sind wieder RÖMERS Überlegungen zu konsultieren. Tragen sie für eine solche Einschränkung etwas aus?

Zum Zeitansatz der in Frage kommenden Textbereiche äußert sich RÖMER nur recht vage. Für Dtn 4 oder Teile daraus konnte ich nur einmal mit Fragezeichen das Stichwort »sekundär-dtr Einschub« entdecken (138 Anm. 677). Ich habe keine Aussage gefunden, das Kapitel oder Teile daraus hätten zunächst unabhängig vom Deuteronomium existiert und wären erst sekundär in den von Dtn 1 – 3 her gegebenen deuteronomistischen Zusammenhang eingefügt worden. RÖMER scheint (mit Recht) damit zu rechnen, daß 4,1-40 zum deuteronomistischen Dtn 1 – 3 später hinzugefügt wurden. Dtn 7,7-15 bestimmt er als »dtr« (142f) und weist auf Meinungen hin, die mit spätdeuteronomistischer Hand rechnen (143 Anm. 708). Dtn 8 kann er sich »als im Exil entstanden vorstellen« (83). Für den Anfang von Dtn 9 rechnet RÖMER mit »Dtr^2« (166 Anm. 841). Mit diesen Zeitansätzen entzieht RÖMER keinen Beleg von Gruppe B dem semantischen Einflußbereich von 1,8 und 6,10.

Liefert er Gründe, die in konkreten Einzelfällen dennoch für eine andere Referenz als auf Abraham, Isaak und Jakob sprechen würden? Ich habe nur im Falle von 4,31 eine Beobachtung gefunden, auf die näher einzugehen mir sinnvoll erscheint.

In Anlehnung an die von G. BRAULIK erarbeitete Struktur von 4,1-40[20] bestimmt RÖMER als »Untersuchungskontext« für 4,31 den Text 4,23-31 (136f). Wichtig wird die von BRAULIK ebenfalls herausgearbeitete Erkenntnis,[21] daß die Rede vom "Vergessen der ברית" zusammen mit dem Gegensatz von אל קנא und אל רחום in 23f und 31 den ganzen Abschnitt rahmt (137f). Nun handelt es sich in 4,23 um die Horeb-ברית. Also »erscheint es als das naheliegendste, die Erwähnung der ברית in v.31 ebenfalls mit der Horebberit in Verbindung zu bringen« (138).

An der Beziehung zwischen 4,23f und 4,31 bestehen keine Zweifel. Daß nicht reine Aussagenwiederholung, sondern eine Gegensatzspannung zwischen den beiden Aussagen vorliegt, ergibt sich aus dem Inhalt (Sünde Israels – Erbarmen Jahwes). Sie wird auch verbal unterstrichen. So steht der "barmherzige El" gegen den "eifernden El", das Nichtvergessen von ברית gegen das Vergessen von ברית. Auch das Wort ברית wird in den beiden Versen verschieden bestimmt: in 23 als ברית יהוה אלהיכם אשר כרת עמכם, in 31 als ברית אבתיך אשר נשבע להם. Dieser Formulierungsunterschied spricht eher dafür, daß es sich nicht um die gleiche ברית handelt. Die Verben, die den Vollzug der ברית kennzeichnen, unterscheiden sich voneinander (כרת – שבע). Auch die irdischen Partner sind verschieden benannt (עמכם – להם, auf אבתיכם bezogen).

Nach RÖMER müssen hier, wie an vielen anderen Stellen, im Endeffekt wieder die zwei Wüstengenerationen von Dtn 1 – 3 unterschieden werden, und die »Väter« sind die Exodus-Horeb-Generation. Dazu tritt die auch sonst meist offerierte Ausweichlösung. Nach ihr sind die »Väter« die Vorfahren der Exodusgeneration, aber in Ägypten (141). Wie mit ihnen die Horeb-ברית geschlossen wurde, wird nicht erörtert. Der einzige ausführlicher dargelegte Grund dafür, daß es sich auch in 4,31 um die Horeb-ברית handeln muß, ist: Es »wimmelt [...] in Dtn 4 von ‚Horeb'- oder ‚Dekalogsprache'«

---

20 BRAULIK, *Mittel* 78-81, und vorher schon 49.
21 BRAULIK, *Mittel* 58, 90 und 121.

(138). Im übrigen werden nur noch Vorsichtsklauseln und Unklarheiten von Autoren, die mit der Patriarchen-ברית rechnen,[22] namhaft gemacht und deren Hauptargumente zu widerlegen versucht (139f).

Kein Zweifel an der »Dekalogsprache« in 4,1-40! Aber das schließt nicht aus, daß auch noch von anderen Dingen als von Horeb und Dekalog gehandelt wird. Der Relativsatz »(לאבתיך =) אשר נשבע להם« enthält *keine* »Dekalogsprache«. Um diesen Satz geht es. Das Vorherrschen der »Dekalogsprache« im Kontext und das Fehlen derselben in diesem Relativsatz spricht eher dagegen, daß ברית auf Dekalog und Horeb verweist. Doch würde ich daraus noch kein Argument machen. Ich sehe, die schon oben aufgeführten Kontrastphänomene zwischen 4,31 und 4,23f vorausgesetzt, drei Sachverhalte, die für eine Referenz auf die Patriarchen sprechen.

1. Wie oben ausgeführt, steht die Frage im Raum, ob das Israel des Exils wieder in sein Land zurückkehren könne. Hat die ברית von 4,31 etwas mit einer Landverheißung zu tun, dann ist zumindest leise andeutend eine entsprechende Hoffnung ausgesprochen. Dann könnte es jedoch nicht die Horeb-ברית, es müßte die Patriarchen-Landverheißung sein, die in den späten Epochen, in denen auch RÖMER den Text von 4,1-40 ansetzt, längst schon als ברית bezeichnet wurde.

2. Wie ich schon vor längerer Zeit gezeigt habe und wie BRAULIK mit einer Reihe von Verbesserungen bestätigt hat[23], gehört zur inneren Struktur von 4,1-40, daß zu-

---

22 Man muß dem Leser leider raten, hier und auch woanders stets die Originalautoren nachzulesen. Über BRAULIK, *Mittel* 119-127, wird zum Beispiel folgendermaßen informiert: »Gilt [...] für die Erwähnung der ‚Väter' und anderer Begriffe, daß mit ‚einem *seiner Bedeutung nach gleichbleibenden* Wort' operiert wird, so wird nun für das Vorkommen von ברית ein *Bedeutungssprung* proklamiert, um diese als Erzväterschwur charakterisieren zu können« (139). In Wirklichkeit kann von einer speziellen Absicht BRAULIKS, hier die Erzväter nachzuweisen, nicht die Rede sein – die Referenz auf die Patriarchen setzt er als geklärt voraus. Auf diesen Seiten zieht er die Summe vieler vorausgehender Einzelanalysen zu ganz 4,1-40. Die verschiedenen semantischen Möglichkeiten bei rhetorisch eingesetzten Wortwiederholungen werden klassifiziert zusammengestellt. Die Seiten sind forschungsgeschichtlich ein echter Fortschritt in der reflexen Erfassung der deuteronomistischen Stilmittel. BRAULIK unterscheidet bei Wortwiederholungen die folgenden semantischen Möglichkeiten: Bedeutungscrescendo, Bedeutungskontrast, Bedeutungsspannung, Bedeutungsspiel. Er dokumentiert für jede Kategorie alle in 4,1-40 vorfindbaren Belege. Den Plural אבות behandelt er im Zusammenhang mit »Bedeutungscrescendo«, allerdings in Abhebung davon: Er nimmt hier ein nochmals zu unterscheidendes Phänomen eines »Motivcrescendo« an. ברית führt er bei der Kategorie »Bedeutungskontrast« in ganzen 4 Zeilen auf S.124 auf, innerhalb einer Reihe von 19 Beispielen. Interessant ist noch, daß BRAULIK eine besondere Häufung des Phänomens »Bedeutungskontrast« für 4,23-31 konstatiert (ebd. 59). Kann man RÖMERS Charakterisierung dessen, was BRAULIK tut, noch als zuverlässige Information bezeichnen? Hätte RÖMER den differenzierten Aufweis verschiedenster semantischer Möglichkeiten rhetorischer Wortwiederholungen zur Kenntnis genommen, wäre seine eigene, Bedeutungsgleichheit als einzige Möglichkeit voraussetzende Argumentationsfigur wohl nicht mehr möglich gewesen.

23 LOHFINK, *Höre, Israel!*; BRAULIK, *Mittel* 78-81. Genau hierauf stützt sich RÖMER bei der Abgrenzung seines »Untersuchungskontexts«.

mindest bis zu 4,31 vom Standort der Moserede aus sukzessiv immer weiter in die
Zukunft aus- und zugleich in die Vergangenheit zurückgegriffen wird. In Richtung
Zukunft war in den 4,31 vorausgehenden Versen das Exil erreicht worden, in Richtung
Vergangenheit müßte es sich nun um eine andere, der Horeb-ברית nochmals voraus-
liegende ברית handeln.

3. Da 4,1-40 (auch nach RÖMER) in einen Gesamttext hineingeschrieben wurde, in
dem Dtn 1 – 3 schon vorhanden war, und da dort auch schon (wie gegen RÖMER gezeigt wurde) in 1,8 die Patriarchennamen standen, gibt die leserorientierende Wirkung
von 1,8 schließlich den Ausschlag, auch wenn die Übereinstimmungen der Relativsätze
nicht noch dadurch bestärkt werden, daß in 4,31 ein Wort für »Land« vorausginge.

Der Gott der Väter

In Gruppe C ist die Ähnlichkeit zu den Aussagen der Gruppe A nochmals geringer.
Hier beginnen אבות-Kontexte, bei denen die sprachliche und inhaltliche Entfer-
nung zu den Stellen mit den Patriarchennamen, vor allem zu 1,8 und 6,10, so groß
geworden ist, daß auch schon etwas leichtere Anzeichen im Kontext es in Frage
stellen könnten, daß die Referenz von אבות noch von 1,8 und 6,10 her verstanden
werden muß. Die Gewichtung der Beobachtungen wird auch subjektiver. Deshalb
sei noch einmal ausdrücklich darauf hingewiesen, daß hier nicht mehr die schon
erarbeitete Gesamtkritik an RÖMERS Position zur Disposition steht. Es geht nur
um die Grenzziehung für den semantischen Einflußbereich der Stellen mit den
Patriarchennamen.

In keinem der Texte aus Gruppppe C wird direkt von der Landverheißung gesprochen. Es geht jedoch immer um irgendeinen Aspekt, der mit ihrer Erfüllung
zusammenhängt, selbst noch in 1,11. Mit den bisher besprochenen Texten verbindet diese Texte auf der Lexemebene fast nur der Plural אבות. Er erscheint in einer
festen Verbindung, nämlich יהוה אלהי אבתיך\יכם[24].

Doch ist auch ein Zusammenhang mit der Landthematik gemeinsam.

1,21 enthält Moses Aufforderung in Kadesch, Israel solle in das verheißene Land einziehen. Mose bezieht sich dabei mit den Worten כאשר דבר יהוה אלהי אבתיך לך auf
den göttlichen Aufbruchsbefehl in 1,8 zurück (nicht etwa direkt auf die dort erwähnte
Landverheißung).

4,1 und 12,1 stehen am Anfang von Texten, wo das »Gesetz« thematisch wird, beziehen dieses aber auf »Land« und »Leben«[25].

27,3 gehört zu einer Zeremonialanweisung für den Augenblick des Einzugs ins
Land.

Zu der Gruppe gehört dann auch noch 6,3. Das ist ein notorisch schwieriger und
möglicherweise gar nicht unversehrt erhaltener Vers[26]. Es sieht so aus, als habe dort

---

24 Die anderen Belege dieser Gottesbezeichnung, die aber nicht innerhalb der hier beschriebenen
    Konstellation stehen, sind 26,7 und 29,24. Von ihnen wurde oben schon gesprochen.
25 Vgl. RÖMER 114f.
26 G und S scheinen schon verdeutlichende Ergänzungen einzufügen. Man kommt mit MT, dem

die Rede von der Vermehrung Israels den Relativsatz »כאשר דבר יהוה אלהי אבתיך
לך« ausgelöst. Aussagen über das Land folgen dann erst.

Zum Thema »Vermehrung Israels« gesellt sich die Gottesbezeichnung יהוה אלהי
אבתיכם schließlich auch schon in 1,11. Sie steht hier innerhalb einer von Mose selbst
zitierten Moserede am Horeb (1,9-13). Das Thema »Land« tritt in ihr nicht auf. Allerdings
folgt diese Passage, durch בעת ההוא zeitlich fest angebunden, unmittelbar auf
jene Gottesrede 1,6-8, welche durch unsere Schlüsselstelle 1,8 abgeschlossen wird. So
liegt das Thema »Land« in 1,11 narrativ zumindest noch in der Luft. Vielleicht wird
der Zusammenhang dadurch unterstrichen, daß 1,6 mit יהוה אלהינו einsetzt und 1,8
(der Umsprung in die 3. Person innerhalb des Zitats ermöglicht es) den Gottesnamen
יהוה nochmals bringt, worauf unmittelbar der Plural אבות folgt. In 1,10 steht dann
wieder יהוה אלהיכם, und in 1,11 folgt wieder יהוה אלהי אבתיכם.

Mit der Einschränkung, daß die Sachverhalte in 1,11 und 6,3 recht subtil sind, läßt
sich sagen: Der Bezug zu »Vätern« verbindet sich an diesen Stellen stets mit dem
überall vorhandenen Stichwort ארץ. Das spricht dafür, daß die Landverheißung assoziativ
mitklingen soll.

Alles in allem scheint es mir wahrscheinlich, daß auch die Texte der Gruppe C
in der Referenz von אבות noch semantisch von 1,8 her bestimmt werden. Dafür
spricht zusätzlich die Tatsache, daß 1,11 und 1,21 noch sehr nah bei 1,8 stehen und
daß auch noch bis zu 4,1 kein einziger Beleg vorkommt, in dem der Plural אבות
eine andere Referenz hätte[27]. Von dieser Stelle ab ist die Referenz von אבות in
der Gottesbezeichnung יהוה אלהי אבותיך\יכם dann aber schon so eingespielt, daß
auch bei den späteren Belegen kaum Zweifel an der Fortdauer dieser Referenz
aufkommen kann.

Da alles bisher Ausgeführte an 1,6-8 hängt, kann es nur gelten, wenn die Belege
alle frühestens deuteronomistisch sind und wenn im Einzelfall der engere Kontext
nicht doch eine Gegeninstanz gegen den semantischen Zusammenhang mit 1,8
bietet. Liefert RÖMER unter diesen beiden Rücksichten Gegengründe?

Wie ordnet RÖMER die Stellen redaktionsgeschichtlich ein? 1,11 gehört nach
ihm nicht zu einer späteren Schicht als 1,8 (105-107). Natürlich hält er es nicht für
älter. Bei 1,21 ist er skeptisch gegenüber der Annahme, es handle sich um einen
Zusatz (110f). Beide Stellen teilt er also wohl »Dtr« zu. 4,1 leite einen »Nachtrag«
zum »DtrG« ein (115). 6,3 stamme vom Autor von Dtn 4 (119). Auch für 12,1
scheint RÖMER der Annahme von MAYES zuzustimmen, es handle sich um die

---

ältesten erreichbaren Text, nur einigermaßen zurecht, wenn man ארץ als *accusativus loci* betrachtet.
Das bleibt fragwürdig. Infolgedessen ist die Versuchung groß, mit einem Textausfall
durch Homoioteleuton zu rechnen, etwa von: על־האדמה אשר יהוה אלהיך נתן לך (לך). Vgl. DRIVER,
Deuteronomy 89.

27 Die Belege für אבות in Dtn 1 - 4 sind: 1,8.11.21.35; 4,1.31.37. Erst 4,37 ist in seiner Referenz
wirklich diskutabel. Es gehört zur Gruppe E. Mit Sicherheit nicht auf die Patriarchen der Genesis
zu beziehen sind erst 5,3 und 5,9.

Schicht, die in 4,1-40 erstmalig erscheint (124). 27,3 sei spätdeuteronomistisch (»dtr²?«) (126).

Ich halte den Versuch von MAYES, ziemlich viele Texte im Deuteronomium dem Autor von 4,1-40 zuzuschreiben[28], zwar nicht für überzeugend. Wahrscheinlich liegen doch mehrere, voneinander zu unterscheidende Spätschichten vor. Aber dem deuteronomistischen und spätdeuteronomistischen Ansatz der hier behandelten Stellen stimme ich zu. Unter RÖMERS redaktionsgeschichtlichen Annahmen erhebt sich also kein Einwand gegen das bisher zu Gruppe C Ausgeführte.

Die Beobachtungen im engeren Kontext der Einzelstellen, welche nach RÖMERS Meinung für die Referenz von אבות auf die Exodusgeneration oder eine vorausgehende ägyptische Generation sprechen, haben nach meiner Einschätzung ebenfalls nirgends das Gewicht, das nötig wäre, eine Stelle dem semantischen Kraftfeld von 1,8 zu entziehen. Am ernsthaftesten ist wieder der Verweis auf die Wortgruppe ארץ זבת חלב ודבש in 6,3 (122) und 27,3 (127). Doch dazu ist alles Nötige schon gesagt.

Allerdings schneidet RÖMER bei der Behandlung von 1,11 noch ein Thema an, das die Überprüfung lohnt. Vielleicht lüftet sich in diesem Zusammenhang überhaupt erst das Geheimnis der hier untersuchten Stellen des Deuteronomiums mit der Gottesbezeichnung יהוה אלהי אבתיך\יכם. RÖMER schreibt: »Für das Dtn scheint es beinahe so, als ob כאשר דבר und Yhwh als ‚Gott der Väter' in einer gewissen Beziehung stehen« (109). Er gerät dann sofort ins Abenteuerliche, indem er die Bezeichnung »Gott der Väter« von der »letzten Stelle der Belege dieses Verweises innerhalb des ‚DtrG'« her deutet (109f). Das sei 1 Kön 8,56[29]. Hier beginnt Salomo seinen Segen über die ganze Versammlung Israels mit dem Satz: »Gesegnet sei Jahwe, der seinem Volk Israel Ruhe geschenkt hat, ככל אשר דבר. Kein einziges Wort von allen seinen guten Worten, אשר דבר ביד משה עבדו, ist hinfällig geworden. יהוה אלהינו sei mit uns, כאשר היה עם אבתינו« (1 Kön 8,56f). Ich habe alle relevanten Formulierungen hervorgehoben, indem ich sie hebräisch stehen ließ. Zweifellos ist hier an das Reden Jahwes durch Mose zur Exodus-Moab-Generation, speziell an die Reden im Deuteronomium gedacht. »Unsere Väter« in 8,57 sind diejenigen, an denen Moses Zukunftsansagen sich erfüllten, beginnend mit den Israeliten, die unter Josua ins Land einzogen. Da diese in der deuteronomistischen Konstruktion identisch sind mit Moses Zuhörern in Moab, kann man sogar sagen, die Exodus-Generation gehöre noch dazu. Nur fragt sich: Trägt das

---

28   Vgl. vor allem MAYES, »Deuteronomy 4«.

29   Abgesehen davon, daß hier gar nicht כאשר דבר steht, ist כאשר דבר mit Jahwe als Subjekt außerdem *nach* dieser Stelle im deuteronomistischen Geschichtswerk noch in 2 Kön 17,23 und 24,13 belegt. RÖMER hat sich hier auf eine unvollständige Liste von S. R. DRIVER verlassen. Daß nicht eigentlich ein durchlaufendes deuteronomistisches System vorliegt, scheint zumindest die statistische Verteilung der Belege zu zeigen: 16 im Dtn, 8 in Jos, 2 in Ri, 1 in 1 Sam, 0 in 2 Sam, 4 in 1 Kön, 2 in 2 Kön.

auch nur irgendetwas aus für die Gottesbezeichnung יהוה אלהי אבתינו im Buch
Deuteronomium? Sie steht hier noch nicht einmal. Die Rückverweisformel, in
deren Zusammenhang sie im Deuteronomium mehrfach vorkommt, enthält eine
fixe Adressatenangabe und lautet: כאשר דבר לך\לכם. Wir haben also in 8,56f überhaupt nicht die gleiche Formel. Natürlich, hier spricht Salomo, ein Vertreter einer
viel späteren Generation. Aber wir haben auch keine dem entsprechende Trans-
position der Formel[30]. Schließlich müßte der Sachverhalt erst einmal innerhalb
des Deuteronomiums geklärt werden. Ob eine so entfernte Stelle, in der die entscheidende Gottesbezeichnung überhaupt nicht vorkommt und die gemeinsame
Rückverweisformel so unterschiedlich formuliert ist, irgendetwas austrägt, kann
höchstens hinterher noch zusätzlich gefragt werden. Da es sich beim Segen Salo-
mos bei der Tempelweihe um einen deuteronomistischen Text zu handeln scheint,
ist das nicht ausgeschlossen. Aber wie der Zusammenhang genau ist, können erst
viel weiterreichende Analysen zeigen. Sie sollen, wegen der Bedeutung der Sache,
im folgenden andeutend vorgeführt werden.

Von 4,1 und 12,1 abgesehen, stehen die Belege der Gruppe C in Verbindung mit dem
Relativsatz: כאשר דבר לך\לכם (1,11.21, 6,3; 27,3). Subjekt ist, innerhalb oder außerhalb des Satzes, יהוה אלהי אבתיך\יכם. Dieser Satz findet sich, ohne die Rede von Jahwe, dem Gott »der Väter«, in an Israel adressierten Mosereden des Deuteronomiums
außerdem noch in 9,3; 11,25; 12,20; 15,6; 26,18; 29,12[31].

Um mit den Belegen zu beginnen, die sich nicht mit der Gottesbezeichnung
יהוה אלהי אבותיך\יכם verbinden: 15,6 handelt vom Segen, 26,18 und 29,12 von Israel
als Jahwes Volk – sie können zunächst einmal beiseitegelassen werden. Dagegen scheinen 9,5; 11,25; 12,20 auf die in 1,6-8 referierte Jahwerede zurückzuweisen. Sie ist
mit יהוה אלהינו דבר אלינו בחרב לאמר eingeleitet. Sie richtet sich an diejenigen, die
Mose im Deuteronomium weiterhin anredet. Eine von Mose referierte Rede Gottes
an das von Mose in Moab angeredete Israel findet sich im Deuteronomium überhaupt
nur hier in 1,6-8 – vom Dekalog abgesehen[32]. Nachher berichtet Mose nur von Worten Gottes an ihn selbst, auch wenn eigentlich ganz Israel etwas auszurichten ist[33].
Versteht man das כאשר so, daß es nicht auf eine im Wortlaut möglichst genau entsprechende Bezugsstelle hinweist, sondern andeuten will, daß man *auch* das nun hier
Gesagte auf diese oder jene Weise aus der gemeinten Bezugsstelle folgern oder her-
auslesen kann (etwa im Sinne von: »gemäß dem, was Jahwe Dir damals am Horeb

---

30 RÖMER bemerkt das teilweise und versucht auf S. 109 Anm. 510, den Unterschied wegzuerklären.
31 Man könnte noch die vergleichbaren כאשר-Sätze in 6,19; 9,28; 26,19 hinzufügen. An den nun
   folgenden Überlegungen würde sich dadurch nichts ändern.
32 Rückverweise auf den Dekalog geschehen mit אשר-Sätzen, nicht mit כאשר-Sätzen: vgl. 9,10; 10,4.
33 Man könnte einwenden, in 1,40 wende Gott sich innerhalb eines Wortes an Mose am Ende doch
   direkt an ganz Israel. Aber 2,3 zeigt deutlich, daß Mose unmittelbar mit dem Plural der zweiten
   Person als Vertreter von ganz Israel angeredet werden konnte, obwohl er alleiniger Adressat ist
   und nachher sofort einen dem Volk auszurichtenden Auftrag erhält.

gesagt hat«), dann lassen sich 9,3, 11,25 und 12,20 gut als Rückverweise auf die Gottesrede aus 1,6-8 begreifen.

In 9,3 und 11,25 geht es um das militärische Gelingen des Eroberungszuges – in 1,7
war zum Zug ins Land aufgefordert worden, in 1,8 hatte Jahwe formell das Land und
seine Bewohner[34] an Israel preisgegeben[35]. In 12,20 geht es um die Erweiterung des
zunächst bei der Landnahme eingenommenen Gebietes (hier ist notwendigerweise ein
Vorgriff auf das Buch Josua anzunehmen) – in 1,8 steht eine außerordentlich groß-
angelegte und durch die im Josuabuch dargestellte Landeroberung keineswegs gedeckte Umschreibung des Verheißungslandes[36]. Für 12,20 ist auch noch zu beachten, daß
die Parallelstelle 19,8 schon in die Gruppe A gehört.

Von den Stellen mit ויכם\אבתיך אלהי יהוה ist bei 1,21 der eindeutige Bezug auf
1,6-8 schon festgestellt worden. Auch bei 27,3 ist der Fall klar, denn der כאשר-Satz bezieht sich auf den Einzug ins Land. Bei 1,11 spricht nicht der Inhalt für einen Rückverweis auf 1,6-8, wohl aber der schon oben beschriebene unmittelbare narrative Zusammenhang mit dem vorausgehenden Gotteswort. Man könnte paraphrasierend so übersetzen: »Jahwe, der Gott eurer Väter, lasse eure Zahl noch tausendfach weiter wachsen, er segne euch in Entsprechung zu dem, was er gerade zu euch gesagt hat, daß er
euch nämlich in ein so riesenhaftes Land hineinführen will.« Hier ist auch wichtig, daß
der כאשר-Satz sich ja nicht auf die in 1,10 konstatierte bisherige Vermehrung bezieht
(dafür hätte man auf eine ältere Verheißung Jahwes zurückgreifen müssen), sondern
auf noch größere kommende Vermehrung. 6,3 mag dann, da es sich ebenfalls um kommende Vermehrung Israels handelt, als eine Art Weiterklingen von 1,11 gelten.

Bei 1,11 wird überdies vielleicht erkennbar, warum dort die Gottesbezeichnung
אבתיכם אלהי יהוה gesetzt wurde. Sie macht für den Leser die Referenz auf jenes Gotteswort von 1,6-8, in dem Jahwe am Ende als der Gott von Israels אבות Abraham,
Isaak und Jakob in Erscheinung trat, noch ein Stück deutlicher. Das könnte natürlich
auch an den anderen Stellen der Gruppe C mit dem כאשר-Satz der Grund dafür sein,
daß dort diese Gottesbezeichnung steht.

Eine Gegenprobe müßte fragen, warum diese Gottesbezeichnung in den anderen
Belegen des כאשר-Satzes in 9,3, 11,25 und 12,20 denn nicht gesetzt wurde. Mir scheint,
in 9,3 und 11,25 wurde die Notwendigkeit nicht empfunden, weil sowieso in unmittelbarer Nähe jeweils noch eine Aussage über den Landverheißungsschwur stand: in 9,5

---

[34] הארץ von 1,8a ist in 1,7 schon durch כל־שכניו auf die es bewohnende Bevölkerung hin durchsichtig gemacht worden.

[35] Bei 11,25 ist 2,25 mitzuhören. Dorthin verweisen klare Formulierungsentsprechungen. 1,25 befindet sich in einem Jahwewort an Mose (vgl. 2,17), bei dem in der Schwebe bleibt, ob der Singular
der Anrede ihn nicht doch als Vertreter des ganzen Volkes meint. Durch eine kurze Passage im
Plural in 2,24 wird der Sachverhalt noch komplizierter. Die sinnvollste Erklärung scheint zu sein:
In 11,25 wird auf 1,6-8 zurückgewiesen, doch dessen ausweitende Interpretation (כאשר!) geschieht im Lichte von 2,25. – Stimmt diese Interpretation der Zusammenhänge, dann wird auch
die Landbeschreibung von 11,24 reflex an die von 1,7 zurückgebunden.

[36] Vgl. hierzu zuletzt LOHFINK, »Dtn 12,1« 201f.

und 11,21. In 12,20 mag das eindeutige Themenwort גבול genügt haben, um zusammen mit dem כאשר-Satz das Jahwewort 1,6-8 als den Bezugstext anzuzeigen.

War die Gottesbezeichnung יהוה אלהי אבתיך\יכם im Text des Deuteronomiums einmal für diese Signalfunktion eingespielt, dann erfüllte sie dieselbe vielleicht auch noch an den beiden Stellen 4,1 und 12,1, wo kein כאשר-Satz steht[37]. Ja, man wird sich fragen können, ob das nicht sogar in 26,7 und 29,24 der Fall ist. Nicht, daß diejenigen, denen die dortigen Texte für die Zukunft in den Mund gelegt werden, speziell 1,6-8 im Blick haben müßten. Wohl aber, daß die Hörer Moses und durch sie die Leser des Buches Deuteronomium diesen Zusammenhang erkennen sollen.

Um das Thema abzurunden: Man müßte zumindest prüfen, ob nicht auch die כאשר-Sätze in 15,6, 26,18 und 29,19, nachdem der Zusammenhang mit der ersten Gottesrede des Buches immer wieder hergestellt worden war, auf sie zurückverweisen und sie in weitere Dimensionen hinein interpretieren wollen, und man könnte das dann schließlich auch für die Kurzformen in 6,19, 9,28 und 26,19 vermuten[38].

Abschließend sei klargestellt: Alle hier behandelten Rückverweise sind nicht Rückverweise auf ein göttliches Wort an die Patriarchen der Genesis (etwa auf eine Landverheißung, eine Mehrungsverheißung, einen Bundesschluß), sondern auf ein göttliches Wort an das Israel am Horeb. Trotzdem sind jedoch die Patriarchen der Genesis die Referenz des hierbei benutzten Plurals אבות, und nicht etwa das Israel am Horeb oder dessen in Ägypten anzusetzende Vorfahren. Methodologisch kann man hier lernen, daß die Referenz eines literarischen Rückverweises keineswegs mit der Referenz eines in ihm und seiner Referenzstelle vorkommenden Wortes oder Ausdrucks in einen Topf geworfen werden darf.

Den Versuch, die Identität der »Väter« in der verhandelten Gottesbezeichnung des Deuteronomiums von der Referenz des Plurals אבות in 1 Kön 8,57 her zu bestimmen, kann man nach all dem wohl vergessen. Ja, 1 Kön 8,56 kann sich in seinen beiden Rückverweisen nicht einmal auf Dtn 1,6-8 zurückbeziehen. Denn das ist nach 1,6 und allen darauf bezüglichen innerdeuteronomischen Rückverweisen ein direktes Gotteswort an ganz Israel gewesen, nicht ein Gotteswort ביד משה עבדו. Gerade darin war es einmalig. Mose hat es in Moab nur in Erinnerung gerufen.

---

37 Für weitergehende Überlegungen zu diesen beiden Stellen verweise ich auf LOHFINK, »Dtn 12,1 und Gen 15,18«. Das dort Ausgeführte setzt jedoch die Annahme voraus, daß den Lesern des Deuteronomiums zumindest der vorpriesterliche Pentateuch bekannt war und bekannt sein sollte. Diese Annahme mache ich in den jetzigen Ausführungen *discussionis causa* natürlich nicht.

38 Mit diesen Beobachtungen und Überlegungen stelle ich eine Reihe von Annahmen bei SKWERES, *Rückverweise*, in Frage. Er nimmt bei seinen Belegen für ein »Reden« Gottes zu Israel in vielen Fällen eine außerdeuteronomische Referenz an. Er ist aber auch gerade bei dieser Kategorie von Rückverweisen oft recht unentschieden in seiner Ansetzung.

Dtn 13,18

In 13,18, dem einzigen Beleg der Gruppe D, wird eine zukünftige Situation ins
Auge gefaßt. Israel wird eine israelitische Stadt mitsamt ihrer Bewohner wegen
Abfall von Jahwe vernichten müssen. So wird Israel dezimiert sein. Neue Volksvermehrung muß erhofft werden. Die Hoffnung gründet auf einen Schwur Jahwes
an Israels »Väter«: כאשר נשבע לאבתיך.
Doch nur durch den Wortbestand dieser kleine Schlußwendung erinnert 13,18
an 1,8, 6,10 und die Texte der Gruppe A. Der Inhalt des verheißenden Schwures,
auf den verwiesen wird, ist anders: Jahwe werde von der Glut seines Zornes ablas-
sen, er werde Israel wieder Erbarmen schenken, sich seiner erbarmen und es ver-
mehren. Es ist möglich, aber keineswegs sicher, daß der כאשר-Satz sich nur auf die
letzte Aussage bezieht. Inhaltlich besteht in jedem Fall großer Abstand zu einem
Landverheißungsschwur. Doch findet sich נשבע mit Jahwe als Subjekt im Deuteronomium mit wenigen klar definierbaren Ausnahmen sonst nur in den Texten mit
den Patriarchennamen und in den Texten der Gruppen A und B[39]. Weist also das
einzige Wort נשבע auf 1,8 und 6,10 zurück?
Es gibt hier einen weiteren Befund, der in dieser Form bisher nicht da war. Das
Gesetz Dtn 13,13-19 (Vernichtungsweihe über eine von Jahwe abfallende israelitische Stadt) redet, wie schon gesagt, am Ende deutlich von einer zukünftigen Situation aus. Die Dezimierung Israels durch die Vernichtung einer großen Bevölke-
rungsgruppe erfordert neue Volksvermehrung. Beim Rückblick von diesem zukünftigen Standpunkt aus könnten die »Väter«, von denen gesprochen wird, natürlich
durchaus Mose und die jetzt von ihm Angeredeten sein. Der Schwur Jahwes wäre
seine Beschwörung des im Deuteronomium niedergelegten Moabbundes (vgl.
26,16-19), der in seinen Segenszusagen die Volksvermehrung enthielt (vgl. 7,13f;
28,4.11). Für diese Deutung spräche, daß die verheißene Vermehrung in 13,19
ebenso wie in den deuteronomischen Segenstexten an die Bedingung der Gesetzes-
beobachtung geknüpft wird. Bei dieser Sicht wären die »Väter« von 13,18 also nicht
die Patriarchen der Genesis.
Doch es ist auch wieder nicht absolut sicher, daß die Väteraussage in 13,18 von
einer zukünftigen Situation aus gemacht wird. Der Standpunkt der Moseausführun-
gen könnte in diesem Vers auch schon wieder aus der Zukunft in die Redesituation
zurückgleiten. Dafür spräche, daß die Aussagenkette von 13,18 (Ende des Zorns,
Erbarmen, Vermehrung) nicht typisch für die Segensaussagen des Deuteronomi-

---

39   31,21, wo אבות nicht steht, ist wohl den sonstigen Aussagen vom Landschwur an die Väter als
     verkürzte Wiederaufnahmen zuzuordnen. In 1,34; 2,14 und 4,21 handelt es sich um einen Schwur
     Jahwes, der der sündigen Kadesch-Generation und Mose den Zutritt in das zugeschworene Land
     verweigert. Das ist eine Art Gegenschwur. Insofern sind sogar diese Stellen mit den anderen
     Stellen über den Landverheißungsschwur noch indirekt verbunden. Nur in 28,9 und 31,23 ist die
     Lage anders. In 28,9 wird vermutlich auf die in 26,16-19 verbalisierte Beschwörung des Moab-
     Bundes zurückgeblickt (לך). Zu 31,23 wurde oben alles Nötige gesagt.

ums ist. Sie findet sich dagegen in einem Rückgriff auf einen Patriarchenschwur in Ex 32,12f, wobei Ex 33,19 und 34,6 mitzuhören sind. Dahinter wiederum steht die prominente Rolle, die die Mehrungsverheißung in den Patriarchenerzählungen der Genesis spielt, und ihre Präsentation in Form eines Schwurs Jahwes in Gen 22,17; 26,4. An diesen beiden Stellen ist die Verheißung auch schon mit der Bedingung des Gehorsams verknüpft. In Gen 26,4 und Ex 32,13 sind auch Mehrungsverhei-ßung und Landverheißung miteinander verbunden. Selbst bei traditionellen Penta-teuchtheorien gehören diese Texte schon in späte Stadien der Pentateuchgeschich-te. Aber auch Dtn 13 dürfte nicht allzu früh anzusetzen sein, was wiederum die An-nahme erleichtert, bei Verfassern wie Lesern werde mit Pentateuchkenntnis (im Sinne des damaligen Tetrateuchumfangs) gerechnet.

13,18 ist ein Grenzfall. Ich lasse das Urteil lieber offen, obwohl ich dazu neige, den Text im Lichte von 1,8 und 6,10 zu lesen. Dann ginge auch hier die Referenz des Plurals אבות auf die Patriarchen der Genesis.

RÖMER ordnet 13,18 bei seinem »Dtr²« ein (167). Gerade diese späte Ansetz-ung gibt den soeben gemachten Überlegungen Gewicht. Seine eigenen weiteren Erörterungen bringen nichts, was mich auf seine Seite ziehen könnte.

Jahwes Liebe zu den Vätern Israels

Die beiden Belege der Gruppe E sprechen von der »Liebe« Gottes zu Israels אבות (4,37; 10,15). Vom Plural אבות abgesehen, fehlen alle sprachlichen Bezüge zu 1,8 und 6,10. Es handelt sich stets um eine oder mehrere Generationen, die vor der Exodusgeneration gelebt haben. Bei 4,37 könnten noch eine oder mehrere Zwi-schengenerationen im Blick sein (בזרעו אחריו). Aber sicher ist das nicht. Der »Sa-me« der Väter[40], den Jahwe »erwählt« hat, könnte auch schon die Exodusgenera-tion selbst sein, von der dann sofort gesprochen wird (ויוצא)[41]. In 10,15 ist das eindeutig so. 7,8, wo ebenfalls von Jahwes Liebe gesprochen wird, ist nicht sehr hilfreich. Denn dort bezieht sich die Liebe auf die Exodusgeneration (אתכם)[42].

---

40 RÖMER hält textkritisch mit Recht am schwierigen Singularsuffix fest und interpretiert es distri-butiv (23f).

41 Es ist nicht leicht zu entscheiden, wo der Nachsatz beginnt. Nach den Masoreten beginnt er anscheinend erst mit der Herausführung aus Ägypten. Hier wechselt die Person von der dritten zur zweiten. Doch theoretisch könnte die dritte Person in der Erwählungsaussage auch noch wegen deren Verbindung mit der אבות-Aussage stehen, selbst wenn der Satz schon von der Ex-odusgeneration handeln würde. Außerdem könnte die Erwählungsaussage sogar als erstes Stück des Nachsatzes noch von anderen sprechen als die Herausführungsaussage. Sonst im Deutero-nomium bezieht sich בחר, wenn es um die Erwählung Israels geht, stets auf die Exodusgeneration, nie auf eine frühere (vgl. 7,6.7; 10,15; 14,2). Doch ist die Aussage sowieso nicht in dem Maß verbreitet, daß man von einem deuteronomischen Stereotyp sprechen könnte (wie etwa bei der zukünftigen Erwählung des Ortes des Heiligtums), und keine der anderen Stellen geht der Stelle 4,37 voraus. So bleibt vieles offen.

42 So auch noch in 23,6.

Dann erst wendet sich die Rede zum Schwur an die »Väter« zurück. Die Rede von Jahwes »Liebe« ist also im Deuteronomium nicht auf bestimmte Empfänger festgelegt, genau so wenig wie die von seinem »Anhangen« an seinen Erwählten (חשׁק ב). Nach 7,7 hat Jahwe an dem Israel des Exodus gehangen, nach 10,15 an dessen »Vätern«. Es gibt also keine eindeutigen Formulierungssignale, die für die Referenz von אבות an den beiden Stellen etwas klären würden. Es ist nur klar, daß es sich nicht um die Exodusgeneration selbst handeln kann.

Aus dem Gesamtduktus des näheren Kontexts kann man für 4,37 schwache, für 10,15 vielleicht etwas deutlichere Gesichtspunkte gewinnen.

Da in 4,32 für 4,32-39 ein zeitlich wie räumlich universaler Horizont gesetzt wird, ist es zunächst einmal nicht ausgeschlossen, daß auch weit hinter den Exodus zurückgegangen wird. Beim ersten Tableau der großen *peroratio* 32-40, nämlich bei 32-35, bleiben die angeführten Erfahrungen Israels eingegrenzt: Zuerst wird vom Horeb (33), dann, rückwärtsschreitend, von der Befreiung aus Ägypten gesprochen (34). Beim zweiten Tableau (36-39) macht wieder der Horeb den Anfang (36), und dann folgt wieder der Exodus (37-38). Doch wird hier nun sicher nach vorn in die Zukunft ausgegriffen, bis zur Eroberung des Landes (38). Entsprechend wird auch am Anfang von 37 vom Exodus aus weiter zurückgegriffen – und hier fällt das Wort von Jahwes Liebe zu Israels אבות[43]. In einem solchen Zusammenhang wird man weniger erwarten, daß generell und indeterminiert von Israels Vorfahren gesprochen wird, sondern daß auch hier von bekannten Daten der Vergangenheit die Rede ist. Da der Plural אבות – wenn die bisherigen Ausführungen zutreffen – bisher überhaupt nur mit Referenz auf Abraham, Isaak und Jakob verwendet wurde, zuletzt erst einige Verse vorher (31), wird der Leser das Wort doch am ehesten auf diese Personen bezogen haben.

Etwas deutlicher scheint mir der Sachverhalt innerhalb von 10,12 – 11,12, einem Text, der durch die sich wiederholende Abfolge »Paränese / theologisch-geschichtliche Begründung« gegliedert ist[44]. Dabei schreiten die geschichtlichen Hauptaussagen die Zeitlinie entlang. Um es rückwärts aufzurollen: 11,10-12 sprechen von dem Land, in dem Israel nach der Landeseroberung sein wird; 11,2-7 sprechen von Exodus und Wüstenzeit; 10,21f sprechen, vor allem unter dem Gesichtspunkt der Volksvermehrung, von der Zeit Israels in Ägypten, zwischen der Einwanderung der siebzig Vorfahren (אבות mit anderer Referenz, aber eindeutig bestimmt!) und den ägyptischen Plagen (an die in 10,21 wohl vor allem zu denken ist); die erste Phase der Zeit in Ägypten ist

---

43 Bis hierhin vgl. auch RÖMER 26.
44 Vgl. zuletzt BRAULIK, *Deuteronomium 1 - 16,17* 84f. RÖMER »schlägt«, um »die Erwähnung der Väter in einem weiteren Kontext zu situieren«, den viel zu kleinen Bereich 10,12-19 als Untersuchungsabschnitt »vor« (29). Deshalb kann er die im folgenden dargestellten Sachverhalte auch nicht wahrnehmen. Doch ist auch innerhalb des Untersuchungsabschnitts seine Wahrnehmung nicht sehr genau. Er zählt dort zum Beispiel drei Belege des Wortes אהב (10,12.15.19). Er übersieht dabei den Beleg in 10,18 und kommt dadurch zu der falschen Behauptung, Jahwes Liebe zu den Vätern solle die Liebe zum Fremdling bewirken (30). Dafür ist jedoch in 10,18 eigens Jahwes Liebe zum Fremdling genannt.

auch in 10,19b gemeint[45]. Davor steht in 10,14f die einer universalen Schöpfer-Aussage gegenübergestellte Aussage über Jahwes Liebe zu Israels אבות, den Grund für die Erwählung des jetzt von Mose angeredeten Israel aus allen Völkern. Innerhalb des Geschichtsbogens, der in den dann folgenden Aussagen geschlagen wird, liegt es doch wohl nahe, hier an die Patriarchen zu denken. Die letzte Referenz des Plurals אבות jedenfalls waren ebenfalls die Patriarchen, wenn das früher zu 10,11 Ausgeführte richtig ist.

Setzt man voraus, daß sich sowohl 4,37 als auch 10,15 in sehr späten Schichten des Deuteronomiums befinden, wo man auch schon mit Kenntnis breiter Textbestände der Bücher Genesis – Numeri rechnen kann, unter Umständen sogar schon mit der Kenntnis priesterlicher Texte, dann zeigen sich im direkten Zusammenhang der beiden Stellen Anspielungen auf Gen 17, ja in 4,37 eine Kurzzitation daraus.

Die Formulierung לזרעו אחריו findet sich, von den hier nicht relevanten, auf die aaronitischen Priester bezogenen Stellen Ex 28,43 und Num 25,13 abgesehen, in der gesamten hebräischen Bibel überhaupt *nur* in Gen 17,19 und Dtn 4,37. So kann man fragen, ob die ungewöhnliche Singularsuffigierung in זרעו אחריו (vgl. das זרעם אחריהם in 10,15, der vermutlichen Vorlage der Formulierung in 4,37[46]) nicht durch ihr Herausspringen aus dem syntaktisch zu Erwartenden sich als Zitation von Gen 17,19 zu erkennen gibt. Im offiziellen Anmerkungsapparat der »Einheitsübersetzung« findet sich die Bemerkung: »Andere Übersetzungsmöglichkeit: Weil er deine Väter liebgewonnen hatte, hat er ‚seinen Nachkommen' erwählt. – Dann läge eine für den Leser damals erkennbare Anspielung auf Gen 17,19 vor, wo Abraham gesagt bekommt, Gott werde seinen Bund mit ihm über die Isaak-Linie weiterführen.« In Gen 17,19 handelt es sich um den »Samen« Isaaks. Abraham bekommt gesagt, den Bund, den Gott mit ihm geschlossen habe, werde Gott nicht über Ismael weiterführen, sondern mit Isaak als ewigen Bund für dessen Nachkommen. Der Sache nach, auch wenn das Wort בחר nicht fällt, liegt hier ein echtes Erwählungsgeschehen vor. Der »Same«, der die Erwählungszusage jetzt, da Mose in Moab spricht, besitzt, ist das Israel, zu dem Mose spricht. Es ist das »Du« von Dtn 4,37 ויוצאך. Aber der Erwählungsbeschluß trat schon damals zutage, als Gott zu Abraham über Isaak sprach. Er drückte die Liebe Gottes zu jenen אבות aus, die am Anfang von 4,37 gemeint sind. Es sind dann notwendig Abraham, Isaak und Jakob.

Auch 10,15 läßt Assoziationen an Gen 17 aufkommen. Denn es wird in 10,16 unmittelbar fortgesetzt durch eine Aufforderung, die Herzensvorhaut zu beschneiden. Dies ist zwar eine übertragene Aussage, während die Rede von der Beschneidung in Gen 17 real gemeint ist. Dennoch ist der Zusammenhang mit מול, neben ברית dem

45 Zur deuteronomischen Unterscheidung von zwei ägyptischen Perioden vgl. LOHFINK, »Bearbeitung« 100-105. Ich kann hier die Frage offen lassen, ob 10,19 dem größeren Kontext gegenüber sekundär ist.
46 So auch – in einer gewissen Spannung zu seiner Annahme, beide Stellen kämen von einer Hand – RÖMER 31 Anm. 95.

zweiten Leitwort von Gen 17[47], unverkennbar, gerade nachdem direkt vorher von den אבות und von der Erwählung des זרעם אחריהם gesprochen wurde.

Erlaubt man diese mit literarischen Anspielungen rechnende Betrachtungsweise, dann besteht kaum ein Zweifel, daß auch in den beiden Belegen der Gruppe E unter den אבות Abraham, Isaak und Jakob, die »Väter Israels« aus der Genesis, zu verstehen sind. Die Texte sind dann zwar spät anzusetzen, aber keineswegs als Werk der Pentateuchredaktion. Diese hätte ja auch, wenn man RÖMERS Annahme folgt, anders gearbeitet. Sie hätte, um die Beziehungen klar zu stellen, in einer Apposition die drei Patriarchennamen selbst eingesetzt.

Natürlich bin ich, wie auch schon bei 13,18, jetzt von der bisher eingehaltenen Regel abgewichen, bei dem, was ich selbst positiv behaupte, nur vom Deuteronomium her zu argumentieren. Ich habe es getan, weil die hier besprochenen Stellen sowieso wirklich im Randbereich des semantischen Kraftfelds von 1,8 liegen. Ob sie noch wirklich hineingehören, ist für die Gesamtdiskussion nicht sehr wichtig. Diese ist auch längst entschieden. Umgekehrt kann man in diesen Randfällen wohl nur klarer sehen, wenn man etwas weiter ausgreift.

RÖMER schreibt die beiden Belege 4,37 und 10,15 wegen ihrer Ähnlichkeit der gleichen Hand zu, und diese betrachtet er als spätdeuteronomistisch (29 und 31[48]). Diese Periode erlaubt die Möglichkeiten, mit denen ich soeben gespielt habe: daß schon auf priesterschriftliche Texte angespielt wird. Kann RÖMER aus dem engeren Kontext Gründe angeben, die doch eine Referenz auf eine schon in Ägypten lebende Ahnengeneration Israels nahelegen? Mich hat nichts, was er in diesem Zusammenhang anführt, überzeugt.

Für 4,37 wird etwa Hos 11,1 als Verständnishintergrund bemüht (27f) – aber warum Hos 11,1 für 4,37 zu beanspruchen sei, nicht aber für 7,8, wo von der Liebe Gottes zur Exodusgeneration gesprochen wird, erörtert RÖMER nicht. Und das ganze Argument ist wieder traditionsgeschichtlich.

Für 10,15 konnte ich außer dem Hinweis auf die »Analogie zu 4,37« und auf die bald folgende Stelle 10,22 (31) überhaupt keine eigentliche Argumentation erkennen. Aus 10,22, wo die Referenz des Plurals אבות eindeutig ist und nicht auf die Patriarchen der Genesis geht, folgt aber nichts für die Referenz von אבות in 10,15 – abgesehen davon, daß die nach Ägypten ziehenden Ahnen Israels zumindest nach der biblischen Darstellung noch den letzten der drei Patriarchen der Genesis einschlossen und man so sogar einen gewissen Zusammenhang herstellen kann[49].

---

47 ברית steht in Gen 17 dreizehnmal, מול zehnmal.

48 Nach 31 Anm. 96 möchte RÖMER allerdings offenlassen, ob man mit ROSE innerhalb von 10,12ff noch eine »deuteronomische Grundlage« rekonstruieren könne, zumal ROSE dann das Vätermotiv ja auch einer jüngeren Schicht zuteile. Ich lasse es für diese Untersuchung auch bei solcher Offenheit.

49 Die mühsamen Versuche RÖMERS, 10,22 traditionsgeschichtlich ganz von Gen 46,27 zu dissoziiren (33), zeigen, daß er die Möglichkeit, in Spätschichten des Deuteronomiums könne schon auf

Zusammenfassung

Zusammenfassend läßt sich ein Netz von Aussagen über »Väter« Israels konstatieren, in denen Abraham, Isaak und Jakob gemeint sind. Die Sicherheit der Referenz nimmt, wenn man die Stellen gruppiert, von Gruppe zu Gruppe ab. Doch ließen sich selbst für die äußerste Randgruppe noch plausible Gründe beibringen. Die Argumente RÖMERS für die Gegenthese dagegen mögen bei seinen methodischen Grundsätzen überzeugen, unter den hier erarbeiteten verloren sie ihr Gewicht. Es handelt sich, zusätzlich zu den Stellen, in denen die Patriarchennamen selbst stehen (1,8; 6,10; 9,5.27; 29,12; 30,20; 34,4), um folgende Belege: 1,11.21.35; 4,1.31.37; 6,3.18.23; 7,8.12.13; 8,1.18; 10,11.15; 11,9.21; 12,1; 13,18; 19,8; 26,3.15; 27,3; 28,11; 31,7.20.

Bei keinem dieser Belege äußert RÖMER den Gedanken, er gehöre zu einem Text, der dem Deuteronomium schon vorgegeben war und schon festformuliert in den deuteronomischen Zusammenhang aufgenommen worden wäre. Möglicherweise macht er es sich da etwas zu leicht. Aber wo er nichts behauptet, muß auch ich nichts überprüfen. Alle in Frage kommenden Texte betrachtet er als deuteronomistisch oder später. Damit hat er wohl fast immer Recht. Bei 29,12 und vielleicht auch bei einigen anderen Stellen dürfte ein derart später Zeitansatz gefordert sein, daß man schon die priesterliche Schicht des Pentateuch als bekannt voraussetzen muß. Daß einige Belege (und zwar nicht nur solche mit den Patriarchennamen) erst auf die Pentateuchredaktion zurückgehen, läßt sich nicht grundsätzlich ausschließen. Doch ist auch nirgends ein einleuchtender positiver Beweis dafür gebracht worden. Umgekehrt dürften zumindest einige Belege schon fest zur ältesten deuteronomistischen Schicht gehören. Das gilt vor allem auch von der Schlüsselstelle, 1,8. Dann nach meiner Meinung, die ich hier aber nur mitteilen, nicht weiter begründen will, zumindest auch noch von 1,21.35; 10,11; 30,20; 34,4. Frühestmöglicher Zeitansatz für diese Schicht sind die letzten Jahre Joschijas. Nach anderen Meinungen muß man ins Exil gehen. Es ist also eigentlich doch schon ein recht später Zeitpunkt in der Geschichte Israels, an dem man innerhalb der Deuteronomiumsgeschichte mit einer als selbstverständlich vorausgesetzten Vorstellung von einem Landverheißungsschwur Jahwes an die »Väter« Abraham, Isaak und Jakob rechnen kann. Diese Vorstellung kann durchaus mündlich tradiert gewesen sein. Doch vermutlich handelt es sich um die Kenntnis eines vorpriesterschriftlichen Stadiums des Pentateuchs. Für spätere Bearbeitungsschichten des Deuteronomiums wurden die Patriarchen der Genesis wichtiger, vor allem, nachdem auch die priesterliche Geschichtserzählung, sei es getrennt, sei es im Zusammenhang mit den älteren Schichten des Pentateuch, existierte.

---

priesterschriftliche Texte angespielt werden, bewußt oder unbewußt von vornherein ausschaltet. Darf man das?

Alles hier zusammenfassend Gesagte hat sich nur bei der Überprüfung der Argumente RÖMERS ergeben. Es ist nicht systematisch von den Texten her erarbeitet worden. Eigentlich müßte das nun angegangen werden. Es könnte durchaus sein, daß dabei das Bild deutlicher würde. Sicher würde es sich noch in manchem ändern.

Außerdem muß betont werden, daß es immer um das Abwägen von Wahrscheinlichkeiten geht. Es ist nach allem Ausgeführten vom Befund im Deuteronomium her zwar ungefähr das Unwahrscheinlichste, daß alle Bezüge auf Abraham, Isaak und Jakob (nicht nur die Namensnennungen, auch die anderen, von dort her semantisch bestimmten weiteren Aussagen sowie die verschiedenen Anspielungen auf Genesistexte) erst durch die Pentateuchredaktion in den Text des Deuteronomiums gekommen wären. Aber unter jeder Rücksicht als unmöglich erklären kann man es auch wieder nicht. Deshalb bleibt immer noch Raum für die Problematik des nun folgenden Kapitels.

6. Kapitel

Die Landverheißung im deuteronomistischen Josuabuch

Die Problemstellung

Es gibt einen bücherübergreifenden Sachverhalt, der sich dann, wenn die Patri-archennamen im Buch Deuteronomium erst durch die Pentateuchredaktion hin-zugefügt worden wären, bei erstem Hinblicken sehr elegant erklären ließe. Inhalt-lich und literargeschichtlich läuft im Buch Josua der Erzählungsfaden aus dem Deuteronomium weiter, der in Dtn 1 mit dem Aufbruch vom Horeb begonnen hatte. Zunächst hatte Mose ihn gespannt, dann hatte der auktoriale Erzähler selbst übernommen. In Jos 1 ist Israel immer noch nicht in seinem Land. So zieht sich auch die Rede vom Landverheißungsschwur Jahwes an Israels »Väter«, der sich durch den Einmarsch ins Land erfüllen soll, im Buch Josua weiter. Doch bei diesen Gelegenheiten findet sich nicht noch einmal die Namenreihe »Abraham, Isaak und Jakob«. So erhebt sich die Frage: Sollte die Präsenz der drei Namen im Deutero-nomium nicht doch damit zusammenhängen, daß zwar das Deuteronomium zum Pentateuch gehört, das Buch Josua aber nicht? Am Buch Josua und den folgenden Büchern hat keine Pentateuchredaktion gearbeitet. Also hat vielleicht doch erst sie die Namen ins Deuteronomium eingetragen.

RÖMER selbst drückt das so aus: »Die Väter werden in den Landschwurtexten in Jos anders als im Dtn nie mit den Patriarchennamen erweitert. Dies unterstützt die Ver-mutung, daß die Identifikation der Väter im Dtn mit Abraham, Isaak und Jakob in Zusammenhang mit der Redaktion des *Penta*teuch zu sehen ist« (368).

Auf das ganze deuteronomistische Geschichtswerk ausgedehnt, formuliert er fol-gende »redaktionsgeschichtliche Schlußfolgerung: Eine dem Dtn vergleichbare ‚Abra-ham-Isaak-Jakob-Bearbeitung' (Hinzufügung der Patriarchennamen per Apposition an entscheidenden Vätertexten) war in Jos – 2 Kön nicht anzutreffen. Daraus folgt, daß diese Bearbeitung im Zusammenhang mit der ‚Endredaktion' des *Penta*teuch zu sehen ist« (394).

Ich kann die Diskussion des Problems auf das Buch Josua beschränken. Spätestens nach dem Anfang des Richterbuches ist das Thema »Inbesitznahme des Landes«, und mit ihm das Thema »Landverheißung«, abgehakt. Wenn Israel ab 1 Kön 8 auch seinen Tempel hat, steht gar nichts mehr vom »Lande« aus. Von da an aller-dings kann drohender Landverlust in den Blick kommen. So setzt eine neue, wenn auch nicht allzu breite Rede vom Land ein. Sie blickt aber global auf den dann schon weit zurückliegenden Einzug ins Land zurück. Der Plural אבות bezeichnet dabei jene Generation, die unter Josua in das Land einzog. Es ist an den einzelnen Stellen eindeutig. RÖMER hat es zudem im Detail bewiesen[1]. Da »kam eine Pa-

---

1 Vgl. die Zusammenfassung 391, mit Verweis auf 1 Kön 8,34.40.48; 14,15; 2 Kön 21,8 und andere Stellen.

triarchentradition nicht ins Blickfeld« (392). Nach Patriarchentradition im Zusammenhang des »Landes« sollte man deshalb nur im Buch Josua fragen, wo ebenso wie im Deuteronomium mitsamt dem Einzug ins Land auch dessen theologisch-juristische Basis, die göttliche Landverheißung, erwähnt wird.

Für das Buch Josua muß gefragt werden, ob die scheinbar nächstliegende Erklärung – die Patriarchennamen fehlten deshalb, weil sie ja auch im Deuteronomium erst von der Pentateuchredaktion eingetragen worden seien – die einzig denkbare ist. Gibt es alternative Erklärungen, und unter Umständen näherliegende? Dann wäre das Problem mit dem Fehlen der Patriarchennamen im Buch Josua zwar weiter ein Problem, aber man könnte verschiedene Lösungen gegeneinander abwägen.

Selbstverständlich kann ich in diesem Fall nicht einfach so vorangehen, daß ich zu zeigen versuche, die Analysen von RÖMER seien nicht überzeugend. Hier muß ich positiv zeigen, daß das Fehlen der Patriarchennamen im Buch Josua sich auch anders erklären läßt und daß diese Erklärung dem Text vielleicht sogar besser entspricht.

אבות *in Jos 24*

Man kann die Frage nach der Referenz des Plurals אבות auf die Patriarchen der Genesis für das Buch Josua zunächst einmal etwas entdramatisieren, und zwar durch einen Blick auf Jos 24. Dort finden sich die Namen Abraham, Isaak und Jakob. Sie stehen je doppelt in dem Geschichtsrückblick der Josuarede (24,2-4). In gar nicht formelhafter Weise gilt Abraham hier als entscheidende Gestalt unter Israels »Vätern« (24,2f, vgl. 24,14f), während Isaak und Jakob im Progress der Erzählung gar nicht eigens als »Väter« charakterisiert werden. Daß das Wort אב hier weder »Titel« noch »Begriff« ist, zeigt die Tatsache, daß auch die Exodusgeneration sowohl im Geschichtsrückblick Josuas als auch im dann folgenden Glaubensbekenntnis des Volkes als Israels »Väter« auftreten kann (24,6.17). Die für das Deuteronomium typische bipolare Spannung zwischen der Landverheißung und ihrer Einlösung fehlt in dieser durchlaufenden Geschichtsbetrachtung.

Die entstehungsgeschichtliche und redaktionsgeschichtliche Ansetzung von Jos 24 ist bekanntlich kontrovers[2]. RÖMER kämpft ungewöhnlich entschieden für »kompositionelle Einheitlichkeit« und zugleich »nachexilische Entstehung« (325-329)[3]. Der Josua von Jos 24 sei im Blick auf Esra stilisiert (328). Wenn ich recht

---

2   Die beste Forschungsgeschichte und die gründlichste Analyse derselben bietet jetzt KOOPMANS, *Joshua 24* 1-163. Dort finden sich alle nötigen Informationen über ältere Literatur.

3   Mit Siebenerschemata wird man allerdings kaum spätdatieren können (so 326) – vgl. BRAULIK, »Siebenergruppierungen«. Aus Ähnlichkeiten zu Neh 9 läßt sich keineswegs folgern, daß die beiden Texte zeitlich »nicht allzuweit auseinanderliegen« (327). Eher lehnt sich Neh 9 auch an Jos 24 als Modelltext an. Im ganzen bleibt RÖMERS Argumentation weit hinter der methodologischen Umsicht von KOOPMANS, *Joshua 24*, zurück. KOOPMANS kommt zwar nur zu einer

verstehe, soll in einer Periode, die nach der Herstellung des jetzigen Pentateuchs liegt, durch die Schaffung von Jos 24 ein auch noch das Buch Josua umfassender »Hexateuch« angestrebt worden sein (329).

Ist man solchen Hypothesen gegenüber etwas zurückhaltend, dann muß man auch nach anderen Möglichkeiten ausschauen. Jos 24 könnte schon eine Vorgabe für die älteste deuteronomistische Schicht von Dtn – Jos gewesen sein. Es könnte auch zu dieser selbst gehören. Es könnte schließlich zwar eine deuteronomistische Sekundärschicht bilden, doch nicht notwendig erst aus der Periode Esras und Nehemias. Es ist daher zumindest nicht schlechthin ausschließbar, daß auch schon in der ersten deuteronomistischen Schicht oder zumindest in einer Schicht, die der Pentateuchredaktion zeitlich vorausliegt, die Geschichte Josuas mit einem Rückblick abgeschlossen wurde, in dem die Patriarchennamen wie selbstverständlich standen. Dann könnten die drei Namen damals aber auch schon im Deuteronomium vorgekommen sein, und dafür, daß sie im Buch Josua vor Kapitel 24 nicht standen, gibt es vielleicht Gründe. Dem Problem, daß von Jos 1 ab die Rückverweise auf die Landverheißung nicht mehr mit den drei Patriarchennamen verbunden werden, ist damit ein wenig von seiner Dramatik genommen. Im Buch Josua als ganzen fehlen sie nicht.

Interessant ist auch, daß die Nennung der Patriarchen in Jos 24 in keiner Weise formelhaft und das Wort אב ein reines Appellativum ist. Sollte der Text wirklich sehr spät anzusetzen sein, wird es eher schwierig, immer so zu argumentieren, als sei אב als fester Begriff oder gar als Titel vorauszusetzen. Aber das nur nebenbei.

Jos 5,6

Da das Patriarchenthema sich in Jos 24 nicht speziell mit der Landverheißung verbindet, kann dieses Kapitel bei der weiteren Erörterung beiseitegelassen werden. Dann bleiben nur drei Passagen, in denen vom Landverheißungsschwur an אבות Israels gesprochen wird: Jos 1,6; 5,6; 21,43f. An diesen Stellen werden, wie schon gesagt, die Patriarchennamen niemals genannt. Zunächst kann noch 5,6 beiseitegetan werden.

Textkritisch ist die Gesamtpassage 5,2-9 schwierig[4]. Doch ist in 5,6b, wo der Rückverweis auf den Schwur an Israels »Väter« steht, der Text im Entscheidenden fest.

---

relativen Datierung, aber sie liegt vor dem Deuteronomium und der eigentlichen deuteronomistischen Literatur, und die Datierung, die RÖMER vorschlägt, scheidet auf jeden Fall aus. Zur Schwierigkeit bei der Annahme von Siebenzahlen in Jos 24 vgl. auch KOOPMANS, *Joshua 24,* 158-161.

4 Vgl. die Synopse von masoretischem Text und Septuaginta bei SOGGIN, *Josué* 58.

Die Auslassung von אשר נשבע יהוה לאבותם לתת לנו ארץ in der Vulgata ist zwar nicht als »lectio facilior«[5] zu kennzeichnen, wohl aber als Homoioteleuton, und zwar im Lateinischen, beim Übersetzen oder auch schon in dem von Hieronymus benutzten hebräischen Manuskript.

Dem masoretischen לאבותם לתת לנו[6] entspricht in dem für die Rekonstruktion der alten griechischen Übersetzung von Josua wichtigen Kodex Vaticanus τοῖς πατράσιν ἡμῶν δοῦναι. Die hebräische Vorlage davon wäre לאבותנו לתת. Da in der ganzen Passage die alte griechische Übersetzung eine vom masoretischen Text divergierende, und zwar offenbar die ältere hebräische Texttradition bezeugt[7], wiegt die Variante schwer. Die Elipse des Empfängers von נתן ist auch nicht unmöglich. Doch wäre dann zu fragen, warum die masoretische Tradition, die den Text im allgemeinen eher durchsichtiger zu gestalten versucht hat, nicht להם eingesetzt hätte. So ist bei dieser Divergenz vielleicht doch die Annahme vorzuziehen, die alte griechische Übersetzung habe den ungewöhnlichen Umsprung in die erste Person nur an eine andere Stelle geschoben. Dann böte hier der masoretische Text das Ursprüngliche. Ich setze für 5,6b daher im folgenden den masoretischen Text voraus[8].

Literar- und redaktionsgeschichtlich liegt offenbar ein deuteronomistisch überarbeiteter Text vor. 5,6 hat schon in der griechisch bezeugten älteren Textstufe nicht nur sprachliches Material aus Dtn 1,27.34f; 2,14-16; 26,9[9] aufgenommen und kombiniert, sondern dabei auch inhaltlich von dem, was Mose in 1,34f und 2,14-16 berichtet, gesprochen: von der Sünde der waffenfähigen Männer nach der Rückkehr der Kundschafter und dem Schwur Gottes, sie würden das Land nicht betreten. Der griechische Text von 5,4 bis zum Anfang von 5,6a enthält dagegen Vorstellungen,

---

5 So RÖMER 356.

6 Die im Apparat der BHS verzeichnete mittelalterliche und auch syrisch vorhandene Variante להם braucht man nicht weiter zu beachten. Sie erleichtert. So auch RÖMER 356.

7 Vgl. zu Jos 5,2-9 vor allem AULD, »Joshua« 8-10. RÖMER scheint fast die ganze neuere textkritische Diskussion zum Josuabuch (ORLINSKI, AULD, ROFÉ, BARTHÉLEMY, TOV, GREENSPOON) entgangen zu sein. Nur einschlägige Titel von AULD und ROFÉ sind mir begegnet, doch nicht im hier interessierenden Zusammenhang. Das hier diskutierte Textproblem von Jos 5,6b hat er übersehen. Es wäre für seine Argumentationslinie nicht unwichtig gewesen.

8 Die Septuaginta setzt die Variante לא שמעו בקול (ה)אלהים voraus, eine im ganzen masoretischen Alten Textament nicht belegbare Wendung. Nun präsupponiert im Josuabuch die Septuaginta in 10 Fällen (ה)אלהים, wo der masoretische Text יהוה liest. Mehrere Gründe sprechen dafür, daß die Septuaginta den älteren Text bewahrt. Vgl. AULD, »Joshua« 12f. So wird es auch in 5,6 sein. Aber diese Variante ist für das hier behandelte Problem unwichtig.

9 Für das לנו, das auf Erzählerebene auftritt, nimmt RÖMER einen Sprung in die Pragmatik an. Hier wende sich der Erzähler »direkt an seine Leser« in der Exilszeit (356). Das ist nicht ausschließbar. Doch eher möchte ich eine halb schon zitierende Anspielung auf Dtn 26,9 annehmen, die durch das hier syntaktisch falsche, von dort übernommene »uns« signalisiert wird. In Dtn 26,9 steht: ויתן לנו את־הארץ הזאת ארץ זבת חלב ודבש. Hier heißt es: לתת לנו ארץ זבת חלב ודבש. Die den beiden Texten gemeinsame Wörterkombination ist im Deuteronomium sonst nicht zu finden.

die denen der deuteronomistischen Texte in Dtn 1–3 nicht entsprechen: ein Wüstenaufenthalt von 42 Jahren und die Behauptung, mit Josua seien noch Leute ins Land eingezogen, die schon beim Auszug aus Ägypten dabei waren. Diesen Text bindet der Rest von 5,6 offenbar an die deuteronomistische Darstellung von Dtn 1–3 und ans deuteronomische Credo von Dtn 26,5-9 an, ist ihm gegenüber also sekundär. Es geht dabei im uns jetzt vorliegenden griechischen Text nicht ohne eine Reihe von inhaltlichen und syntaktischen Brüchen ab. Der masoretische Text hat den älteren, uns nur griechisch bezeugten Text dann geglättet, indem er Elemente von Dtn 1 und 2 auch schon in 5,4 einführte und alles ins Licht der Beschneidungsaussagen von Gen 17 rückte. Dies ist eine sehr spät anzusetzende Bearbeitung, die hier vernachlässigt werden kann.

Ob in dem von der griechischen Texttradition her greifbaren älteren Textzustand eine vordeuteronomistische Tradition vorliegt, die schon durch die älteste deuteronomistische Schicht integriert wurde, oder ob erst eine sekundär-deuteronommistische Hand die ganze Beschneidungsnotiz in den Text einhängte, läßt sich aus der Analyse des Textes selbst kaum entscheiden.

Doch scheint mir die Vorstellung von den »Vätern«, denen Gott das Land in einem Schwur verheißen hatte, eher dem zu entsprechen, was sich in den Mosereden des Deuteronomiums vor Dtn 31 fand, als dem, was von Dtn 31 an die deuteronomistische Vorstellung zu sein scheint und was noch aus Jos 1,6; 21,43f erhoben werden soll. Die אבות, an die Jahwes Landverheißungsschwur erging, sind schon Vorfahren der Exodus-Horeb-Kadesch-Generation, und diese selbst gehört nicht mehr zu den אבות. So ist Jos 5,6 nicht zu der ältesten deuteronomistischen Schicht des Josuabuches zu rechnen[10], der allein jetzt mein Interesse gilt.

Jos 1,6

Jos 1,6 gehört zu dieser Schicht. Hier wird Josua, in Entsprechung zu Dtn 31,23, wo er durch Gott als Feldherr bei der Landeroberung eingesetzt wurde, wiederum durch Gott in Verbindung mit dem Befehl, mit der Landeroberung zu beginnen, nun auch noch vorausblickend als Landverteiler nach der Eroberung eingesetzt[11]. Im Gegensatz zu Dtn 31,23, wo offenbar eine vorgegebene Formulierung nicht mehr geändert werden konnte, folgt in Jos 1,6 die Rede vom Landverheißungsschwur dem Modell von Dtn 31,7[12]. Eine Gegenüberstellung zeigt es:

---

10 Im Endergebnis trifft sich das mit der Annahme RÖMERS. Doch mit den von ihm 356-358 gegebenen Begründungen kann ich nicht viel anfangen.
11 Vgl. LOHFINK, »Übergang« 40.
12 RÖMER 354 stellt die drei Texte Dtn 31,7, Dtn 31,23 und Jos 1,6 in drei Kolonnen nebeneinander, um ihren Zusammenhang zu zeigen. Doch geht er nicht auf die Probleme ihrer Divergenz ein.

	חזק ואמץ כי אתה תבוא את־העם הזה אל־הארץ	Dtn 31,7
	חזק ואמץ כי אתה תנחיל את־העם הזה את־הארץ	Jos 1,6

לתת להם		אשר נשבע יהוה לאבתם	Dtn 31,7
לתת להם	לאבותיכם[13]	אשר־נשבעתי	Jos 1,6

Man darf hier mit Recht für אבות die gleiche Referenz wie in Dtn 31,7 annehmen. Das heißt: Es handelt sich um eine offene Vorfahren-Aussage, in der jedoch einerseits die drei Genesispatriarchen aufgrund der seit Dtn 1,8 immer wieder bestärkten Referenz auf sie eine prominente Stelle einnehmen, in der andererseits aber auch die direkte Elterngeneration der jetzt ins Land einziehenden Moab-Landnahme-Generation, an die ebenfalls ein Gottesschwur erging, Platz hat. Natürlich kann bei diesem Typ von Referenz eine Apposition mit den drei Patriarchennamen gar nicht erwartet werden. Sie würde die Referenz auf diese drei Figuren eingrenzen und damit gerade nicht der seit Dtn 31 herrschenden Aussageintention entsprechen[14].

Daß die Erzählung jetzt ganz von der Generation der Landnahme her denkt, wird – wie RÖMER ebenfalls feststellt (353 und öfter) – auch daran deutlich, daß jetzt sehr häufig ein Rückbezug auf Mose hergestellt wird, der ja im eigentlichen Deuteronomium noch selbst der Redende war und infolgedessen eher weiter in die Vergangenheit zurückblicken mußte.

---

13 Suffix 2 Pl. nach Kodex Vaticanus, der wohl die alte griechische Übersetzung bezeugt. Zwei Gründe führen mich dazu, deren vermutliche Vorlage für den älteren Text zu halten. 1. Angesichts der Nähe der Formulierung zu Dtn 31,7 könnte die masoretische Lesung noch weitergehende Angleichung sein. 2. In der Vorlage der alten griechischen Übersetzung fehlte auch 1,2 לבני ישראל. Diese Erweiterung und die Veränderung des Suffixes zu 1,6 לאבתם scheinen ein gemeinsames Interesse zu verfolgen. Der ältere Text konnte so verstanden werden, als meine 1,6 להם die »Väter«, und nicht die Israeliten, die jetzt das Land erobern sollen. Die beiden Eingriffe zusammen beseitigen solche möglichen Mißverständnisse unwiderruflich. Denn 1,2 לבני ישראל ist Apposition zu einem להם, das ebenso wie das להם von 1,6 am Verb נתן hängt. Demgegenüber ist die Möglichkeit einer innergriechischen Verlesung durch Itazismus geringer. Hierzu vgl. die Bemerkungen von AULD, »Joshua« 11f, zu den Divergenzen der Pronomina bei אלהים. RÖMER argumentiert genau andersherum von der Konkordanz zwischen 1,2 und 1,6 für die Ursprünglichkeit der masoretischen Lesung (353).

14 RÖMER meint zu Dtn 31,7.23 auch noch, der Befund unterstütze »die Annahme, daß für die dtr Bearbeitung(en) hier die letzten Landschwurstellen im Dtn vorlagen und Dtn 34,4 demzufolge später anzusetzen ist« (ebenfalls 354). Doch das folgt nicht. Denn die Rede vom Landschwur geht im Buch Josua weiter. Nur die Nennung der Patriarchennamen ist dem neuen narrativen Standpunkt nicht mehr angemessen. In Dtn 34,4 dagegen können und müssen die Namen genannt werden. Hier wird von Mose her gedacht. Die Einheit der Schicht ist dadurch keineswegs in Frage gestellt. Dafür bräuchte man andere Argumente.

Jos 21,43-45

In den Eroberungs- und Landverteilungserzählungen des Josuabuches tritt die deuteronomistische Formelsprache zurück. Meist wird mit vorgegebenen Texten gearbeitet. Wo deuteronomistische Sprache eingemischt ist und vom Land gesprochen wird, liegt der Blick ganz auf der Gabe des Landes an das jetzige Israel. Er schweift nicht mehr zurück zu der Legitimation des Vorgangs durch Verheißungen in ferner Ahnenzeit. Vgl. dazu Jos 1,11.13.15; 2,9.24; 11,23; 18,3[15].

Doch in Jos 21,43-45, wo das Aussagegefüge, dem ich einmal das Siglum »DtrL« zugeordnet habe[16], feierlich abgeschlossen wird[17], klingt auch das Thema Väterschwur noch einmal an. RÖMER hat mit Recht auf die deutlichen Beziehungen

---

15 Ich muß hier nicht die genaue Schichtzuteilung der Stellen diskutieren. Es ist keineswegs sicher, daß sie alle zur ältesten deuteronomistischen Schicht gehören. Am interessantesten ist 18,3, weil hier vom אלהי אבותיכם gesprochen wird. Doch gibt es speziell hier auch Gründe, den Text später anzusetzen. RÖMER weist zum Beispiel mit Recht auf die Nähe zu Dtn 4,1 hin (338).

16 RÖMER nennt meine Annahme »recht abenteuerlich« (272 mit Anm. 5), da LOHFINK »sich nicht scheut, ausgehend von der Untersuchung eines einzigen Wortes (ירשׁ), noch einen ,DtrL' ... zu postulieren.« In der Tat habe ich in meinem Beitrag zur Wolff-Festschrift am Ende in einer Art Bescheidenheitsfloskel gesagt, meine Ausführungen seien gemacht aufgrund einer »sehr, sehr schmalen Untersuchungsbasis, fast nur des Vorkommens einer einzigen Vokabel«, und deshalb bleibe »die Reichweite dieser Ausführungen sehr begrenzt«. Sie schrien »fast überall nach Ergänzung, Weiterführung oder auch Widerlegung« (LOHFINK, »Kerygmata« 100). Doch würde ich mich weigern, RÖMERS Verdikt als Widerlegung anzunehmen. Auch habe ich in dieser Schlußfloskel vielleicht ein wenig untertrieben. RÖMER hätte das beim Lesen merken können. Die von mir »DtrL« genannte Schicht habe ich auf den Seiten 92-96 behandelt und dabei keineswegs nur vom Wort ירשׁ gesprochen. Ich habe auf einen einheitlichen Darstellungszusammenhang hingewiesen, als Typikum der Schicht die Verbindung der Themen »Gesetz« und »Land« gezeigt und dann, unter Verweis auf eine andere Veröffentlichung, angedeutet, daß sich hier neben die »geschichtliche« und »kultische« Vorstellung von Israels Land, die GERHARD VON RAD unterschieden hat, noch eine dritte stellt. Ich nannte sie die »königsrechtliche«. Dann habe ich die Frage nach der wahrscheinlichen Entstehungssituation zu beantworten versucht und schließlich einige Beobachtungen genannt, die mir zu zeigen scheinen, daß diese Schicht nicht über das Josuabuch hinausging. Gleich am Anfang habe ich auf zwei frühere Arbeiten von mir zu dieser Schicht hingewiesen (93 Anm. 26 und 27, vgl. 94 Anm. 31). Eine Untersuchung von G. BRAULIK, die die Frage nach einer ersten, noch nicht bis in die Königsbücher reichenden deuteronomistischen Schicht in Dtn – Jos gerade an den Versen Jos 21,43-45 diskutiert (BRAULIK, »Freiheit und Frieden«), ist RÖMER, wie sonst auch anderes von BRAULIK, unbekannt geblieben.

17 Es folgte wohl noch die Erzählung von der Verabschiedung der ostjordanischen Stämme in 22,1-6. Nicht dagegen Jos 23. RÖMER gibt eine Fehlinformation, falls er mir diese Auffassung zuschreiben will (359 Anm. 446). Ich halte den Nachweis einer späteren deuteronomistischen Hand in Jos 23 (»DtrN«) durch SMEND, »Gesetz«, für überzeugend und habe das auch in dem von RÖMER zitierten Beitrag klar zu erkennen gegeben. Die Ausführungen von RÖMER, die SMENDS Auffassung zu widerlegen versuchen (360), bringen nur Beobachtungen, die sich auch erklären lassen, wenn DtrN die deuteronomistische Hauptschicht kannte und sprachlich an sie anknüpfte. Sie erklären aber nicht die tiefgreifenden Differenzen.

dieser Verse zu Dtn 1,8.35; 3,20 hingewiesen (359f). Den von BRAULIK behandelten Zusammenhang mit Dtn 12,9f hat er nicht bemerkt[18]. Die durch diese Beziehung entstehende Frage, ob der Text vielleicht zweischichtig sei, kommt ihm nicht. Die für mich in diesem Diskussionszusammenhang schwierigere Annahme ist, daß ganz Jos 21,43-45 zur ältesten deuteronomistischen Schicht gehört. Deshalb werde ich mit ihr arbeiten. Unter ihrer Voraussetzung gab es in der ältesten deuteronomistischen Schicht am Ende der Erzählung von Landeroberung und Landverteilung in Jos 21,43-45 eine Art Schlußzusammenfassung, in der sogar doppelt von einem Schwur Jahwes an אבות Israels gesprochen wird. Alles, so wird gesagt, ist voll in Erfüllung gegangen. Die wichtige Funktion des Wortes כל hat RÖMER gut herausgearbeitet (358).

In dieser Passage spricht der Erzähler. Das ist beachtenswert. Wir haben hier nämlich seit dem Anfang des Buches Deuteronomium zum ersten und einzigen Mal einen Text, in dem die Stimme des Bucherzählers selbst vom Landverheißungsschwur Gottes an Israels אבות redet[19]. Vorher sprach normalerweise Mose, manchmal sogar Gott davon. Wir haben also im bisherigen deuteronomistischen Text kein Modell, an dem wir die Formulierungen von Jos 21,43f messen können. Wie die formelhaften Aussagen zeigen, schließt sich der Erzähler aber mindestens grundsätzlich an den Sprechstil seiner Gestalten an.

Das Ziel der drei Verse ist der letzte Satz (21,45): Wirklich alles, was Jahwe verheißen hat, war Wirklichkeit geworden. Zu diesem Satz hin führen zwei Stufen. In der ersten wird in vier Progreß-Aussagen, verbunden mit zwei rahmenden Rückverweisen auf die Verheißung, schrittweise definiert, daß die Verheißung sich erfüllte (21,43.44a). Die zweite Stufe, in invertierten Sätzen angelegt, ist retrogressiv. Sie greift zweimal zeitlich zurück und zeigt, daß das Geben Gottes und die Annahme der Gabe durch Israel die Gestalt eines kriegerischen Siegeszuges hatten: Bei der Inbesitznahme des Landes (ירש) konnte kein Feind widerstehen[20], denn zuvor schon hatte der Gott, der Israel das Land gab (נתן), Israel auch die Feinde in die

---

18 BRAULIK, »Freiheit und Frieden«.

19 POLZIN, *Moses* 127, ist der Meinung, es gebe »no doubt at all about the authorial irony that envelops the sweeping claims of these concluding verses.« Der Erzähler, der hier formuliert, werde ja durch das, was vorher steht und nachher folgt, eindeutig Lügen gestraft. Doch Ironie könnte hier höchstens auf der Stufe des jetzigen Buchtextes herrschen, nicht innerhalb des Textbestands der ältesten deuteronomistischen Schicht. Auch für die jetzige Textstufe habe ich meine Zweifel, da hier gefragt werden muß, ob DtrN, der für die Aussagediskrepanzen vor allem verantwortlich ist, sich nicht durch eine umfassendere Definition des verheißenen Landes salviert hat. Vgl. LOHFINK, »Kerygmata« 99. Auf jeden Fall geht es im folgenden um die ursprüngliche deuteronomistische Sinnschicht, in der der Text durchaus das meint, was seine Wörter sagen.

20 Während נתן ביד als Formel der göttlichen Auslieferung von Königen und Heeren an Israel vor Jos 21,43 fünfzehnmal zu lesen ist, hat die Formulierung לא עמד איש בפניהם nur eine einzige, allerdings sehr zentrale Bezugsstelle: Jos 10,8. Eine vergleichbare Formulierung, jedoch mit anderem Verb, findet sich in Dtn 7,24; 9,2; 11,25; Jos 1,5.

Hand gegeben (נתן ביד). Bei der Frage nach den אבות interessieren in diesem kunstvollen Aussagengefüge von Progreß und Regreß vor allem die ersten eineinhalb Verse. In ihnen wird im Progreß etwas geschildert, was vorher schon »Vätern« verheißen war. Das sagen die beiden eingebauten Relativsätze.

Es geht um eine Schenkung. Jahwe hat Israel das Land geschenkt (21,43a). Israel hat das Geschenk angenommen, indem es das Land in Besitz nahm. Die Folge nach innen ist, daß Israel jetzt in dem Land wohnt (21,43b). Dies ist von Jahwe dadurch gesichert, daß er ihm nach außen (מסביב) Ruhe sichert (21,44a).

Das Wohnen im Land war schon im Deuteronomium mehrfach als Folge der Inbesitznahme des Landes genannt worden (Dtn 11,31; 12,29; 17,14; 19,1; 26,1; vgl. 12,10; 13,13; 30,20). Das letzte Element dagegen, die Gewährung der Ruhe vor Feinden ringsumher, war bisher nur am Anfang und am Ende der eigentlichen deuteronomischen Gesetze angeklungen: in Dtn 12,10 und 25,19. Am Ende der ganzen Landnahmeerzählung werden nun also Linien ausgezogen, die am Anfang, als Mose noch sprach, kaum zu sehen waren, weil sie noch zu sehr in der fernen Zukunft verliefen.

Es ist auch relevant, daß die ganze Passage vom Wort »Israel« umrahmt wird. In 21,43 steht ישראל, in 21,45 בית ישראל. Die Bezeichnung בית ישראל steht hier, wie RÖMER mit Recht anmerkt (359 Anm. 443), in deuteronomistischen Texten zum erstenmal. Erst später wird sie häufiger auftreten. Erst jetzt kann man vom »Haus Israel« sprechen, nachdem die Stämme in Frieden in ihrem Land angesiedelt sind. Handelte es sich in den Mosereden um ein gewissermaßen überzeitliches, kaum nach Generationen scheidbares, irgendwie immer aus dem Exodus kommendes »Israel«, war dann etwa von Dtn 31 ab sehr klar die Generation im Blick, die die Landeseroberung vollzog, so geht es um diese zwar auch hier immer noch – doch sie steht jetzt vor Augen als der Anfang des »Hauses Israel«. Trotz dieser deutlichen Akzentverschiebung wird man aber nicht so weit gehen können, daß man die Landnahmegeneration selbst hier schon in die אבות genannte Größe hineinziehen kann. Das wird erst der Fall sein in der nochmals Jahrhunderte entfernten Aussage in 1 Kön 8,56, die zweifellos kompositorisch in Entsprechung zu Jos 21,43-45 gestaltet ist[21].

So wird die Referenz von אבות in 21,43 auch einfach die sein, die vorher bei diesen Landschwursätzen vorhanden war. Es sind also durchaus die Patriarchen Abraham, Isaak und Jakob, wie schon Dtn 1,8 sofort am Anfang des Gesamttextes klargestellt hat. Abraham, Isaak und Jakob können allerdings nicht mehr, etwa zur Erhöhung der Feierlichkeit der Aussage, in der Weise der Mosereden mit Namen genannt werden, weil der ihnen geleistete göttliche Eid durch einen weiteren Eid an die in der Wüste gestorbene Exodus-Horeb-Kadeschgeneration konkretisiert

---

21 Allein an diesen beiden Stellen sagt das deuteronomistische Geschichtswerk zum Beispiel, Jahwes ganzer דבר טוב habe sich erfüllt. Für weiteres vgl. BRAULIK, »Freiheit und Frieden« 32.

worden ist und diese Generation seit Dtn 31 perspektivisch im Wort אבות mitge-
meint ist[22].

In 21,44 ist die Lage schwieriger. Denn wir haben keinerlei Zeugnis dafür, daß
es eine Tradition von einem Schwur an אבות Israels gegeben habe, für die das Verb
נוח Hifil typisch wäre[23]. Der Referenztext von 21,44a ist zweifellos Dtn 12,10b und
das korrespondierende Dtn 25,19[24]. Das ist aber in beiden Fällen nicht Jahwe-,
sondern Moserede. Mit den beiden Stellen verbindet sich auch kein Verweis auf
einen früheren Jahweschwur. In 21,44a wird also eine in die Zukunft vorausblik-
kende Aussage Moses aufgegriffen und als bestätigt bezeichnet.

Mir scheint, man wird dem damit verbundenen Rückverweis auf einen Väterschwur nur gerecht, wenn man beachtet, daß er mit ככל אשר eingeführt wird. Das
ist in Deuteronomium und Josua einmalig. Doch kommt das כל wohl einfach als
das Leitmotiv der ganzen Passage in diesen Zusammenhang hinein. Man kann
daher die drei Fälle vergleichen, in denen der Väterschwur mit כאשר angebunden
wird: Dtn 13,18; 19,8; 26,15. Aus ihnen ist Dtn 26,15 unergiebig, da כאשר von der
Konstruktion her unvermeidlich ist. Dagegen sind Dtn 13,18 und 19,8 interessant.
Hier geht es nämlich nicht um die schlichte Landverheißung, sondern gewissermaßen um deren erweiternde Auslegung. 13,18 beruft sich auf den Väterschwur bezüglich Segen und Vermehrung. 19,8 beruft sich darauf bezüglich der Erweiterung
des Gebietes Israels. In beiden Fällen wird der ursprüngliche Schwur also neu aus-
gelegt. So wird es wohl auch in Jos 21,44 sein. Die von Mose in Dtn 12,10 (und
25,19) gegebene Ansage, Jahwe werde Israel (nicht nur das Land geben, so daß es
darin wohnen könne, sondern Israel) im Land Ruhe vor den Feinden ringsum ver-
schaffen, wird interpretiert als Inhalt des bekannten Väterschwurs. So weit, so groß
ist dieser Schwur zu fassen. Selbst, wenn man ihn so weit und so groß faßt, ist zu
sagen: Alles hat sich erfüllt[25].

---

22 RÖMER schreibt: »Auf dieser Stufe der Redaktion bestand kein Interesse, die ‚Väter' mit den
    Patriarchen zu identifizieren, sonst hätte man sich für Jos eine Rahmung der Landschwüre durch
    Hinzufügung der Patriarchennamen nicht entgehen lassen« (361f). Das dürfte der Verwandlung
    des narrativen Standpunkts und der damit gegebenen Verwandlung der Referenz von אבות nicht
    gerecht werden. Es geht hier nicht um »Interessen«, sondern um sachgemäßes Erzählen.
23 In Ex 33,14 spricht Jahwe zu Mose. Ob man hier die Bedeutung von Dtn 12,10 vermutet oder
    nur einfach an die »Beruhigung« des fast schon quengelnden Mose denkt – man kann diese
    Stelle sicher nicht als Beleg für einen Schwur Gottes an Israels אבות betrachten. Darin hat RÖ-
    MER 362 recht.
24 Die in den Kommentaren und auch bei RÖMER 359f hier genannten Texte aus dem Themenkreis
    »Ostjordanstämme« (Dtn 3,20; Jos 1,13.15, später noch Jos 22,4; 23,1) haben zwar die Wurzel
    נוח, doch fehlen die anderen Elemente, die Jos 21,44 und Dtn 12,10 gemeinsam sind. Ferner ist
    hier der Vorgang des Ruheverschaffens *vor* der Eroberung angesetzt, während er in Jos 21,44
    und Dtn 12,10 dieser erst *folgt*. Es dürften trotzdem Zusammenhänge bestehen. Aber alles ist
    etwas komplizierter, und die Hauptverbindung läuft auf jeden Fall zu 12,10. Für Näheres vgl.
    BRAULIK, »Freiheit und Frieden«.
25 Eine zusätzliche Suche nach allen Belegen von ככל אשר in Dtn und Jos führt zu folgenden Stel-

Ist dieses Verständnis richtig, dann bleibt natürlich die Referenz von אבות die gleiche wie im vorangehenden Vers. Es geht ja gerade darum, daß es sich um ein und denselben Schwur Jahwes handelt.

Schlußfolgerung

Die Stellen aus der ältesten deuteronomistischen Schicht im Buch Josua, die vom Schwur Jahwes an אבות Israels sprechen, enthalten also alle die Referenz auf Abraham, Isaak und Jakob, doch ist diese Referenz – wie schon seit Dtn 31 – perspektivisch mit einer Referenz auf die Exodus-Horeb-Kadesch-Generation verbunden, der gegenüber Jahwe seinen Väterschwur konkretisiert hatte. Insofern kann nicht mehr erwartet werden, daß im Zusammenhang des Landschwursatzes die drei Namen eingefügt werden, selbst wenn es aus stilistischen Gründen (Betonung oder Rahmung) vielleicht wünschenswert gewesen wären.

Das glaube ich als eine zumindest mögliche Erklärung des Textbefunds gezeigt zu haben. Damit ist die Erklärung, die Patriarchennamen fehlten im Buch Josua, weil sie auch im Deuteronomium erst durch die Pentateuchredaktion eingefügt worden seien, nicht mehr konkurrenzlos. Da ich glaube, daß meine Textauslegung, die den Großtextzusammenhang mitberücksichtigt, den Feinheiten des Textbefunds in stärkerem Maße gerecht wird als die Analyse einzelner isolierter Untersuchungsabschnitte, halte ich sie außerdem für die überzeugendere Auslegung. Wegen des Fehlens der Patriarchennamen in den Landverheißungsaussagen des Buches Josua müssen wir daher nicht darauf schließen, daß sie im Deuteronomium erst durch die Pentateuchredaktion eingetragen wurden.

---

len: Dtn 1,3.30.41; 4,34; 12,8; 17,10; 18,6; 24,8; 26,14; 30,2; Jos 4,10; 10,32.35.37; 11,23; 21,44. Vom Kontext her bieten sich Übersetzungen folgender Art an: genau entsprechend dem, was; in Analogie zu allem, was; vergleichbar mit all dem, was. Das fügt sich in die hier vorgetragene Annahme.

7. Kapitel

Zur Theorie der »Rückverweise«

Das Problem

Ich habe bisher versucht, bei der Überprüfung der Thesen RÖMERS nach Möglichkeit nur aus Befunden innerhalb des Deuteronomiums, im 6. Kapitel dann des
Buches Josua zu argumentieren. Insbesondere habe ich darauf geachtet, nicht irgendwelche literarischen Beziehungen zwischen Deuteronomium und den Büchern
Genesis – Numeri schon vorauszusetzen. Da liegen heute die großen Meinungsver-
schiedenheiten. Durch sie sollte das Gespräch nicht belastet werden.

Die Ausnahmen sind genau eingrenzbar. Für Dtn 29,12 habe ich im 4. Kapitel auf die
Priesterschrift in Genesis und Exodus gewiesen, um zu zeigen, daß RÖMER seine Sache
vielleicht besser hätte vortragen können, als er es faktisch getan hat. Das war also kein
Gegenargument, sondern eher der Versuch, dem Gesprächspartner die Vorteile nicht
wegzunehmen, die er besitzt, auch wenn er sie selbst nicht wahrgenommen hat.

Im 5. Kapitel habe ich für die auf jeden Fall recht späten und innerdeuteronomisch
in ihrer Referenz kaum klärbaren אבות-Stellen Dtn 4,37; 10,15; 13,18 auf bessere Verstehensmöglichkeiten hingewiesen, die sich dann ergeben, wenn man bei ihnen schon
mit der Möglichkeit von Anspielungen und Zitaten auf Texte aus Genesis und Exodus
rechnet. Da es dabei nicht mehr um die Hauptfrage ging, sondern nur um die Frage,
ob auch diese Stellen noch vom semantischen Kraftfeld von Dtn 1,8 erfaßt werden
oder nicht, und da ich die Prozedur deutlich gekennzeichnet habe, stellt das meine
generelle Abstinenz von einer Argumentation aus einem schon vorausgesetzten Zusammenhang deuteronomischer Texte mit Tetrateuchtexten wohl nicht in Frage.

Dieser Typ von Argumentation hat aber Folgen. Wenn sich aus meinen Ausführungen ergeben haben sollte, daß RÖMER seine These für das Deuteronomium nicht
wirklich bewiesen hat, kann man nicht den Umkehrschluß ziehen, das Deuteronomium setze, zumindest von der ältesten deuteronomistischen Stufe an, die Patriarchenerzählungen der Genesis schon voraus. RÖMER hat zwar *nicht* bewiesen, daß
das Deuteronomium eine Landverheißung an drei »Väter« Israels namens Abraham, Isaak und Jakob vorgängig zur Pentateuchredaktion *nicht* gekannt habe. Damit bleibt aber durchaus offen, woher es sie gekannt hat. Es kann eine Frühstufe
der Genesis oder es können verschiedenste mündliche oder schriftliche Traditionen
gewesen sein. Ebenso bleibt offen, ob und wie es sie bei den adressierten Lesern
als bekannt vorausgesetzt hat. All das ließ sich bei der von mir beobachteten Abstinenz nicht weiter klären.

Doch möchte ich betonen, daß diese Abstinenz *discussionis causa* geschah. Ich
habe mich auf den vom Gesprächspartner eingenommenen Standpunkt gestellt. Ich
habe, glaube ich, auch von diesem reduzierten Standpunkt aus zeigen können, daß
er seine These nicht bewiesen hat. An sich, außerhalb einer Kontroverse, dürfte
eine solche Abstinenz keineswegs vorgeschrieben werden. Es gibt im Deuteronomi-

um sowohl an den Stellen, wo der Plural אבות vorkommt, als auch sonst zahlreiche Fakten, die dafür sprechen, daß der deuteronomische Text den Tetrateuchtext dieses oder jenes Werdestadiums kennt und auch bei seinen Adressaten als bekannt voraussetzt.

Das gilt je verschieden für die verschiedenen entstehungsgeschichtlichen Stufen des Deuteronomiums. Auf der ältesten deuteronomistischen Stufe, auf der die Diskussion um die Referenz von אבות ja eigentlich erst beginnt, wird nach meiner Erkenntnis auf jeden Fall schon ein Textbestand aus dem, was man früher die »alten Quellen« nannte, als dem Leser bekannt vorausgesetzt, und im Spiel mit dieser Kenntnis werden entscheidende Aussagen gemacht[1]. Die Kenntnis der Patriarchennamen ist dabei nur ein einziges Element innerhalb eines vielgestaltigen und recht variablen Umgangs mit vorgegebenen Traditionen und Texten. Ginge man die Frage RÖMERS innerhalb solcher größerer Zusammenhänge an und isolierte sie nicht in dem Ausmaß, in dem er es tut, dann wäre die Antwort, die seiner These entgegenläuft, noch deutlicher[2].

Unter den verschiedenen Techniken der Bezugnahme auf ältere Texte, die das Deuteronomium kennt, scheint es nun eine zu geben, die für RÖMERS Position besonders störend ist: den ausdrücklichen »literarischen Rückverweis« auf einen dem Leser bekannten Text. Dieses literarische Phänomen im Deuteronomium ist in den siebziger Jahren unabhängig voneinander und bis in die Veröffentlichungen hinein ohne gegenseitige Kenntnis von zwei Autoren untersucht worden, von JACOB MILGROM[3] und DIETER E. SKWERES[4]. Beide haben etwas verschieden angesetzt, jeder nur bei einem Teilbestand der Phänomene. Sie sind zu zwar nicht genau einander entsprechenden, aber doch recht analogen Ergebnissen gekommen.

---

1   Ich verweise zur Illustration auf LOHFINK, »Darstellungskunst« und auf den mir wahrlich nicht zujubelnden Vortrag von L. PERLITT auf dem Löwener Deuteronomiums-Colloquium von 1983 (PERLITT, »Deuteronomium 1 – 3«). Die Gegenthese ist etwa bei ROSE, *Deuteronomist und Jahwist,* zu finden. Dazu vgl. meine Besprechung in *ThPh* 57 (1982) 276-280.

2   Natürlich geht er innerhalb seiner »Untersuchungskontexte« oft auf Thesen ein, die einen Bezug auf Tetrateuchtexte behaupten. Er findet sie dann durchgehend nicht überzeugend. Aber gerade hier wirkt sich meist schon die Vorentscheidung zu eingegrenzten »Untersuchungskontexten« erkenntnismindernd aus, und im einzelnen ließe sich oft gegen seine Entscheidungen Stellung nehmen.

3   MILGROM, »Slaughter« 3-13. Er stellt die These auf, daß »כאשר צוה / נשבע / דבר« is Deuteronomy's ‚cf.,‘ its unique formula to indicate the sources which it assumes are so obvious to the reader that there is no need to quote them« (4). Da er nur Formeln mit כאשר untersucht, ragen die Texte vom Landverheißungsschwur nur am Rande in sein Untersuchungsmaterial hinein. Da er aber eine analoge These wie SKWERES aufstellt, wäre es sachgemäß gewesen, sich nicht nur mit SKWERES, sondern auch mit ihm auseinanderzusetzen. Die Untersuchung von MILGROM ist dann aufgegriffen und für die Frage der Datierung von priesterschriftlichem Material verwendet worden in ZEVIT, »Date of P«, 502f.

4   SKWERES, *Rückverweise.*

Da RÖMER die Parallelität zwischen SKWERES und MILGROM nicht notiert hat[5], muß ich mich auf seine Auseinandersetzung mit SKWERES beschränken.

SKWERES hat das Phänomen der »literarischen Rückverweise« des Deuteronomiums in einer Dissertation untersucht, die 1979 veröffentlicht wurde[6]. Die Texte, in denen der Plural אבות im Deuteronomium mit dem Landverheißungsschwur Jahwes verbunden vorkommt, sind ihrer Form nach solche »literarischen Rückverweise«. SKWERES hat sie daher in seinem Buch besprochen. Kein Wunder, daß er in dem Teil von RÖMERS Buch, der über das Deuteronomium geht, vermutlich der meistzitierte und meistkritisierte Autor ist.

Will man sich mit SKWERES auseinandersetzen, so kann das auf zwei Ebenen geschehen. Einmal kann man für jeden Einzelfall fragen, ob seine Identifizierung der Referenz eines »Rückverweises« in den Büchern Genesis – Numeri zutrifft. Das hat RÖMER unermüdlich immer wieder getan, fast immer mit Fragezeichen als Ergebnis. Hierauf bin ich in den vorangehenden Kapiteln kaum eingegangen. Ich möchte es auch jetzt nicht tun. Ich würde selbst auch nicht allen Einzelerklärungen von SKWERES zustimmen. Das habe ich unterwegs, als ich die כאשר דבר-Sätze untersuchte, in einem konkreten Fall auch schon einmal angedeutet. In den meisten Fällen halte ich seine Ergebnisse aber für angemessen und RÖMERS Gegenüberlegungen für bestreitbar.

Doch man kann bei der Argumentation gegen die Rückverweishypothese weiter gehen. Man kann die Gesamthypothese in Frage stellen, von ihrem Ansatz her. Das tut RÖMER ebenfalls, und zwar in zwei Schritten. Zu diesen beiden Schritten möchte ich mich im folgenden äußern.

---

5 Er erwähnt ihn jedenfalls in dem Exkurs zu den »Rückverweisen« (229f) nicht. Im Literaturverzeichnis findet sich (neben zwei Arbeiten zu Jeremia) nur der Titel der Ivrit-Kurzfassung des *HUCA*-Artikels in *ErIsr* 14 (1978). Er wird S. 109 Anm. 508 zitiert. Auch da wird der Zusammenhang mit der Frage literarischer Rückverweise nicht deutlich. RÖMER spricht von »Abhängigkeit«.

6 SKWERES, *Rückverweise* 1: »In dieser Arbeit geht es um die Untersuchung der Technik, deren sich die Autoren des Buches Dtn bedienen, wenn sie einen Text anführen oder sich auf einen Text berufen. Selbstverständlich tun sie dies nicht durch Anführungszeichen und Fußnoten oder in Anmerkungen. Es wird sich jedoch zeigen, daß sie über vergleichbare Techniken verfügen, indem sie in bestimmten mit *ᵃšær* oder *kaᵃšær* eingeleiteten Nebensätzen auf einen Text hinweisen, der ihnen bekannt ist und von dem sie voraussetzen, daß auch ihre Adressaten ihn kennen.« SKWERES beschränkt seine Untersuchung dann auf Rückverweise auf Reden. Er behandelt keine Rückverweise auf Handlungen. Er legt Wert darauf, daß seine Analysen zeigen, daß es sich zumindest im Deuteronomium nicht einfach um Rückverweise auf den Lesern schriftlich oder mündlich bekannte Sachverhalte handelt, sondern um Rückverweise auf ihnen bekannte Texte. Zu Vorgängern in dieser Fragestellung vgl. ebd. 4-8.

Arbeitet SKWERES mit einem »Postulat« oder »Axiom«?

Der erste Schritt hat weniger wissenschaftlichen als rhetorischen Charakter. Deshalb sei nur knapp von ihm berichtet.

Ich gehe davon aus, daß man auf diesem ganzen Forschungsfeld mit Hypothesen arbeiten muß. Zu mehr kommt man nicht. Vorzuziehen ist jene Hypothese, welche Alternativhypothesen durch Einfachheit und Erklärungskraft überragt. Man kann Hypothesen zunächst an einem kleineren Feld erarbeiten oder testen und dann in einem zweiten Schritt in einem weiteren Bereich zu verifizieren versuchen.

Dies hat SKWERES getan. Er hat in einem ersten Schritt gezeigt, daß in 29 untersuchten Fällen von deuteronomischen אשׁר- und כאשׁר-Sätzen ein »literarischer Rückverweis« auf eine im vorausgehenden deuteronomischen Text selbst nachlesbare Äußerung Jahwes, Moses oder Israels vorliegt. Da es im Deuteronomium noch weitere Sätze dieser Gestalt gibt, für die sich kein innerdeuteronomischer Bezugspunkt ausmachen läßt, hat SKWERES die Hypothese dann ausgeweitet. Er hat überprüft, in welchem Maß sich für diese Texte außerhalb des Deuteronomiums, speziell in Genesis – Numeri, Bezugstexte aufweisen lassen. Dies führte dann zu 42 mehr oder weniger sicheren Fällen. Soweit seine Argumentationsfigur. Ihr erster Teil ist für das ganze fundamental.

RÖMER macht bei seinem Bericht über SKWERES auf diesen ersten Argumentationsschritt überhaupt nicht aufmerksam[7]. Er unterstellt SKWERES da, wo er erstmalig über ihn referiert, er gehe aus von einem »Postulat, daß die sog. ,Rückverweise' im Dtn allesamt eine literarische Grundlage besitzen müssen« (4). Er verweist für die Aussage, es handle sich um ein *Postulat,* interessanterweise auf die Schlußzusammenfassung des Buches[8]. SKWERES faßt dort die Ergebnisse seiner Untersuchung zusammen. Man mag darüber diskutieren, wieweit er im einzelnen recht hat. Aber von der Formulierung eines »Postulats«, von dem aus dann argumentiert würde, kann an dieser Stelle des Buches doch wohl nicht mehr die Rede sein. Von »müssen« erst recht nicht. Man wird bei unvoreingenommener Lektüre aber auch am Anfang des Buches nicht feststellen können, alles starte mit einem »Postulat«. Das ist nicht der Fall – weder offen noch kaschiert.

---

7   Dies tut leider auch BLUM, *Studien* 173, nicht. Er stellt einfach eine Gegenthese auf, nämlich die, es müsse sich bei den untersuchten Sätzen keineswegs um »literarische Rückverweise« handeln: »In Wahrheit brauchte ein Leser des Deuteronomiums nicht einzelne Stellen unserer Genesis vor Augen zu haben oder sie nachzuschlagen, um etwa die ständig wiederkehrende Rede von den zugeschworenen Verheißungen verstehen zu können. Bei den Rezipienten genügte schon eine vage Kenntnis der Tradition von Väterverheißungen, ja, auch wenn diese nicht ohne weiteres geläufig war, wurde sie ihnen auf diese Weise ans Herz gelegt.« Eine Falsifizierung des ersten Schrittes der Beweisführung von SKWERES ist das nicht. Aber BLUM hat so etwas an dieser Stelle vielleicht auch nicht beabsichtigt.

8   S. 4 Anm. 22 verweist auf SKWERES, *Rückverweise* 197ff.

Wo RÖMER sich später in einem Exkurs ausdrücklich mit SKWERES auseinandersetzt, wechselt er den Terminus und behauptet, SKWERES gehe von einem »Axiom« aus (229). An dieser Stelle zitiert er eine Formulierung von SKWERES aus der Zusammenfassung seines ersten Schrittes, also des Nachweises innerdeuteronomischer Rückverweise. SKWERES stellt da einleitend fest, es handle sich bei diesen literarischen Rückverweisen um »eine literarische Technik, derer sich die dtn Autoren bedienen, um ihre Adressaten auf bekannte Texte aufmerksam zu machen«[9]. Diese Zusammenfassung beschließt eine 60 Seiten lange Analyse einzelner Stellen (24-83). Die Zusammenfassung bringt dann eine Phänomenologie des Funktionierens dieses literarischen Technik. Sie umfaßt mehrere Seiten. Am Ende werden Folgerungen für den zweiten Schritt, die Frage nach außerdeuteronomischen Rückverweisen im Deuteronomium, gezogen. Ist das der Ort und die Art, in einer wissenschaftlichen Arbeit ein »Axiom« einzuführen?

Wer auf eine solche Weise den wirklichen Argumentationsschwerpunkt von SKWERES verschweigt und dafür von »Postulat« und »Axiom« redet, arbeitet mit rhetorischen, nicht mit im Bereich der Wissenschaft üblichen Mitteln. Widerlegt ist dadurch der erste und argumentativ entscheidende Schritt von SKWERES natürlich nicht. Er ist verbal übertüncht.

Hat VEIJOLA SKWERES widerlegt?

In der zweiten Hälfte von RÖMERS Exkurs zu SKWERES steht folgendes Argument:

> »Weiter ist kritisch anzumerken, daß Skweres darauf verzichtet, das Problem der ‚Rückverweise’ im Kontext des ‚DtrG’ in Angriff zu nehmen. Dieser Kontext läßt es nämlich äußerst fraglich erscheinen, daß jeder dtr ‚Rückverweis’ auf bekannte Texte aufmerksam machen will. So hat T. Veijola festgestellt, daß zur Legitimation der davidischen Dynastie immer wieder auf göttliche Verheißungen verwiesen wird, ‚deren Grundlage aber nirgendwo mitgeteilt wird; immer wieder wird auf eine göttliche Willenskundgabe verwiesen, ohne daß man eine Stelle angeben könnte, die der Verfasser dabei im Sinn gehabt hätte.’ Wie Veijola ausführt, ging es dem dtr Herausgeber vor allem darum ‚zu versichern, daß hinter der Herrschaft Davids ... ein Gotteswort stehe; wie es David zuteil geworden sein mochte, wußte auch er nicht.’ Damit erweist sich Skweres’ Ausgangsaxiom, daß jeder dtr ‚Rückverweis’ eine präzise literarische Basis haben müsse, als petitio principii.« (229f)

Der hier formulierte methodologische Vorwurf ist für RÖMER außerordentlich wichtig. Er kommt im Schlußteil des Buches (»Bilanz und Ausblick«) darauf zurück, und da geht es um das Pentateuchproblem. Bei der Frage, ob die rückverweisenden Väterschwurformeln des Deuteronomiums – er denkt an die Zeit vor der Pentateuchredaktion, als sich nach seiner Hypothese noch nirgends Patriarchennamen fanden – sich auf die »(schriftlich) fixierten Erzväterüberlieferungen

---

9   SKWERES, *Rückverweise* 83.

der Gen« beziehen (568), betont er, daß die Deuteronomisten ihre »Rückverweise« etwas anders »praktizieren«, als

> »dies der heutigen Exegese recht sein mag; so ,verweisen' sie z.b. zur Legitimation der Davidsdynastie immer wieder auf Verheißungen Yhwhs, ohne daß sich für diese eine schriftliche Basis finden ließe. Für den ,Verweischarakter' des Väterschwurs im Dtn (und in Jos) gilt dies ebenso: Für die dtr Redaktoren war es wichtig, *daß* Yhwh seine Geschichte mit Israels Vätern in Ägypten begründet hatte, das ,*Wie*' (bzw. die ,Einzelheiten') war dem gegenüber zweitrangig.« (569)

In der Berufung auf VEIJOLA steckt ein methodologischer Vorwurf gegen SKWERES. Er richtet sich für den, der das Buch von SKWERES kennt, gegen den von RÖMER verschwiegenen ersten Teil der Argumentationsfigur von SKWERES. SKWERES hätte, so sagt der Vorwurf, seine Hypothese nicht nur am Buch Deuteronomium, sondern am ganzen deuteronomistischen Geschichtswerk erarbeiten müssen.

Nun, das wäre sicher besser gewesen. SKWERES hat ja sogar seine Textbasis im Deuteronomium halbiert. Er hat sich innerhalb des Deuteronomiums auf »Rückverweise auf verbale Äußerungen« beschränkt[10]. Insofern wäre es in der Tat wünschenswert, daß jemand sich einmal die von SKWERES nicht bearbeiteten Bereiche mit gleicher oder verbesserter Methode vornähme oder sogar mit breiterem Textansatz die ganze Arbeit noch einmal machte. Das ist leider bis jetzt nicht geschehen. Da wohl zumindest ein Teil der von SKWERES behandelten Rückverweise aus dem Deuteronomium den Verfasserkreisen des deuteronomistischen Geschichtswerks zugeschrieben werden muß, wäre SKWERES aus von ihm nicht untersuchten deuteronomistischen Texten in der Tat grundsätzlich falsifizierbar.

Es ist dabei allerdings zu beachten, daß die Hypothese von SKWERES immer damit rechnet, für manche Rückverweise könnten uns die Bezugstexte nicht mehr erhalten sein. Außerdem: Wo es Schecks gibt, kann man immer auch nicht gedeckte Schecks ausstellen.

SKWERES hat betontermaßen statistisch gearbeitet. Seine Hypothese beruht auf der relativ hohen Zahl klarer Fälle in dem von ihm untersuchten Bereich, nicht auf der ausnahmslosen Durchsichtigkeit aller Fälle. Insofern müßte auch eine Falsifizierung aus von ihm nicht untersuchtem Textmaterial im Bereich dieses Materials statistisch arbeiten.

Damit bin ich bei der ersten Frage an RÖMERS Falsifizierungsversuch. RÖMER arbeitet nicht statistisch. Er bringt aus dem deuteronomistischen Geschichtswerk ein einziges Gegenbeispiel, oder, falls man die Belege, die es konstituieren, zählen will, vier Stellen. Von ihnen kommen nach meiner Überprüfung jedoch nur zwei in Frage. RÖMER erwähnt nicht, ob es in den Samuelsbüchern, auf die er zurückgreift,

---

10 SKWERES, *Rückverweise* 16: »Aus arbeitstechnischen Gründen lassen wir in unserer Untersuchung alle Rückverweise auf Handlungen oder Zustände außer Betracht und beschäftigen uns nur mit den Rückverweisen auf verbale Äußerungen.«

auch Fälle gibt, die so funktionieren, wie SKWERES es im Deuteronomium gefunden hat. Er äußert sich erst recht nicht zu Zahlenverhältnissen. Kann man das als einen Gegenbefund aus einem als sachentsprechendes Kontrolluntersuchungsfeld ausgewählten, dem Deuteronomium ungefähr entsprechenden Korpus bezeichnen?

Zur Zahl der in den Samuelbüchern »immer wieder« vorkommenden Rückverweise auf ein Gotteswort an David, das sich aber nicht auffinden lasse: RÖMER (229 Anm. 1193) nennt 1 Sam 25,30; 2 Sam 3,9; 5,2 und 7,25. Für »weitere Belege« verweist er auf VEIJOLA, *Dynastie* 79 und 133 Anm. 41.

2 Sam 7,25 scheidet aus, weil David in seinem Gebet sich zweifellos auf das unmittelbar vorangehende Natanorakel bezieht. 2 Sam 5,2 scheidet in der Diskussion mit SKWERES aus, weil hier gar kein אֲשֶׁר- oder כַּאֲשֶׁר-Satz vorhanden ist. Die nach Hebron zu David gekommenen (Vertreter der) Stämme Israels zitieren vielmehr ein Jahwewort wörtlich. Das ist zwar eine Berufung auf ein Jahwewort, aber nicht das von SKWERES untersuchte literarische Phänomen. Nur in dem Wort der Abigail an David in 1 Sam 25,30 findet sich ein Satz, der mit כְּכֹל אֲשֶׁר־דִּבֶּר eingeleitet wird, und im Wutanfall Abners gegen Ischbaal in 2 Sam 3,9 steht der Satz כַּאֲשֶׁר נִשְׁבַּע יְהוָה לְדָוִד. Nur in diesen beiden genannten Fällen könnte man von »Rückverweisen« im Sinne von SKWERES reden.

VEIJOLA nennt an den von RÖMER angeführten Stellen noch folgende weitere Texte: 1 Sam 25,28; 2 Sam 3,18; 7,11b.13.16.21; 1 Kön 2,4.24a. Aus im einzelnen verschiedenen Gründen kommt auch hiervon keine einzige Stelle als literarischer Rückverweis, dem kein Bezugspunkt entspräche, in Frage. So bleiben im ganzen zwei Stellen.

Um nur ein wenig anzudeuten, wie die Dinge, statistisch gesehen, wirklich liegen könnten: Ich habe eine kleine Stichprobe in dem zugegebenermaßen langen Kapitel 1 Kön 8 gemacht. Dieses Kapitel hat den Vorteil, daß hier einigermaßen Konsens über den deuteronomistischen Charakter fast des ganzen Textes besteht. Ich habe dort 57 Belege von אֲשֶׁר und כַּאֲשֶׁר gefunden. Von ihnen werden in 32 Fällen Relativsätze eingeleitet, die man im Sinne von SKWERES als »literarische Rückverweise« ansprechen könnte, wobei sich in einigen Einzelfällen natürlich streiten läßt. 18 von ihnen beziehen sich auf Handlungen und Ereignisse, die innerhalb des deuteronomistischen Geschichtswerks vorher erzählt oder erwähnt wurden – vom Exodus über den Horebbund und den Einzug ins Land bis zu dem gerade beendeten Bau des Tempels in Jerusalem. 13 weitere beziehen sich auf verbale Äußerungen: in den meisten Fällen auf die Natansverheißung, doch auch auf die Worte Moses im Deuteronomium. Es sind: 8,20a.b.24.25.26.29.44bα.48bβ.53.56aβ.b.58.59. In einem interessanten Fall geht der Rückverweis auf Gottes Verheißung und deren Verwirklichung zugleich (8,15f). Der Gesamtbefund entspricht den Erwartungen, die man vom Befund im Deuteronomium her hegen kann. Ich zweifle daher nicht daran, daß man in einigermaßen sicher als deuteronomistisch bestimmbaren Textbestandteilen der Bücher Josua – 2 Könige statistisch zu ähnlichen Ergebnissen käme wie SKWERES im Deuteronomium. Diskutable Fälle wie die beiden von RÖMER angeführten fielen dann nicht ins Gewicht.

Mit dem Rückgriff auf einigermaßen sicher als deuteronomistisch bestimmbare Texte bin ich auch schon bei der zweiten Anfrage an RÖMERS Falsifizierungsversuch. Ist es überhaupt klar, daß die beiden ins Feld geführten Stellen 1 Sam 25,30 und 2 Sam 3,9f als »deuteronomistisch« klassifiziert werden können?

Was 1 Sam 25,30 angeht, so galt bis vor einiger Zeit fast allgemein, was MARTIN NOTH formuliert hatte: Wir haben »keine einzige sichere Spur einer Bearbeitung der Saulsgeschichte 1.Sam. 13,1 – 2.Sam. 2,7 durch Dtr«[11]. Auch am Anfang seiner Davidsgeschichte hat der Deuteronomist nach NOTH »nur an einigen wenigen Stellen leicht eingegriffen«[12], und 2 Sam 3,9f gehört bei ihm nicht zu diesen Stellen. Im Anschluß an Gedanken bei HANNELIS SCHULTE, K. – D. SCHUNCK und R. A. CARLSON hat erst VEIJOLA in dem Buch, auf das RÖMER sich stützt, versucht, in diesem Teil der Davidsgeschichte deuteronomistische Hände literarkritisch nachzuweisen[13].

Ich möchte mich jetzt nicht mit VEIJOLAS Analysen auseinandersetzen. Sie haben bisher weder mich noch die Mehrzahl der anderen Alttestamentler überzeugt[14]. An dieser Stelle sei nur auf eines hingewiesen: Selbst wenn in 1 Sam 25,30 und 2 Sam 3,9f deuteronomistische Erweiterungen vorlägen, hätte der betreffende »Deuteronomist« sich sprachlich in einem solchen Ausmaß an seine Quellen und deren Stil angepaßt, daß die Texte nicht mehr als repräsentativ für die aus dem Deuteronomium und klar deuteronomistischen Teilen des deuteronomistischen Geschichtswerks bekannte Sprachwelt gelten könnten. Damit kämen sie aber auch als Fundort für Gegeninstanzen gegen ein typisches Phänomen dieser Sprachwelt nicht in Frage.

Doch es sei einmal *discussionis causa* vorausgesetzt, in 1 Sam 25,30 und 2 Sam 3,9f spräche wirklich der Hauptverfasser des deuteronomistischen Geschichtswerks. In diesem Fall wäre eine dritte Anfrage an RÖMER nämlich die, ob auf dieser Ebene denn für die beiden Rückverweise wirklich kein Bezugstext vorhanden sei.

Ich selbst halte diese Texte und mehrere andere, die in den Davidsgeschichten auf ein frühes Jahwewort über David zurückverweisen, im wesentlichen für vordeuteronomistisch. Für diese Stufe zweifle ich daran, ob man schon den deuteronomischen Typ des »literarischen Rückverweises« mitsamt klar identifizierbarem Haftpunkt erwarten darf. Querbezüge werden auf eine subtilere Weise hergestellt.

Vielleicht wird bewußt kein Legitimationsorakel an David erzählt. Ein narrativer »*gap*« könnte intendiert sein[15]. Dann hat der Leser die Wahl. Er kann ein nicht erzähltes Legitimationsorakel in seiner Vorstellung ergänzen. Er kann aber auch auf die Idee kommen, daß es außer den verwerfenden Worten Samuels an Saul, der so eigen-

---

11 *Überlieferungsgeschichtliche Studien* 63.
12 Ebd. 63.
13 Vgl. VEIJOLA, *Dynastie* 10-13. Zu 1 Sam 25 vgl. ebd. 47-51, zu 2 Sam 3,9f ebd. 59f.
14 Als Beispiel einer ins Detail gehenden Auseinandersetzung mit VEIJOLAS Analyse der Abigail-Erzählung vgl. CAMPBELL, *Prophets* 58-60, vor allem Anm. 94.
15 Zum Begriff vgl. SKA, *Fathers* 8f.

tümlich unverbal verlaufenen Salbung des Hirtenjungen David und einigen auf konkrete Einzelanfragen Davids hin ergangenen Einzelorakeln gar kein weiteres Orakel an David selbst gegeben habe, daß sich vielmehr allein aufgrund dieser Fakten langsam im Angst- und Wunschdenken der Beteiligten die Überzeugung von einem solchen Orakel geformt hat und von manchen von ihnen dann politisch-strategisch eingesetzt wurde[16].

Die Berufungen auf Davids Legitimationsorakel stehen fast stets an Höhepunkten der Ereignisse, oft auch an sehr emotionalen Stellen. Selbst der Totengeist Samuels wird eingespannt. David selbst bekennt sich erst in 2 Sam 6,21, bei seiner Antwort an die ihn verspottende Saulide Michal, zu seiner göttlichen Erwählung. Dabei spielt er sowohl auf das grundlegende Samuelswort in 1 Sam 13,13f (לצות אתי נגיד על־עם יהוה) als auch auf 1 Sam 16,1-13 an (אשר בחר־בי - בחר ist dort Leitwort). Auch an den anderen Stellen, wo ein Legitimationsorakel erwähnt wird, gibt es rückverweisende Wortanklänge.

WEISERS Verdikt, daß der Verfasser, »wenn ihm ein festgeprägtes, konkretes Jahwewort bekannt gewesen wäre, er es ähnlich wie das von ihm dreimal erwähnte Siegeslied ... im Wortlaut gebracht hätte«[17], ist vielleicht etwas zu grobschlächtig angesichts der subtilen narrativen Technik dieser Texte. Es denkt schon in den Kategorien der rauhbeinigeren und geradlinigeren, stärker direkt juristisch-theologisch argumentierenden deuteronomistischen Erzählweise.

Auf deuteronomistischer Redaktionsstufe muß man in der Tat fragen, wo ein später zitiertes Orakel vorher erzählt war. Die Deuteronomisten werden sich, wenn sie vorgegebene Erzählungen bearbeitet haben, auch selbst gefragt haben, ob diese ihrer eigenen Erzähltechnik einigermaßen gerecht werden. Sie konnten sich dann vielleicht gezwungen sehen, an der rechten Zeitstelle noch einen Bezugstext einzubauen. In der Natansverheißung werden sie mindestens die Zusage des Tempelbaus durch Salomo eingebaut haben. Oder sie konnten zur Meinung kommen, der vorhandene Textbestand liefere genügend Haftpunkte.

Einer derartigen, deuteronomistischen Bearbeitern sich notwendig stellenden Frage und ihrer Handhabung auf deuteronomistischer Stufe wollen die folgenden Überlegungen nachgehen. Dabei werden die deuteronomistischen Textzuteilungen von VEIJOLA übernommen. Es wird also damit gerechnet, daß die Deuteronomisten ihre narrative Vorstellung durch ergänzende Eingriffe in den Text verwirklichten. Wie sahen sie dann in ihrem Text das Verhältnis Verheißung-Erfüllung?[18]

---

16 Vgl. einige Beobachtungen zur »zeitlichen Versetzung« in der biblischen Erzählung bei STERNBERG, Poetics 378-380.

17 »Legitimation« 339.

18 Meine frühere Auskunft in LOHFINK, »Orakel« 366 Anm. 43, die für die deuteronomistische Stufe nur von 1 Sam 16,1-13 als Basis der Legitimationsaussagen für David sprach, möchte ich durch das folgende etwas erweitern. 1 Sam 13,13f ist deuteronomistisch mindestens ebenso wichtig wie 1 Sam 16,1-3. In LOHFINK, עם יהוה 287 Anm. 52, hatte ich nur historisch gefragt.

In beiden hier zur Debatte stehenden Texten werden die rückverweisenden Sätze nicht mit אשר eingeleitet. In 1 Sam 25,30 steht ככל אשר, in 2 Sam 3,9 כאשר. Man kann also mit eher lockerer Entsprechung zu eventuellen Bezugstexten oder mit in diesen nur implizit enthaltenen Aussagen rechnen.

Abigail beruft sich in ihrem Satz in 1 Sam 25,30 (der ein »Rückverweis« für den zuhörenden David, ein »literarischer Rückverweis« für den Leser wäre) auf Samuels Wort an Saul in 1 Sam 13,13f. Die Wortentsprechungen sind eindeutig: Das Verbum ist in beiden Fällen צוה, David wird zugesagt, er werde zum נגיד על עמו \ על ישראל. Daß Samuel in 1 Sam 13 über David sprach, geht aus dem Text dort natürlich nicht hervor. Es ist innerhalb unseres jetzigen biblischen Textes aber aufgrund der bald darauf erzählten Salbung Davids durch Samuel selbstverständlich, obwohl in 1 Sam 16,1-13 nicht das Wort נגיד fällt, sondern von Königssalbung gesprochen wird[19]. Die Ereignisse laufen auch darauf hin: Jonatan hat es schon realisiert (1 Sam 23,17), selbst Saul hat es zugegeben (1 Sam 24,21).

Samuel sagt in 1 Sam 13,14 nicht futurisch, Jahwe *werde* sich einen Mann nach seinem Herzen aussuchen und ihn als נגיד einsetzen, sondern die Verbfolge בקש ... ויצוהו ... ist entweder vergangenheitlich (Jahwe hat es schon getan) oder performativ (hiermit tut er es)[20]. Wenn Abigail die Bestallung Davids zum נגיד als etwas Zukünftiges, erst Verheißenes betrachtet, so muß man daran denken, daß das Verb צוה zumindest in deuteronomischer Sprache verschiedene aufeinander folgende Bestallungsakte für die gleiche Funktion bezeichnen kann[21]. Eine bei Jahwe selbst schon geschehene Bestallung Davids zum נגיד kann also durchaus mit einer erst später in die Sichtbarkeit tretenden zusammengedacht werden.

In 1 Sam 25,30 ist auch klar gesagt, daß das von Abigail gemeinte Wort nicht *an* David erging, sondern *über* (על) David. Auch das deutet auf 1 Sam 13,13f als Hauptbezugstext. 1 Sam 13,13f ist nach der Auffassung von VEIJOLA seinem »DtrG« zuzuteilen[22], von dem nach ihm auch 1 Sam 25,30 stammt.

Auch der im Zorn ausgesprochene Schwur Abners in 2 Sam 3,9f hat 1 Sam 13,13f als Bezugstext. Der Nachweis ist etwas schwieriger, weil der Vers 13,14, welcher nur aus infinitivischen Aussagen besteht, den Inhalt des 13,13 genannten Jahweschwurs nicht direkt angibt, sondern das, was Abner nun in Entsprechung zu diesem Jahweschwur zu tun schwört. Es gibt eine Entsprechung – aber die ist lok-

---

19 Vgl. in 1 Sam 13,13f das zweimalige ממלכה. Die Begriffe gehören also zumindest in den Spätphasen des Textes, von denen hier zu sprechen ist, zueinander.

20 Die Septuaginta hat futurische Aussagen. Doch das sind eher Vereinfachungen im Blick darauf, daß erst in 1 Sam 16 die Salbung Davids folgen wird, vielleicht sogar speziell im Blick auf 1 Sam 25,30.

21 Vgl. Dtn 3,21.28; 31,14.23; Jos 1,9; 13,6. Es geht stets um Josuas Amtseinsetzung. Doch es sind mindestens drei, wenn nicht vier verschiedene Akte oder Phasen des Geschehens gemeint.

22 VEIJOLA, *Dynastie* 55-57.

kerer, weil alles auch stark vom Kontext her formuliert und schon auf das geplante Handeln Abners ausgerichtet ist.

Daß etwa vom »Hause Sauls« gesprochen wird, hängt daran, daß שאול בית in Opposition zu דוד בית seit 3,1 das Leitmotiv ist (vgl. 3,1.6.8; vorher schon 1 Sam 20,15; 24,22). Daß das Hifil von עבר benutzt wird, macht deutlich, daß nun eine Gegenhandlung zu der unter Verwendung des gleichen Verbs erzählten Handlung von 2,8f angekündigt wird. Nach dem dortigen Text hatte Abner Ischbaal über den Jordan nach Mahanajim »hinübergeführt« (ויעברהו) und zum König gemacht (וימלכהו). Nun beschließt er, das Königtum vom Hause Saul »hinüberzuführen« (להעביר) auf ein anderes »Haus«. Die in der Davidsgeschichte erstmalige Rede vom »Thron« (כסא) Davids mag schon die Verwendung dieses Wortes als thematisches Leitwort in den ersten Kapiteln von 1 Könige strategisch vorbereiten. Die detaillierten Angaben des Herrschaftsbereichs Davids entsprechen den detaillierten Angaben des Herrschaftsbereichs Ischbaals in 2,9.

Fragt man trotzdem zurück, ob es ein Gotteswort gab, welches das, was Abner jetzt ins Werk setzen will, ansagt, sollte man zunächst einmal feststellen, daß auch die Thematik von 1 Sam 13,13f nicht etwa nur die der Ablösung Sauls durch einen anderen König, sondern die des Dynastiewechsels war – obwohl das Wort בית dort nicht fällt[23]. Samuel sagt Saul in 13,13, wenn er gehorsam gehandelt hätte, hätte Jahwe jetzt bei dieser Gelegenheit (עתה) seine Königsherrschaft über Israel für ewig gefestigt (עד־עולם)[24]. Das bedeutet, Saul hätte eine Dynastiezusage erhalten. Dann heißt es: ועתה ממלכתך לא־תקום. Das Wort קום kann in diesem Zusammenhang nur die Dauer der Dynastie meinen: Deine Herrschaft wird nicht über die Generationen hinweg »dauerhaft bestehen«.

Auf diese Formulierung greift nun Abner in 2 Sam 3,10 zurück, wenn er es in seinem Zorn Ischbaal gegenüber als seine Absicht bezeichnet, להעביר הממלכה מבית שאול ולהקים את־כסא דוד. Der Zusammenhang der beiden Formulierungen wird noch dadurch gesichert, daß in 1 Sam 24,21 ein Wort Sauls an David, das die gleiche Thematik berührt, eine Art narratives Brückenglied bildet, in dem sich ebenfalls das Verb קום und die Wendung ממלכת ישראל finden[25].

Wenn trotzdem in der Literatur im allgemeinen nicht daran gedacht wird, daß 2 Sam 3,9f auf 1 Sam 13,13f zurückgreife, dann zweifellos vor allem deshalb, weil Abner von einem »Schwur« Jahwes spricht. Wir haben hier ironischerweise das gleiche Problem wie im Pentateuch. Dort scheinen die alten Patriarchenerzählungen der Genesis bei der Landverheißung nur von »Worten« Jahwes zu sprechen, aber schon einige Stellen im Tetrateuch und vollends das Deuteronomium sprechen in ihren Rückverweisformeln von einem Schwur. In beiden Fällen steht für »Schwören« das Verb שבע.

---

23 Autoren, die das sehen und betonen, benennt MOMMER, *Samuel* 141 Anm. 34.
24 Zu der wegen zweier Elipsen nicht ganz leichten Syntax von 13,13f vgl. KEIL, *Bücher Samuels* 105.
25 Nach VEIJOLA, *Dynastie* 99, ist auch 1 Sam 24,21 »DtrG« zuzurechnen.

Ich will jetzt nicht auf die Fragen eingehen, die den Pentateuch betreffen – obwohl man bei ihrer Diskussion vielleicht auch einmal auf 2 Sam 3,9 achten sollte. Ich komme aber im Schlußwort noch einmal auf das Thema zurück.

Was 2 Sam 3,9 angeht, so sehe ich zumindest mehrere Gesichtspunkte, die verständlich machen können, daß hier auf 1 Sam 13,13f zurückverwiesen wäre, obwohl dort שבע nicht steht: 1. Abner ist selbst am Schwören. Wenn er sich auf ein Gotteswort beruft, dann muß dieses, um seine eigene Leidenschaft tragen zu können, ja wohl auch so etwas wie die Feierlichkeit und Unwiderrufbarkeit eines göttlichen Schwurs haben. So ist leicht zu begreifen, warum er das Gotteswort, das er meint, zu einem »Schwur« emporsteigert[26]. Eine Verwandlung einer Verheißung in einen Schwur liegt auch nicht allzu fern, denn: 2. In einem kulturellen Kontext, der von Feudaldenken bestimmt ist, ist die Belehnung eines Vasallen durch einen Suzerän wohl stets mit Eidesleistungen verbunden zu denken. Jahwe steht in der Welt der Davidserzählungen gegenüber dem König von Israel aber offenbar in einer solchen Position. Es ist ja auch bezeichnend, daß Abigail in 1 Sam 25,30 an die טובה erinnert, die Jahwe David zugesprochen habe. Auch dies scheint ein Stichwort aus der feudalen Sprache zu sein[27]. 3. Die genaue Tragweite der Aussagen von 1 Sam 13,13f ist zwar nicht deutlich. Aber es scheint doch so zu sein, als hätte, wenn Saul nicht versagt hätte, irgendeine feierliche Dynastiezusage gemacht werden sollen. Entsprechendes gilt dann für den genannten Ersatz, nämlich die Einsetzung eines andern. Daher kann man schon die in 1 Sam 13,14 durch Samuel abgegebene Erklärung als Mitteilung über einen Schwur Jahwes zugunsten Davids interpretieren, sobald dann durch 1 Sam 16 und andere Texte klar ist, daß es sich um David handelt. 4. Es mag hinzukommen, daß zumindest in deuteronomistischer Zeit aufgrund bekannter kultischer Traditionen über einen Schwur Jahwes an die Davididen überhaupt kein Problem bestand, ein dynastiegründendes Wort Jahwes über David als Schwur zu interpretieren. Ich spreche ja jetzt unter der Annahme, es handle sich in 2 Sam 3,9f um einen deuteronomistischen Text.

So scheint mir im ganzen auch das Wort שבע in 2 Sam 3,9 nicht auszuschließen, daß hier auf 1 Sam 13,13f zurückverwiesen wird.

Die beiden Rückverweise in 1 Sam 25,30 und 2 Sam 3,9 haben also auf deuteronomistischer Stufe in der vorauslaufenden Erzählung durchaus einen Bezugspunkt. Warum behauptet VEIJOLA so sicher, hier und in mehreren anderen nach ihm deuteronomistischen Stellen werde »auf eine göttliche Willenskundgabe verwiesen, ohne daß man eine Stelle angeben könnte, die der Verfasser dabei im Sinn gehabt

---

26 Eine solche psychologische Feinheit würde besser zu einer alten Erzählung als zu einem deuteronomistischen Einschub passen. Ich selbst rechne alles ja auch zur vorgegebenen Erzählung. Aber VEIJOLAS Deuteronomist scheint sich ja dem Stil seiner ergänzten Quellen ziemlich angeschmiegt zu haben. So hat der Gedanke hier vielleicht doch auch noch sein Recht.

27 Vgl. die Interpretation von דבר טובה bei MCCARTER, *I Samuel* 399: »To speak a good word, said of a suzerain, suggests the initiation of a covenant relationship.« Er vergleicht 2 Sam 7,28.

hätte«? Er vermißt offenbar eine *formelle* »Verheißung, die sich auf David und seine Dynastie bezieht«, also einen feierlichen, *in eine Prophetenszene eingebetteten* Text, wie etwa später die Natansverheißung[28]. Außerdem müßte diese Verheißung nach seinem Gefühl wohl *an David persönlich* ergangen sein. Der Gedanke, auch für einen deuteronomistischen Autor habe ein Wort Samuels an Saul, das nur von einem Mann nach dem Herzen Gottes sprach und dessen Referenz auf David sich dann erst durch den geschilderten Geschichtsverlauf, vor allem auch durch die Salbung Davids in 1 Sam 16,1-13, zeigte, als literarische Bezugsbasis genügt, scheint ihm nicht zu kommen. Muß man aber von einem Deuteronomisten wirklich mehr verlangen?

Vermutlich genügt die hier herausgearbeitete Basis der Rückverweise VEIJOLA vor allem auch deshalb nicht, weil er 1 Sam 16,1-13 gar nicht zu den Bestandteilen des grundlegenden deuteronomistischen Geschichtswerkes rechnet. Er nimmt nämlich an, die Erzählung von Davids Salbung sei erst später, vermutlich erst durch »DtrP«, eingefügt worden. Das beweist er in dem von RÖMER herangezogenen Buch allerdings nicht, sondern hält es nur mit Fragezeichen in einer Anmerkung für »wahrscheinlich«[29]. DIETRICH, von dem er die Theorie eines »DtrP« übernimmt, hatte sich damals, als VEIJOLA sein Buch veröffentlichte, noch nicht zu 1 Sam 16,1-13 geäußert[30]. Inzwischen hat er in 1 Sam 16,1-13 zwar durchaus die Hand von »DtrP« entdeckt, aber ebenfalls eine ältere Schicht, die sogar schon vordeuteronomistisch in der »Aufstiegsgeschichte Davids« stand[31].

Um hier nicht noch weiter ins Detail zu gehen, sei einfach festgestellt: Selbst die These, 1 Sam 25,30 und 2 Sam 3,9 hätten auf deuteronomistischer Ebene keine Basis in vorauslaufenden Texten, läßt sich ernsthaft bestreiten, zumindest, sobald man sich nicht schon auf eine Auffassung von 1 Sam 16,1-3 eingelassen hat, die sogar zwischen denen, welche die keineswegs allgemein aufgenommene Hypothese eines »DtrP« vertreten, umstritten ist.

Im ganzen: RÖMER hat die Ergebnisse des ersten Teils der Arbeit von SKWERES falsifizieren wollen, indem er in Anlehnung an ein Buch von VEIJOLA sagte, ein Blick auf das deuteronomistische Geschichtswerk lasse es »äußerst fraglich erscheinen, daß jeder dtr ,Rückverweis' auf bekannte Texte aufmerksam machen will« (229). Dieses Gegenargument hat sich bei näherem Zusehen als eine für den wirk-

---

28 Beide Zitate: VEIJOLA, *Dynastie* 133.
29 VEIJOLA, *Dynastie* 102 Anm. 156. Nach einem späteren Buch ist 1 Sam 16,1-13 »*bekanntlich* ein junges Gebilde«: VEIJOLA, *Königtum* 70 Anm. 124, unter Verweis auf diese Anmerkung (Kursivsetzung von mir). In einem dritten Buch gibt er Gründe für seine Ansetzung an: VEIJOLA, *Verheißung* 69-72. Zu seinem Hauptargument, den wenigen Rückbezügen auf das Element der Salbung Davids im deuteronomistischen Geschichtswerk, vgl. neuestens MOMMER, *Samuel* 184f, der mit guten Kontextbeobachtungen die Erzählung der Aufstiegserzählung zuteilt.
30 DIETRICH, *Prophetie*, geht nur über die Königsbücher.
31 DIETRICH, *David* 73-81.

lichen Argumentationszusammenhang kaum ins Gewicht fallende Einlassung erwiesen, und es beruht überdies auf einer argumentativ recht schmalbrüstigen Sonderauffassung eines einzigen Autors. Ich glaube, wenn sich nicht *mehr* gegen SKWERES sagen läßt als das, wird man vorläufig bei seinen Grundansätzen bleiben müssen und höchstens über die einzelnen Texte und deren Erklärung mit ihm diskutieren können. Eine »*petitio principii*« kann man seiner Argumentation auf keinen Fall vorwerfen.

Erst recht nicht dürfte man VEIJOLAS Annahmen über die fehlende Basis der Rückverweise auf eine Dynastiezusage an David in den Samuels- und Königsbüchern zu einem tragenden Pfeiler der eigenen Pentateuchhypothese machen.

Abschluß

Jeder Text rechnet mit dem Gedächtnis des Lesers. Auch diese Abhandlung, so sehr sie gegen Ende in Textanalysen hineingeraten ist und dabei sogar den Bereich des Deuteronomiums verlassen hat, darf damit rechnen, daß dem Leser dennoch von den Anfängen her bewußt ist, worum es im ganzen ging: nur um THOMAS RÖMERS Thesen zur Referenz von אבות im Deuteronomium, und nur um eine Überprüfung seiner Argumente, nicht um die Erstellung und Begründung einer konkurrierenden These.

Doch jeder Text muß auch mit der Fantasie des Lesers rechnen. Sie läßt sich nicht an den Zaun, den der Autor gezogen hat, binden. Sie überspringt ihn und denkt in unserem Fall mit Sicherheit längst darüber nach, wie es denn mit der Pentateuchfrage steht, wenn RÖMERS These also nicht zu halten sein sollte und die unterwegs gemachten Beobachtungen zutreffen.

So bin ich wohl doch verpflichtet, wenigstens mit einigen Strichen das zu zeichnen, was ich von den behandelten Texten des Deuteronomiums her zum Pentateuch sagen kann. Ich will dabei nur Dinge erörtern, die sich aus dem Besprochenen ergeben. Man erwarte keine Pentateuchtheorie.

Zunächst: Man darf, ohne mit irgendeinem Text in Widerspruch zu geraten, im historischen Vorfeld der uns erhaltenen biblischen Literatur durchaus mit verschiedenartigen, mündlich oder auch schon literarisch verbreiteten Landverheißungstraditionen rechnen. Einige können an den Patriarchennamen gehaftet haben, eine kann mit Mose oder den Exodusleuten verbunden gewesen sein, und vielleicht gab es auch vage formulierte, die von »Vorfahren« Israels sprachen, ohne sie näher zu bestimmen (hebräisch: אבות). Ob bei Abraham, Isaak, Jakob und Mose das Wort אב benutzt wurde oder nicht, läßt sich nicht feststellen. Es wird andererseits Traditionen über die Patriarchen und über Mose gegeben haben, in denen das Thema »Landverheißung« gar nicht vorkam. Warum sollten Abraham, Isaak und Jakob nicht relativ früh von manchen Traditionsträgern sogar zu »autochthonen« Figuren stilisiert worden sein (vgl. RÖMER 393)? Bei Mose ist das allerdings unwahrscheinlich.

Ich zähle diese Möglichkeiten auf, um zu sagen, daß ich nichts davon ausschließen möchte. Es sind Möglichkeiten. Beweise fehlen uns zum Beispiel völlig für die Existenz einer vorliterarischen Tradition von einer Landverheißung an ägyptische Vorfahren der Exodusleute[1]. Selbst an Beweisen für die Tradition von einer Landverheißung an eine mit dem Plural אבות bezeichnete Exodusgeneration hapert es. Ex 3 kennt nur Mose als Verheißungsempfänger. Wo man vielleicht die

---

1 Auch Ex 13,5.11; Num 11,12; 14,23 kommen als Belege für eine solche Tradition nicht in Frage. Sie stammen frühestens aus Systematisierungsarbeit an Erzählungszusammenhängen. Diese Arbeit ist protodeuteronomischer oder deuteronomistischer Art und schließt schon die Patriarchenerzählungen der Genesis ein.

ganze Exodusgeneration als Verheißungsempfänger heraushören kann, fehlt das Wort אבות (Num 14,16[2]; Dtn 31,23) oder dient sogar einer anderen, abgehobenen Aussage (Ex 13,11 [3] כאשר נשבע לך ולאבתיך)[4]. Bei theologischen Entwürfen wie denen im Jeremia- oder Ezechielbuch weiß man nie, ob sie ältere Traditionen weiterführen oder nicht schon ihnen vorausliegende Großsynthesen reduktiv abwandeln, etwa die des Deuteronomiums.

Noch weniger als die Möglichkeit verschiedenartiger alter Landverheißungstraditionen darf bezweifelt werden, daß die Geschichte Israels in den uns zur Verfügung stehenden biblischen Schriften oft vom Exodus, nicht von den Patriarchen her entworfen wird. Das ist zum Beispiel in den tragenden Aussagesystemen des Jeremiabuches und des Ezechielbuches der Fall. RÖMER hat das ausführlich von neuem bewiesen (395-520), wobei das Neue vor allem darin besteht, daß er als Leitfaden seiner Untersuchung den Plural אבות benutzt hat.

Eine andere Frage ist allerdings, ob in solchen Fällen ein Stadium der Geschichte des altisraelitischen Denkens bezeugt wird, *vor* welchem Patriarchen-Israel und Exodus-Israel noch niemals theologisch miteinander verbunden gewesen waren, ob also vorher grundsätzlich und überall nur getrennte theologische Israel-Konzeptionen nebeneinander existierten.

Die andere Möglichkeit ist, daß es durchaus schon Synthesen gab, daß aber Propheten und Theologen auch dann noch frei waren, in den von ihnen zu bewältigenden Situationen bewußt von einem einzigen und bestimmten Traditionsansatz aus zu formulieren und zu argumentieren. Oder, wie RÖMER es sagt, je nach Bedarf »verschiedene Ursprungsmythen« herzustellen (393). Selbstverständlich lag im Babylonien des Exils eine Exodus-Argumentation näher, besonders, wenn eine Gegenpartei aus Abraham das Symbol eines autochthonen Israel gemacht hatte (vgl. Ez 33,24). Aber schon das viel ältere Hoseabuch denkt in seinem ersten Teilstück Hos 1 – 3 ganz von Exodus und Wüstenzeit her, *obwohl* zugleich sein letztes Teilstück Hos 12 – 14 Jakob und Mose aneinander mißt. Was beweist, daß die Buchverfasser, wenn nicht Hosea selbst, über beide Traditionen je nach Bedarf ver-

---

2   RÖMER 557 nennt auch Num 14,23, doch ist mir nicht klar, wieso das geht.

3   In Ex 13,11 gibt es auch noch ein textkritisches Problem. Die Septuaginta hat nichts, was לך ו entsprechen würde. Eine Angleichung an Ex 13,5 ist unwahrscheinlich, da die Septuaginta in Exodus nicht kürzend, sondern eher ausweitend angleicht. WEVERS, *Notes* 199, meint, hier habe die Septuaginta den masoretischen Text korrigiert: »after all the divine oaths were to the patriarchs and not to the people themselves; cf 68.« Letzteres trifft zwar im Buch Exodus zu, aber vgl. Num 14,16; Dtn 31,23. Für die Interpretation wäre auch noch zu beachten, daß כאשר (und nicht אשר) steht.

4   Die Frage nach der Bezeugung mündlicher Traditionen stellt sich bei diesen drei Texten natürlich nur, wenn man sie als protodeuteronomisch betrachtet – die augenblickliche *opinio communis* hält sie eher für späte deuteronomistische Pentateuchbestandteile. So auch RÖMER 555 (Exodus- und Numeritexte).

fügen konnten[5]. Trotzdem konnte weithin einfach vom Exodus aus gedacht werden. Das Buch hat auch keine »Symbiose« beider Ansätze angestrebt.

Daß eine solche »Symbiose« zwischen einer Patriarchen- und einer Exodustheologie erst im »(früh)-nachexilischen« Mi 7,20 bezeugt sei (538)[6], ist jedoch nur dann vertretbar, wenn man den Deuteronomiumsbefund schon im Sinne von RÖMER interpretiert hat. In Wirklichkeit wurde diese Symbiose im Buch Deuteronomium theoretisch formuliert – narrativ könnte sie noch früher, nämlich schon in älteren Pentateuchstadien, vorhanden gewesen sein.

Zu Mi 7,20: Der Schlußhymnus des Michabuches 7,18-20 baut sich über tragendem Wortmaterial von Ex 34,6f auf. Das ist in den neueren Kommentaren in Vergessenheit geraten. Spezifisch deuteronomische Aussagen treten nicht hervor. Der Schwur an die Vorfahren (אשר נשבעת לאבתנו) ist, nimmt man die Anspielungen auf Ex 34 ernst, wohl die Bundschließung, von der Ex 34 berichtet. »Bund« implizierte einen Schwur. Nicht nur die »gegenwärtige Generation«[7], sondern alle Generationen, und so auch die Sinaigeneration von Ex 34, werden mit Jakob und Abraham identifiziert. Selbstverständlich zeigt das Wort שבע, daß auch der deuteronomistische Zungenschlag vertraut ist. Aber wir sind jenseits einzelner Sprachsysteme.

Für das Deuteronomium selbst müssen verschiedene Phasen seiner Textgeschichte unterschieden werden. Abgesehen von der ersten läßt es sich weder auf die Formel eines Patriarchen-Israel noch auf die eines Exodus-Israel bringen.

Jene Fassung des Deuteronomiums, die unter Joschija im Tempel gefunden und zur Basis eines Bundesschlusses gemacht wurde (2 Kön 22 – 23), war wohl noch reines Gesetz ohne narrative Einbettung. Doch wird die Überschrift gelautet haben: אלה העדת אשר דבר משה אל־בני ישראל בצאתם ממצרים (Dtn 4,45*[8]). Die Rede vom Auszug aus Ägypten hatte wohl einen recht generellen Sinn: »Das ist der Bundestext, den / die Lehre, die Mose den Israeliten *am Anfang ihrer Geschichte, damals, als sie aus Ägypten auszogen,* mitgeteilt hat.« In diesem recht vagen Sinne hatte das Joschijagesetz ein Exodus-Israel vor Augen. Von einer Gesetzgebung am Horeb war noch keine Rede. Auch trat dieses Gesetz wohl als Jahwewort, nicht als Moserede auf[9].

Der Auszug aus Ägypten könnte auch innerhalb des Gesetzes genannt gewesen sein, etwa in den Paschavorschriften (16,1.3.6) oder in Motivsätzen, die auf Ägypten zurückwiesen (15,15; 16,12) – falls diese Formulierungen sich schon im Gesetz Joschijas befanden. Für diese Nennungen muß jedoch nicht die Kenntnis einer Frühform des Pentateuchs postuliert werden. Der auf jeden Fall vorauszusetzende

---

5 RÖMER klassifiziert Hos 12 als »hoseanisch« (532 Anm. 243). Ich spreche nur vom Hoseabuch, das nach meiner Auffassung wohl in Juda in hiskianischer Zeit zusammengebaut wurde.

6 RÖMER spricht im Sinne seiner These von einer »Patriarchen- und dtr Vätertheologie«.

7 RÖMER 538, in einem Zitat von H. W. WOLFF.

8 Vgl. LOHFINK, »'d(w)t« 89-93.

9 Vgl. LOHFINK, »Jahwegesetz«.

Bundestext, den wir aus Ex 34 kennen, und das noch unabhängige Bundesbuch, das ebenfalls vorauszusetzen ist[10], genügten dafür völlig[11]. Wir kämen mit vorliterarischer Kenntnis dieser Texte aus. Ob in dem Gesetzbuch noch hinter den Exodus zurückgeblickt wurde, ist eher fraglich. Dafür kommen höchstens zwei Texte eventuell in Frage: eine denkbare Vorform des Gesetzes von Dtn 26,1-11, und dann noch Dtn 6,10ff.

Falls sich das Credo von 26,5-9 schon im Joschijagesetz befunden haben sollte, kam in dessen Geschichtsentwurf nur ein einziger Ahn in den Blick (26,5). Er zog nach Ägypten hinab. Ein Name fällt nicht. Diese Formulierung könnte in einem hier verarbeiteten Darbringungsgebet vorgegeben gewesen sein. Aber auch das Modell des Mittelteils des Credo, das uns noch in Num 20,15f erhalten ist[12], sagt nur: »Unsere Väter sind nach Ägypten gezogen.« Es spricht zwar im Plural, greift aber nicht weiter zurück als Dtn 26,5. Wir kämen also nicht konkret bis zu den drei Patriarchen der Genesis.

Darüber, ob sich 6,10ff schon im joschianischen Gesetz befand, wird man zumindest wenig Sicherheit erreichen können[13]. Auch wenn der Text sich darin befand, ist noch nicht klar, daß er die Kenntnis einer Frühform unserer Genesis voraussetzt. Er kann die drei Namen auch in mündlichen und kultischen Traditionen vorgefunden haben. Sie können schließlich aus einem damals noch nicht im jetzigen Zusammenhang existierenden Jos 24 abstrahiert sein[14].

---

10 Vgl. BRAULIK, *Deuteronomium 1 - 16,17* 10. Zur rechten Richtung der Abhängigkeit zwischen Bundesbuch und Deuteronomium vgl. zuletzt LOHFINK, »Bearbeitung«.

11 Die Frage ist allerdings, ob das Bundesbuch damals nicht schon die uns aus dem Buch Exodus bekannten Auszugserzählungen in ihrem älteren Bestand voraussetzte. Doch das kann hier offenbleiben.

12 Ich bleibe für das historische Credo bei den Ergebnissen von LOHFINK, »Credo«. Weder MITT-MANN, »Num 20,14-21«, auf den RÖMER sich beruft, noch RÖMERS eigene Ausführungen (551) können mich überzeugen, daß Num 20,15f von Dtn 26,5-9 abhänge. MITTMANN kannte meine Arbeit noch nicht, als er seinen Beitrag schrieb. Er hat das ausdrücklich in einem »Nachtrag« (149) gesagt. RÖMER kannte sie (vgl. 67 Anm.309). Ich hätte erwartet, daß er sich mit meiner Argumentation kritisch auseinandersetzt, wenn er sich schon aufgrund von MITTMANN berechtigt glauben konnte, die Argumentation bei CARMICHAEL, »Creed«, mit einem »anders z.B. C. Carmichael« (551 Anm.389) für erledigt zu erklären und WASSERMANN, »Credo«, überhaupt nicht zu erwähnen. Ich glaube nicht, daß die berechtigte Kritik MITTMANNS an CARMICHAEL (147 Anm.38) auch gegenüber meinen Ausführungen greifen würde. BLUM, *Studien*, 120 Anm.79, macht es sich einfach. Er sagt, ich weise für Dtn 26 die Abhängigkeit von Num 20 nicht nach, sondern setze sie voraus. Das ist *seine* Behauptung. Ich lese meinen Text anders. Dann meint er, die Deutungen ließen sich, wie MITTMANN nachgewiesen habe, »ohne weiteres umkehren«. MITTMANN kannte meine Studie noch nicht, vgl. oben. Ich glaube, das von MITTMANN gegen CARMICHAEL aufgestellte methodische Postulat für die hier nötige Beweisführung zu erfüllen. Ich würde mir in dieser ganzen Diskussion etwas weniger Orakel wünschen. Inzwischen wäre auch noch KREUZER, *Frühgeschichte*, zu erwähnen.

13 Vgl. oben im 4. Kapitel bei der Diskussion von 6,10.

14 Vgl. den zweifelsfrei gegebenen Zusammenhang zwischen Dtn 6,10b.11 mit Jos 24,13, für den KOOPMANS, *Joshua 24*, 333-335, eine Abhängigkeitsrichtung von Jos 24 zu Dtn 6 annimmt. Fer-

Völlig anders wird die Situation, blickt man auf das deuteronomistische Deuteronomium. Zu seinem frühen, vermutlich schon joschijanischen Text rechne ich den Grundbestand von Dtn 1 – 3, von Dtn 5, Dtn 9f, Dtn 31 und Dtn 34 – also die Masse der narrativen Texte im Deuteronomium[15]. Zugleich jedoch vieles in den paränetischen und legislativen Texten, vor allem auch die Neustilisierung des ganzen Gesetzes als Moserede kurz vor der Landeroberung. In diesem Großtext ist nun das Thema »Land« zentral, und mit ihm wohl auch sofort die Theorie von der Verheißung des Landes durch einen Schwur an die Vorfahren.

Da es RÖMER nicht gelungen ist, an der ersten Stelle, wo von diesem Schwur die Rede ist, die Namen Abraham, Isaak und Jakob als sekundär zu erweisen, bleibe ich, wie gesagt, bis zur Nachlieferung besserer Beweise dabei, daß in dieser Schicht des Deuteronomiums bei den אבות, denen das Land zugeschworen wurde, an die uns aus der Genesis bekannten Patriarchen gedacht war und daß die Adressaten das auch verstanden. Am Ende meines 5. Kapitels hatte sich eine Minimalliste von relevanten Belegen aus dieser Schicht ergeben: 1,8.21.35; 10,11; 30,20; 34,4.

Im deuteronomistischen Deuteronomium wurde ein Israel entworfen, dessen Geschichte schon mit diesen Vorfahren begann. Es ist also nicht mehr ein Exodus-Israel. Man kann es, wenn man will, als ein Patriarchen-Israel bezeichnen. Aber eigentlich sind beide Bezeichnungen falsch. Sieht man sich das narrative Gefüge genau an, dann handelt es sich um ein Horeb-Israel. Die Geschichte wird vom Horeb an erzählt, wobei durch den Einsatz des auktorialen Erzählertextes am Todestag Moses die diesem Zeitpunkt vorausliegende Geschehenskette zwischen Horeb und Moab von Mose selbst innerhalb der Erzählung nachholend erzählt werden muß. Das ermöglicht es, sogar zweimal beim Horeb zu beginnen. Einmal beim Aufbruch vom Horeb (Dtn 1), dann, noch weiter zurückgreifend, bei Theophanie und Bundesschluß am Horeb (Dtn 5, mit Fortsetzung in Dtn 9f). Da Mose dann auch noch unter Beanspruchung erheblicher Erzählzeit den gesamten am Horeb mitgeteilten Gotteswillen referiert, wird der Horeb zur eigentlich determinierenden Realität für das Israel des Deuteronomiums und der Deuteronomisten. Am Horeb ereignete sich der יום הקהל, von dem her das Israel des Deuteronomiums existiert. Die von Mose in 5 – 28 vorgetragene, vom Horeb mitgebrachte »Tora«

---

ner ACHENBACH, *Israel* 182-184.

15 Vgl. LOHFINK, »Kerygmata«, 92-96. Ich bin mir bewußt, daß meine Zuteilung ziemlich weitgehender Textbestände aus diesen Kapiteln an die älteste deuteronomistische Schicht nicht überall geteilt wird und daß man selbst da, wo am deuteronomistischen Charakter der Texte nicht gezweifelt wird, oft lieber mit einem schmalen Grundbestand und vielen, ihn allmählich auf den jetzigen Umfang bringenden sogenannten »Fortschreibungen« rechnet. Doch selbst, wenn die Sätze vom Väterschwur nach solchen komplizierteren Vorstellungen noch nicht im allerersten Bestand waren, sie blieben auch da nicht lange aus. Zumindest im Gespräch mit RÖMER, der hier nicht weiter differenziert, kann ich auch ohne zusätzliche Rechtfertigung bei einem ersten Deuteronomisten bleiben.

wird außerdem noch mit einem Gewicht versehen, das keineswegs dem ganzen Geschichtswerks zukommt. Die Hörer Moses, indirekt also die Leser des Geschichtswerks, werden nämlich in 6,6-9 verpflichtet, »diese Worte« auswendigzulernen und vom Aufstehen bis zum Schlafengehen, zu Hause und in der Öffentlichkeit meditierend vor sich hin zu murmeln[16]. In jedem Sabbatjahr soll nach 31,10-13 der gleiche Text am Herbstfest vor der vollen Versammlung Israels festlich proklamiert werden[17]. Stärker kann man Israel wohl kaum zu einem Horeb-Israel machen.

Sowohl der Exodus als auch die Vorfahren, die die Verheißung des Landes erhielten, treten nicht in direkter Erzählung, nicht einmal in nachholender Erzählung ins Wort. Sie werden nur rückblickend erwähnt – das allerdings immer wieder. Sie stehen innerhalb des als bekannt vorausgesetzten Geschichtshorizonts. Sie gehören zu Israels Geschichte. Aber, so wichtig sie als die letztlich alles begründenden Geschichtsrealitäten sind, sie sind an diesem narrativen Bau zugleich nur Portikus und Vestibül.

Vielleicht liegt hier die entscheidende Schwäche der heimlich leitenden Intuition RÖMERS. Er will weg von einem Patriarchen-Deuteronomium und hin zu einem Exodus-Deuteronomium, wobei er übersieht, daß es sich um ein Horeb-Deuteronomium mit doppeltem Vorbau handelt. Ihm entgleitet gerade das Spezifische.

Soweit zur Israel-Konzeption. Nach vorausgesetzten Textbeständen ist getrennt davon zu fragen. Stellt man die Frage, dann muß zunächst einmal auch unabhängig von der Frage nach Väterschwur-Rückverweisen gesagt werden, daß die deuteronomistische Textschicht weite Textbereiche aus unseren Büchern Genesis – Numeri kennt und bei ihren Adressaten als bekannt voraussetzt. Kundschaftergeschichte, Wüstenwanderung und Horebgeschehen werden nicht erstmalig erzählt. Auf die Exodusgeschichte wird bis in Details anspielend zurückgegriffen. Der Zusammenhang mit Genesis – Numeri ist greifbar[18].

Es handelt sich dabei nicht um die jetzige Textgestalt, sondern um Vorstufen. Ob die vorausgesetzten Texte schon eine Art »protodeuteronomische« Bearbeitung erfahren hatten oder ob sie noch auf eine, dann »deuteronomistisch« zu nennende Bearbeitung harrten, ob es vereinte »Quellen« oder ursprünglich unverbundene

---

16 Vgl. FISCHER – LOHFINK, »*Worte*«.

17 Vgl. noch LOHFINK, »*Glauben lernen*«.

18 Ich verweise auf die letzte, knappe und doch gründliche Diskussion der Hauptfragen bei BLUM, *Studien* 176-188. Dort ist vorausgehende Literatur genannt und diskutiert. Natürlich steht dort alles im Koordinatensystem des Entwurfs von BLUM, der jedoch höchst beachtenswert ist. Wenn man vom Deuteronomium her fragt, ist das Dumme bei BLUM, daß er auf jede Einführung von diachronen Differenzierungen im Bereich des Deuteronomiums und des deuteronomistischen Geschichtswerks verzichtet hat. Vgl. ebd. 109 Anm. 35. Vielleicht käme sein Entwurf bei differenzierterer Behandlung des Deuteronomiums, und falls man auch noch einige andere Datierungsfixpunkte ein wenig kritisch beäugt, sogar ohne die ihm jetzt eigene massive Spätdatierung aus.

thematische »Blöcke« waren, ob diese »Blöcke« schon in einer einzigen »Komposition« vereinigt waren oder noch in getrennten Literaturkomplexen existierten – all das kann vom Deuteronomium aus kaum entschieden werden und muß deshalb auch hier offen bleiben. Das sind mehrere der strittigen Fragen der heutigen Pentateuchdiskussion. Es hat aber keinen Sinn, zu ihnen auf deuteronomischem Ausland Orakel zu raunen. Auszuschließen scheint mir nur, daß alle Anfänge bei den deuteronomistischen Texten liegen und alles, was früher als die »alten Quellen« bezeichnet wurde, die deuteronomistischen Texte schon voraussetzt[19]. RÖMER bewegt sich mit seinem Siglum »dtr²« natürlich in diese Richtung.

Die Frage nach Bezugstexten von literarischen Rückverweisen ist dann, wenn man nicht gerade den letztgenannten Typ von Pentateuchtheorie vertritt, also keine isolierte Frage. Sie fügt sich vielmehr in einen umfassenderen Zusammenhang von Interdependenzen zwischen den deuteronommistischen Texten und bestimmten Vorstufen der Bücher Genesis – Numeri ein, so verschieden man je nach der eigenen Pentateuchtheorie diese Vorstufen im einzelnen definieren mag.

Die Landverheißung wird im Deuteronomium meist in »literarischen Rückverweisen« erwähnt. Die deuteronomistischen Autoren rekapitulieren in diesem Fall keine Erzählungen, sondern verweisen auf bekannte Texte. Daher ist es bei der Frage nach der textlichen Rückbindung des Themas »Landverheißung« wichtig, daß es RÖMER nicht gelungen ist, SKWERES zu widerlegen. Es darf und muß gefragt werden, auf welche Texte in diesen Rückverweisen verwiesen wird.

Vielleicht hat SKWERES oft etwas zu mechanistisch gefragt. Man kann im Fall der Rückverweise auf den Landverheißungsschwur wohl ein wenig differenzieren. Die gemeinten Texte müssen zweifellos von Abraham, Isaak und Jakob gehandelt haben – selbst wenn das Deuteronomium die Namen, nachdem sie am Anfang genannt sind, nicht jedesmal wiederholt, sondern, eleganter und eine besondere Note einfügend, mit dem Plural אבות + enklitisches Personalpronomen auf sie zurückgreift. Die Verbindung der Namen Abraham, Isaak und Jakob mit dem Plural אבות wird sofort in 1,8 hergestellt. Es ist auch klar, daß diese Ahnen in den Texten, die von ihnen erzählten, eine Landverheißung empfingen. Ob dagegen in den Bezugstexten das Lexem שבע gestanden haben muß, ist eine andere Frage, und noch weniger zwingen die Spielregeln der deuteronomistischen Rückverweise wohl dazu, in den Texten das Lexem אב oder dessen Plural אבות zu erwarten. Hier hat SKWERES sich etwas zuviel an Beweis abgefordert.

Für die Extrapolation eines göttlichen Schwurs aus einem Text, der nur von einem wenn auch feierlichen göttlichen Reden sprach, und zwar bei einem Rückverweis, hatte sich oben im 7. Kapitel in dem nach meiner Meinung vordeuteronomistischen, nach RÖMERS Meinung deuteronomistischen Text von 2 Sam 3,9f (vgl.

---

19 Für eine eigene Äußerung dazu verweise ich auf meine Besprechung von ROSE, *Deuteronomist*, in *ThPh* 57 (1982) 276-280.

1 Sam 13,13f) ein von den Väterschwurtexten unabhängiges Parallelbeispiel gezeigt[20]. So ist es durchaus denkbar, daß in jener Gestalt der Patriarchenerzählungen, die die frühen Deuteronomisten voraussetzen, das Lexem שׁבע nicht vorkam. Es *muß* allerdings nicht so sein – denn über Gen 24,7 und, als Hintergrund, Gen 15, scheinen mir die Akten noch nicht geschlossen zu sein. Aber es ist denkbar.

Es ist denkbar, »daß die Rede vom *Jhwh-Eid* an die Väter eine interpretierende *Neu*prägung der Tradition innerhalb der dtn/dtr Schultheologie darstellt« – so ERHARD BLUM[21]. Diese Neuprägung mag in einer frühdeuteronomistischen und vorpriesterlichen Pentateuchbearbeitung stattgefunden haben. Oder sie mag Werk der Deuteronomisten selbst bei der Arbeit am deuteronomistischen Geschichtswerk gewesen sein, und eine deuteronomistische Pentateuchbearbeitung hätte sich dann erst dort ihren Sprachstil geholt. Vom Befund im Deuteronomium her ist beides denkbar. Die Würfel müssen woanders fallen.

Bezüglich von אבות scheint mir alles einfacher zu sein. Hier spricht nichts dafür, daß dieser Plural in den Verweistexten stand, und alles dafür, daß er genuin in den Kontext der mosaischen Reden des Deuteronomiums gehört[22]. Mit diesem Wort, das dann normalerweise allein anstelle der Väteraussage mitsamt den drei Namen steht, zementiert Mose die Zusammengehörigkeit des von ihm angeredeten Exodus-Israel mit den Verheißungsempfängern Abraham, Isaak und Jakob. Es ist kein Begriff und kein Titel, aber es ist in den Mosereden des Deuteronomiums ein wichtiges deutendes Wort, das zu den drei Namen hinzutritt – auch wenn es rein syntaktisch so aussieht, als träten die drei Namen zu diesem Wort hinzu. Seine Aussage ist wichtig. So seltsam es klingen mag, wenn andere exilisches Exodus-Israel und autochthones Abrahams-Israel gegeneinanderstellen: Hier wird der (ursprünglich eher Autochthonie insinuierende) Ahnengedanke mit dem (Nichtbesitz und Ferne insinuierenden) Verheißungsgedanken verbunden und durch den Eidgedanken in göttlicher Zuverlässigkeit sichergemacht.

In exilischer und nachexilischer Zeit hat es beim Deuteronomium, noch mehr als im sonstigen deuteronomistischen Geschichtswerk, aktualisierende »Fortschreibung« gegeben. Ein Teil der אבות-Belege ist diesen Schichten zuzuschreiben. Ohne eine detaillierte Deuteronomiumsanalyse kann man dazu jedoch nicht viel Genaueres sagen. So soll jetzt auch gar nicht versucht werden, alle in Frage kommenden Stellen einzuordnen. Immerhin läßt sich auch auf einer vorläufigeren Ebene der

---

20 Als umgekehrter Fall sei Jos 14,6.10.12a genannt, die sich eindeutig mit דבר auf den Jahweschwur in Dtn 1,34-36 beziehen, dessen Sprachmaterial aufgegriffen wird. In Jos 14,9 ist bezüglich der gleichen Sache von einem Schwur Moses die Rede. Es müssen Probleme bestanden haben, hier das Wort שׁבע für Jahwe zu verwenden, obwohl die Sache klar war. דבר konnte es dann ersetzen.

21 BLUM, *Studien* 173.

22 Die Frage nach אבות in Ex 13,5.11; Num 11,12; 14,23 müßte man für jede dieser Stellen unabhängig diskutieren.

Betrachtung beobachten, wie sich die weitere Geschichte des Pentateuchs in manchen אבות-Belegen spiegelt.

Falls sich Gen 15 noch nicht in den von der ältesten deuteronomistischen Schicht vorausgesetzten Genesis-Texten befand, dürfte es doch dagewesen sein, als die Überschrift über die Einzelgesetze in Dtn 12,1 eingefügt wurde[23]. Dort ist die Rede von יהוה אלהי אבתיך. Er habe Israel sein Land gegeben (נתן). Diese vergangenheitliche Aussage ist im Deuteronomium ganz ungewöhnlich. Sonst ist Jahwe immer erst im Begriff, Israel sein Land zu geben. Zusammen mit dem hier zu beobachtenden, nur wenige Wörter mitten im Satz betreffenden Numeruswechsel in der Anrede Israels spricht alles dafür, daß 12,1 auf einen bekannten Text, diesen sogar fragmentarisch zitierend, anspielt. Dafür kommt letztlich nur Gen 15,18 in Frage. Hier übergibt Jahwe in feierlicher ברית-Schwurzeremonie gegenüber Abram nicht Abram selbst, sondern dessen Nachkommen das Land. Vom Standpunkt des redenden Mose aus geschah das in der Vergangenheit.

Es läßt sich auch vermuten, warum in 12,1 auf Gen 15,18 angespielt wird. Die Überschrift scheint im Exil eingeschoben worden zu sein, um die Einschärfung des Hauptgebots, die natürlich weiter aktuell blieb, von den nun im Ausland nicht mehr beobachtbaren und deshalb auch nicht mehr geltenden Einzelgesetzen (etwa über die Opfer am einzigen Heiligtum Israels) zu unterscheiden. Die Außerkraftsetzung dieser Gesetze geschah einfach dadurch, daß 12,1 eine Festlegung über Geltungsbereich und Geltungsdauer aller dann folgenden Gesetze enthält: Sie gelten im Lande, und gelten solange, wie Israel im Lande ist. Da man aber damals offenbar den Text nicht noch durch eine lange Definition des Landes ausbauchen wollte, hat man ihn einfach als Anspielung auf Gen 15,18 gestaltet. Denn dort findet sich im Landgabeschwur selbst eine genaue Definition des Landes, durch geographische Angaben und durch eine Völkerliste (15,18bβ-21). Das Land ist nach dieser Definition sehr groß, aber Babylonien liegt außerhalb.

In diesem Falle kann nur Gen 15 vorgegeben gewesen und Dtn 12,1 im Hinblick darauf formuliert worden sein, eine umgekehrte Abhängigkeitsrichtung kommt kaum in Frage. Wir sind in einer Phase der Deuteronomiumsgeschichte, wo auch der nicht-priesterliche Pentateuch schon »deuteronomistisch« (wie immer man dieses Wort je nach der eigenen Pentateuchtheorie verstehen will) bearbeitet und gedeutet ist. Er wird als so bekannt vorausgesetzt, daß die leisen Signale eines ungewohnten Tempus und eines kurzen Numerusumsprungs genügen, um zumindest Kennern den gemeinten Text sofort in Erinnerung zu rufen.

Die Zusammenhänge, in denen der Plural אבות in Dtn 4 und in Dtn 7 – 9 steht, ringen mit einer Problematik, die offenbar auch die der priesterlichen Geschichtserzählung war. Ein Horebbund mit seiner harten Segen-Fluch-Mechanik kann, wenn das Land einmal durch Bundesbruch verspielt ist, keine Hoffnung mehr ge-

---

23 Das im folgenden nur Angedeutete habe ich ausführlich vorgelegt in LOHFINK, »Dtn 12,1«.

ben. Aber ist Jahwe nicht noch einmal größer? Ist seine jede Bedingungsmechanik
überagende Bundeszusage nicht jedem Horeb voraus bei jenen Vätern verankert,
denen das Land zugesagt wurde? WALTER ZIMMERLI hat hier den Grund für die
priesterschriftliche Verlegung des »Bundes« vom Sinai zu Abraham gesehen[24].
Diese Neuzuordnung des Wortes ברית tritt auch in den genannten Kapiteln des
Deuteronomiums auf. Nicht allerdings genau in der priesterschriftlichen Gestalt,
sondern in Dtn 4 zum Beispiel im Wechselspiel mit der Benutzung des gleichen
Worts für den Horeb (4,23.31). Aber im Hintergrund ist eine vergleichbare Denk-
bewegung zu vermuten. Auf diese Weise wurde in älteren deuteronomistischen
Schichten das Wort ברית nicht benutzt.

Es muß noch nicht notwendig die priesterschriftliche Geschichtserzählung in
ihrem Textbestand vorausgesetzt werden. Verwiesen wird weiter auf die alten Patriarchenerzählungen (in denen inzwischen allerdings sicher schon in Gen 15,18 das
Wort ברית vorkam). Aber wir müssen mit intellektuellem Austausch unter den
Exilierten in Babylonien rechnen, und mit dem Aufkommen ähnlicher Ideen aus
ähnlicher Problemlage an verschiedenen Orten zugleich – auch wenn dann die
sprachliche Formulierung unterschiedlich geriet.

Dagegen ist es durchaus möglich, daß Dtn 29,12 mit dem doppelten Hinweis auf
die Bundesformel die priesterliche Geschichtserzählung auch als Text voraussetzt,
möglicherweise auch im Gefüge des Gesamtpentateuchs. Auch hier muß die penta-
teuchkritische Frage vom Deuteronomium aus offenbleiben. Es ist sowohl denkbar,
daß die Priesterschrift noch für sich existierte, als auch, daß sie schon mit den älteren Pentateuchbeständen vereint war, falls sie nicht sogar niemals unabhängig
existiert hat. Wir könnten hier auch schon im Bereich der Pentateuchredaktion
sein.

Diese ausgewählten Beispiele, die sich von den Ausführungen der früheren
Kapitel her fast wie von selbst nahelegten, zeigen eines: Die Rede vom Schwur
Jahwes an Israels »Väter« Abraham, Isaak und Jakob wächst langsam mit dem
ganzen Deuteronomium, sobald dieses einmal in sein deuteronomistisches Stadium
getreten ist. Dabei gibt es einen zunehmenden Wechselbezug zum ebenfalls
wachsenden Gesamtpentateuch. An irgendeinem Punkt dieser Geschichte ist ja
sowieso das Deuteronomium ein Teil des Pentateuchs geworden. Wann, das läßt
sich vom Deuteronomium allein aus, oder zumindest allein aus den hier berührten
Fakten im Deuteronomium, natürlich ebenfalls nicht sagen.

---

24 ZIMMERLI, »Sinaibund«. Dies gilt natürlich nur unter der Voraussetzung einer von der Masse
der priesterlichen Texte noch einmal abzuhebenden priesterlichen Geschichtserzählung, die
einmal selbständig existiert hätte. Wie anders die Sicht werden muß, wenn man diese Annahme
nicht teilt, zeigt sich bei BLUM, *Studien* 294 und 326f. Der Versuch von BLUM, sich hypothetisch
auf die exegetischen Voraussetzungen von ZIMMERLI einzulassen und dann die Deutung ZIM-
MERLIS trotzdem als unwahrscheinlich darzutun (ebd. 327), überzeugt mich nicht.

So wie RÖMER es sieht, ist am Ende einer langen literarischen Deuteronomiumsgeschichte die theologische Grundkonzeption des Deuteronomiums fast wie
durch einen Trick in einem theologisch entscheidenden Punkt auf den Kopf gestellt
worden. An sieben strategischen Stellen wurden drei Namen eingefügt, und die
Welt war anders.

Ich finde in den Texten eine andere, längere, kompliziertere Aussagegeschichte,
die dieses Finale nicht braucht. Das Israel des Deuteronomiums hatte schon früh
sein eigenes Profil, in dem auch die Patriarchen ihren Platz einnahmen. Andere Israel-Konzepte, etwa das des Jeremia- oder des Ezechielbuches, kannten das deuteronomische Horeb-Israel, zogen aber für ihre Botschaft an ihre Adressaten eine
andere Perspektive vor – vielleicht auch allein schon deshalb, weil die Verfasser
der Grundtexte dieser Bücher, die Propheten Jeremia und Ezechiel selbst, immer
vom Exodus ausgegangen waren.

Von den Königsbüchern würde ich Entsprechendes nicht sagen. Sie wollten ja
zumindest in der deuteronomistischen Fassung in einem Zusammenhang gelesen
werden, der mit dem Deuteronomium begann. So fehlen ihrer Sicht die Patriarchen
nicht, auch wenn sie selbst kaum von ihnen sprechen. Daß sie den Plural אבות
trotzdem gebrauchen, und dann mit anderer Referenz, ist einfach dadurch bedingt,
daß sie dieses Appellativum auch in anderen Aussagezusammenhängen benötigen.
Da es sich um ein Appellativum handelt, ist sein Gebrauch in verschiedensten Zusammenhängen die normalste Sache der Welt.

Nachwort

In der vorliegenden Studie hat N. LOHFINK eine ausführliche und scharfe Kritik an meiner Dissertation über »Israels Väter« vorgelegt. Dafür möchte ich ihm, besonders in Aufnahme des von mir zitierten Vorworts von DUHM (8)[1] aufrichtig danken. Mein Dank gilt ihm ebenfalls für seinen großzügigen Vorschlag, dieser Studie ein Nachwort beizugeben. Der Sinn einer solchen Replik kann natürlich nicht im Titel des französischen Chansons »C'est le dernier qui a parlé qui a raison« (Amina Annabi) liegen. In Anbetracht der sehr kurzen mir zur Verfügung stehenden Zeit[2] und in Beachtung der Gattung »Nachwort« möchte ich nur die mir am wichtigsten erscheinenden Bemerkungen zu LOHFINK in vier Punkten knapp zusammenfassen[3].

»Makrostruktur« und »Mikrostruktur«, Uferlosigkeit und Engführung: Methodisches

Der Exeget steht sehr oft vor der Schwierigkeit, seinem Leser die von ihm gewählte Methode zu vermitteln. In vielen Studien fehlen sogar jegliche methodische Vorbemerkungen. LOHFINK zufolge habe ich bei meiner Vorgehensweise und deren Begründung keine sehr glückliche Hand bewiesen. Deshalb sei kurz zu seinen hauptsächlichen Vorwürfen Stellung genommen.

Die אבות erscheinen im Dtn, sowie in der gesamten dtr Literatur, zum einen in formelhaften Wendungen, zum anderen in nicht-formelhaften Kontexten. Dieses Phänomen legt eine erste grobe Klassifizierung in zwei Hauptgruppen nahe. Nun ist festzulegen, mit welcher dieser Gruppen die Analyse beginnen soll. Ich habe mich für die nicht-formelhaften Vätertexte entschieden und dafür vielleicht zu »beiläufig« eine Begründung geliefert (72), die LOHFINK auch anmerkungsweise zitiert, die ihn aber »wissenschaftlich« nicht befriedigt. Methodisch (und nicht nur rhetorisch) besitzt meine Vorgehensweise den Vorteil, die Untersuchung von vorgefaßten Meinungen über die אבות im Dtn, welche vor allem in Bezug auf die Landschwurformeln zutage treten, zunächst freizuhalten und somit das Bedeutungsspektrum der Vätererwähnungen im Dtn unbefangen in den Blick zu bekommen.

Zu der bei der Analyse der nicht-formelhaften Texte gewählten Reihenfolge habe ich jeweils im Laufe der Untersuchung Begründungen geliefert: 4,37 ist der erste nicht-formelhafte Vätertext im Dtn, er ist eng mit 10,15 verbunden. 10,22 bietet die auf 10,15 folgende Erwähnung von »Vätern«. Die

---

1 Zahlen in Klammern beziehen sich, wie jeweils aus dem Kontext hervorgeht, entweder auf meine Dissertation oder auf die vorliegende Studie LOHFINKS.
2 Daß dieses Nachwort trotz extremen Zeitdrucks zustande kam, verdanke ich vor allem ALBERT DE PURY und seiner ständigen Diskussionsbereitschaft sowie JEAN-DANIEL MACCHI, der sich um Textverarbeitung und Layout gekümmert hat.
3 Einige von LOHFINK aufgezeigte Flüchtigkeits- und andere Fehler kann ich nur dankend zur Kenntnis nehmen. Zu bestimmten Detailfragen gedenke ich in späteren Veröffentlichungen ausführlicher Stellung zu nehmen.

anschließende Behandlung von 30,5.9 rechtfertigt sich durch thematische Bezüge zu 4,37 und 10,15. Die restlichen Texte, die keinen direkten Zusammenhang mit den obigen aufweisen, werden einfach in der Reihenfolge, in der sie im Dtn erscheinen, besprochen: zunächst 5,3 und mit ihm 5,9, danach 26,5 im Rahmen von 26,1-11 und anmerkungsweise 31,16.

Nach LOHFINK hätte meine Untersuchung wohl mit dem (formelhaften) 1,8 einsetzen sollen. Für diesen Vorschlag sehe ich zwei Gründe: Zum einen zeigt sich hier eine gewisse Verengung meiner Fragestellung in LOHFINKS Präsentation, zum anderen ist das Insistieren auf diesen Vers von seinem Ansatz beim »Makrotext« (5 u. ö.) zu verstehen. Danach werde dem Adressat mit der erstmaligen Nennung der אבות auch das Deutungsmuster für die restlichen Vorkommen des Lexems mitgeliefert. Und da in 1,8 die Väter durch die Patriarchentrias definiert sind, ist die Sache im Grunde schon entschieden[4]. Aber die Lage sieht doch etwas komplizierter aus: Zunächst stellt das Dtn einen weitaus umfangreicheren Makrotext dar als 2 Kön 22f, auf welchen LOHFINK in seiner Einleitung abhebt, dazu kommen von LOHFINK selbst zugestandene »Grenzfälle« und vor allem die methodische Frage, ob ein Lexem innerhalb einer formelhaften Wendung stets die gleiche Assoziation hervorrufen muß. Dies ist m. E. nicht der Fall.

So bezeichnen die אבות in der Wendung vom Nichtkennen der Väter, welche LOHFINK anscheinend nicht als »formelhaft« einstuft (50), im Dtn und in Jer meistens allgemein die Vorfahren, für Dtn 8,3.16 und 32,17 legt jedoch der Kontext möglicherweise eine bestimmte Generation nahe, und in 28,36.64 werden die Väter wohl auf die Vorfahren im Land eingegrenzt. Für die Formel vom Landschwur an die Väter nimmt LOHFINK eine durch den Kontext bedingte Verschiebung an: Für die Belege in Dtn 31,7; 31,20 und in Jos gälten »besondere Gesetze«. An diesen Stellen werde das Bedeutungsspektrum von אבות erweitert, indem sie nun alle Generationen von den Patriarchen »bis zur Elterngeneration des angeredeten Israel der Landnahme hin« (55) umfaßten.

Da nun Lexeme auch innerhalb geprägter Formulierungen je unterschiedliche Sinndimensionen evozieren können[5], ist es geradezu unumgänglich, die Wortfelder, an welche diese Wendungen gekoppelt sind, zu untersuchen. Und dazu braucht man »Untersuchungskontexte«. Zur Abgrenzung derselben sollte man, unter Berücksichtigung strukturalistischer und semiotischer Ansätze, auf ein kohärentes semantisches Feld achten und nicht *a priori* von literarkritischen Hypothesen ausgehen.

Auf Literarkritik kann und möchte ich deswegen nicht verzichten. Aufgrund der dtr Schulsprache, die »kaum Autoren ... mit deutlich erkennbarer individueller Sprache« erkennen läßt[6], scheint mir jedoch eine präzise Aufteilung der dtr Literatur in eine Vielzahl klar definierbarer Schichten ziemlich aussichtslos. Hier sollte man literarkritisch sehr vorsichtig vorgehen. Methodisch halte ich es für eine Fehlentscheidung, mit einem literarkritischen Raster aufzuwarten, nach welchem die zu untersuchenden Texte von vornherein aufgeteilt werden. Die Problematik eines solchen Vorgehens zeigt sich z. B. in der Studie DIEPOLDS über »Israels Land«[7].

---

4   Ich betone nochmals, daß in der »Endgestalt« des Dtn durch 1,8 (und andere Texte) natürlich die Gleichsetzung der אבות mit den Patriarchen vorgenommen wird. Allerdings halte ich diese Identifikation im Rahmen der dtr Theologie weiterhin für unwahrscheinlich.
5   Vgl. dazu und zum folgenden KEDAR, *Semantik*, bes. 118ff.
6   PERLITT, *Deuteronomium* 38.

Innerhalb der formelhaften Wendungen sind besonders bei der Landschwurformel Untergliederungen möglich. Diese habe ich unter Aufnahme einer Methode RENDTORFFS[8] nach formalen Gesichtspunkten vorgenommen. Ob die Gliederung LOHFINKS, der eine Reihe ausgewählter Väterstellen nach ihrer Nähe bzw. Ferne zu Dtn 1,8 und 6,10 klassifiziert (49f) ergiebiger ist, mag der Leser selbst entscheiden. LOHFINK geht leider nicht auf die Ergebnisse ein, zu welchen die von mir vorgenommene Untergliederung des Landschwurs in drei Gruppen führt.

So begegnet m.E. die »Kurzform« des Landschwurs an die Väter erst in sekundär-dtr Texten (dtr Ergänzungen zum DtrG [195f]), die mit לתת להם konstruierte Reihe verrät ein greifbares kompositionelles Interesse[9] (226-228), und in diesem Sinne ist auch die »schwerpunktmäßige« Verwendung der dritten Variante zu bedenken.

Nun kreidet mir LOHFINK »Uferlosigkeit« an, habe ich doch meine Untersuchung über die Väter auf das ganze AT ausgedehnt. Damit einher geht eine gewisse »Verengung« in LOHFINKS Darstellung, da er meine Dissertation fast ausschließlich unter den Gesichtspunkten der Identifikation der אבות mit den Patriarchen und der »Pentateuchfrage« angeht. Ich wollte eigentlich eine etwas breitere Fragestellung in Angriff nehmen, mit der Absicht »eine dtr 'Vätertheologie' zu entwickeln und darzustellen« (5).

Dabei war in der Tat zunächst geplant, die Arbeit auf das Dtn und das DtrG zu beschränken; die Hinzunahme des dtr bearbeiteten Jeremiabuchs ergab sich jedoch im Laufe der Untersuchung beinahe von selbst, und letztlich schienen mir »außerdtr« Kontrollinstanzen zum Gebrauch von אבות in Dtn - 2Kön; Jer nötig.

Die nicht unmittelbar »dtr« überarbeiteten Bücher des AT können m. E. einige aus der Beschäftigung mit den dtr Vätertexten gewonnenen Ergebnisse bestätigen bzw. komplettieren.

Ist es z. B. wirklich nur Zufall, daß im gesamten Psalter אבות nie die Patriarchen meint, bzw. daß Abraham, Isaak und Jakob dort nie mit dem Appelativum אב(ות) versehen werden (521f, 534, 541f)? Und ist es nicht bemerkenswert, daß in dem wohl in zeitlicher und räumlicher Nachbarschaft zu den Deuteronomisten redigierten Ezechielbuch die ägyptisch-exodischen Väter (Ez 20) einer autochthonen Abrahamlobby (Ez 33,24) gegenübergestellt werden (491-520)?

Somit ist eine gewisse "Uferlosigkeit" durchaus zu rechtfertigen, ja, wenn ich recht sehe, sogar nötig.

---

7   DIEPOLD, *Land*. Ich bin in meiner Arbeit des öfteren auf dieses Buch eingegangen.

8   Vgl. RENDTORFF, *Problem* 40-57. Ihm gelingt mit dieser Methode eine Klassifizierung der Verheißungen der Gen. Ob man allerdings aufgrund seiner Tabellen die von ihm angenommenen traditionsgeschichtlichen Schlußfolgerungen ziehen kann, ist damit noch nicht entschieden.

9   Trotz der verschiedenen Referenzmöglichkeiten für להם.

Semantische Kraftfelder, Literarkritik und Traditionsgeschichte: Grundsätzliches

Es ist eine Binsenweisheit der historisch-kritischen Exegese, daß *jede* literarkritische Option hinterfragbar und somit anfechtbar ist. Deswegen sind ausschließlich literarkritisch vorgehende Arbeiten in der Regel nie konsensfähig[10]. Daraus folgt, daß literarkritische Beobachtungen und Hypothesen durch traditionsgeschichtliche und andere Erwägungen zu ergänzen sind. Und so kann ich LOHFINK nicht zustimmen, daß sich alles bereits an der Literarkritik von Dtn 1,8 (bzw. den anderen Stellen, an denen in der *Endgestalt* des Dtn die Patriarchennamen stehen) entscheidet. Davon zunächst einmal abgesehen, hat mich seine Kritik an der These, daß die Erwähnungen von Abraham, Isaak und Jakob in Dtn 1,8; 6,10, 9,5.27; 29,12; 30,20 und 34,4 einer *Penta*teuchredaktion zuzuschreiben seien, nicht überzeugt.

Dtn **1,8** ist ein sehr schwieriger Text, der nach allgemeiner Auffassung »überfüllt« ist[11]. PERLITT bemerkt zu Dtn 1,6-8: »So ist es nicht schwer, Ecken und Kanten in Syntax und Form von 6-8 aufzulisten, überaus schwer dagegen, sie im Blick auf den Wachstumsprozeß dtr Texte angemessen zu deuten«[12]. Damit ist natürlich die These einer späteren Hinzufügung der Patriarchennamen nicht »bewiesen«, sie ist aber vom Kontext her auch nicht definitiv widerlegbar. Dazu meine ich wichtige Gründe geliefert zu haben, die in 1,6-8 auf die Tätigkeit einer nachdtr Redaktion weisen (198-201). Der »militärisch-juristische« Kontext von 1,6ff. ist auch nicht gerade typisch für eine Patriarchentradition. In **6,10** wird durch das exodische Wortfeld und die "Immobilienliste" eine spätere Hinzufügung der Patriarchentrias durchaus wahrscheinlich. Hier macht es sich LOHFINK mit seinen Bemerkungen zu Neh 9 etwas leicht[13]. Für **9,5** hält er meine Demonstration für »kaum gelungen«. Das gesamte Wortfeld von 9,1-6 schließt zunächst bei אבות eine Assoziation der Patriarchen aus. Wer eine solche wecken will, muß hier die Erzväternamen einfügen. Mit dieser Überlegung ist auch LOHFINK einverstanden; wenn nun aber der *dtr* Text auf andere (»exodisch-exklusivistische«) Traditionen aufbaut, ist es naheliegend, eine solche Einfügung einer *nachdtr* Hand zuzuschreiben. Bzgl. **9,27** bleibe ich bei der recht verbreiteten Meinung, daß die Referenz an Abraham, Isaak und Jakob innerhalb des um den Exodus kreisenden Interzessionsgebets als sekundärer Einschub zu betrachten ist. Zu dem Wunsch LOHFINKS, »daß einmal

---

10 Falls ein solcher doch teilweise erzielt wird, ist er meistens auf »Schulen« begrenzt.

11 Vgl. zuletzt PERLITT, *Deuteronomium* 36, der die Patriarchennamen jedoch nicht zur »Überfüllung« rechnet.

12 *Deuteronomium* 38. Zum textkritischen Problem in 1,8 vgl. 36.

13 Anmerkungsweise möchte ich folgendes festhalten: LOHFINK zufolge sind »אבתיהם in Neh 9,23 sicher nicht unter Ausschluß von Abraham, Isaak und Jakob zu verstehen« (32). Es sei jedoch noch einmal daran erinnert, daß in Neh 9 von den drei Erzvätern allein Abraham erwähnt wird und daß der Term אבות in Neh 9,9 erstmals bei der Ägyptengeneration begegnet. Wenn LOHFINK für נשא יד auf Ex 6,8 verweist, verschweigt er, daß dies die einzige Stelle ist, die einen so formulierten Schwur auf die Patriarchen bezieht. Sonst sind die Exodus- oder Landnahmegenerationen im Blick (vgl. RÖMER 504-506).

vorgeführt worden wäre, wie das Fürbittgebet ... ohne 9,27a noch Rhythmus und Struktur hätte« (35), verweise ich auf S. 256f meiner Arbeit. Das Wortfeld, innerhalb dessen **29,12** begegnet, evoziert eindeutig die dtr Horebberit, und wenn hier ein nachdtr Redaktor, unter Kenntnis von Gen 17; Ex 2,24 und 6,3f[14], die אבות auf die Patriarchen bezogen haben wollte, mußte er, wie in 9,5, ihre Namen »nachschieben«. **30,20**, der zu einem aus der geschichtlichen Fiktion des Dtn heraustretenden Kontext gehört, kann zugegebenermaßen (222) für sich genommen keine ausreichenden Argumente für eine spätere Hinzufügung der Patriarchennamen liefern. Ausschließen kann man aber die These im Rahmen umfassender Überlegungen auch nicht. Für **34,4** sehe ich bei LOHFINK große Schwierigkeiten, diesen Vers einem »Deuteronomisten« zuzuschreiben. Die von *sämtlichen* dtr Schwurtexten entscheidend abweichende Formulierung an dieser Stelle ist mit der Annahme einer hier zu Gebote stehenden »nüchternen Kürze« (43) unzureichend erklärt[15]. Hier bleibt die Annahme einer nachdtr und nachpriesterlichen Hand[16] die wahrscheinlichste Lösung.

Somit halte ich die Möglichkeit des Eingriffs einer »Pentateuchredaktion« in obige Texte von LOHFINK nicht widerlegt[17]. Die alleinige Beweislast für die Annahme einer nachdtr redaktionellen Einfügung der Patriarchennamen in das Dtn kann die Exegese dieser Stellen allein nicht tragen. Deshalb muß die Frage nach den אבות im Dtn in einen umfassenderen Horizont gestellt werden, und aus diesem Grund habe ich bei meiner Untersuchung die Diskussion der betreffenden Verse nicht zum Ausgangspunkt gemacht.

Zur Möglichkeit einer auf die von mir angenommene Weise arbeitenden Pentateuch-redaktion möchte ich eine Untersuchung von WEIMAR in Erinnerung bringen. WEIMAR kommt von völlig anderen methodischen Voraussetzungen her zu dem Ergebnis, daß die Präzisierung des »Gottes der Väter/des Vaters« durch den »Gott Abrahams, Isaaks und Jakobs« in Ex 3,6.15.16; 4,5 durchgehend auf den »Pentateuchredaktor« zurückgehe[18].

Auf einer anderen Ebene müßten auch einmal wieder grundsätzliche Überlegungen zum Alter und zur Entstehung der Patriarchentrias angestellt werden. Kann man wirklich ohne weiteres behaupten, daß diese Reihe schon zur davidisch-salomonischen Zeit fest

---

14 LOHFINKS Kritik, ich hätte nicht genug auf mögliche Einflüße priesterlicher Texte auf spät-dtr Stellen geachtet, stimme ich zu. Vor allem für Dtn 10,22 möchte ich literarische Abhängigkeit von P-Texten nicht mehr kategorisch ausschließen. Für 29,12 würde ich jedoch so interpretieren: Ein (»End-«) Redaktor hat hier die Patriarchennamen eingefügt, um den dtr Horebbund als »priesterliche« Erzväterberit zu interpretieren, vgl. bereits die Andeutungen bei HULST, »Opmerkingen« 345.

15 Auch die mit לאמר eingeführten Yhwh-Worte des Dtn, die LOHFINK nennt (44), können die Charakterisierung von 34,4 als »dtr« nicht tragen, denn diese Texte bieten keine Parallele zu dem in 34,4 vorliegenden Phänomen.

16 Zum priesterlichen Charakter von Dtn 32,48-52 vgl. ROSE, »Empoigner« 134-142.

17 Wenn LOHFINK mir vorwirft, daß ich bei der Analyse dieser Texte Vermutungen in Sicherheiten verwandle (43, 46f), möchte ich dazu bemerken, daß pointierte Formulierungen (besonders in Thesen) keineswegs »Sicherheiten« darstellen. Zudem vermeidet auch LOHFINK solche »Sprünge« nicht völlig.

18 Vgl. WEIMAR, *Berufung* 341f und die Synopse im Anhang.

etabliert ist[19]? Der Konkordanzbefund weist eher in eine andere Richtung[20]. Sicher vorexilische außerpentateuchische Belege für die Trias finden sich m. E. nicht[21]. Aber damit sind wir bei traditions- bzw. überlieferungsgeschichtlichen Überlegungen angelangt, auf welche LOHFINK vielleicht nicht ausführlich genug eingeht.

So finde ich z. B. seine Ausführungen zur Milch-und-Honig-Wendung nicht sehr überzeugend. Diese Formel ist (auch literarisch) so eng mit Ägypten bzw. dem Exodus verbunden, daß die Behauptung, sie sei im Dtn »in die Rede von der Landverheißung an Abraham, Isaak und Jakob eingeschmolzen« (58), recht assertorisch bleibt.

Meine obigen Bemerkungen zur Patriarchentrias mögen nun nicht dahingehend interpretiert werden, daß ich behaupten wolle, die Deuteronomisten kannten noch überhaupt keine Erzvätertraditionen, auch wenn LOHFINK mir diese These anscheinend unterstellt (86f). Es ist jedoch zu fragen, ob diese für die dtr Autoren und deren implizierten Adressaten in das ideologische Referenzsystem hineingenommen werden sollten. Hier stellt sich das grundsätzliche Problem des »Lesergedächtnisses«.

»Jeder Text rechnet mit dem Gedächtnis seines Lesers« - dieser für LOHFINK sehr wichtige Satz durchzieht leitmotivartig seine Studie und findet sich auch zu Beginn seiner Überlegungen zum semantischen Kraftfeld von Dtn 1,8. Man kann einer solchen Bemerkung nur zustimmen, sie sollte jedoch folgendermaßen ergänzt werden: Der Begriff des »Gedächtnisses« darf hier nicht auf konkrete schriftliche Informationen, die der Text dem Leser liefert, eingeschränkt werden, sondern er sollte auch die intellektuellen und ideologischen Voraussetzungen des Adressaten und somit seine Erwartungshaltung umfassen. Ein solches »Gedächtnis« ist nicht etwas erratisch vorgegebenes, sondern kann durch die Dynamik des Textes konstituiert bzw. modifiziert werden[22]. Um es banal auszudrücken: Welche Traditionen setzen die Deuteronomisten bei ihren Lesern voraus bzw. wollen sie ihnen nahelegen?

LOHFINK betont häufig, daß er bei seiner Argumentation allein vom Dtn ausgeht. Methodisch ist dieses Prinzip zu begrüßen, es kann aber nicht verabsolutiert werden.

Die Vorgehensweise, mit Hilfe derer das dtr Dtn an Geschichte »erinnert«, kann mit PERLITT folgendermaßen charakterisiert werden: Der »dtr Wille zur paränetischen Vergegenwärtigung der Heilsgeschichte wie der Unheilsgeschichte ist um historische Tatsachen und deren Abfolge nur wenig bekümmert ... Er (der dtr Autor, T.R.) weiß auch, daß seine Leser fähig sind, diesen Vorgang zu verstehen, die Aufhebung der Zeiten nachzuvollziehen, also die solchermaßen dargebotene Geschichte als ihre eigene zu begreifen. Dieses vorausgesetzte Einverständnis zwischen Autor und Leser inkludiert das Spiel mit der Tradition, den Einsatz der rhetorischen Mittel«[23].

---

19 So z. B. BLUM, *Komposition* 484-491.
20 Vgl. zur Problematik zuletzt SCHMID, *Gestalt* 81-83.
21 Damit ist überhaupt nichts über das Alter der individuellen Patriarchengestalten ausgesagt.
22 Diesen Aspekt habe ich in »Résumer l'histoire en l'inventant. Rôles et fonctions des sommaires historiques de l'Ancien Testament« (wird in *RThPh* erscheinen) näher darzulegen versucht.
23 PERLITT, *Deuteronomium* 134.

Um das »Spiel« mit den Traditionen innerhalb des dtr Dtn richtig zu würdigen, braucht man einen »Makrokontext«, von dem aus die Verwendung der Traditionen im Dtn angemessen zu verstehen ist, und dieser sollte m. E. nicht in einem hypothetischen vorpriesterlichen Tetrateuch gesucht werden, sondern vorrangig in dem weniger hypothetischen »deuteronomistischen Geschichtswerk«[24]. Stellt man das Dtn in dieses Koordinatensystem, so ist festzustellen, daß die Patriarchen dort keine Rolle spielen und mit den אבות andere Generationen assoziert sind. LOHFINK gesteht dies zumindest für Ri - 2Kön zu. Wenn nun ein (Groß-?)Teil der Väterbelege im Dtn wirklich an die Patriarchentradition erinnern sollte, muß es erstaunen, daß diese Erinnerung dann auf den Anfang des DtrG begrenzt wäre. Die Ägypten-Anamnese ist nämlich von »Anfang« bis »Ende« präsent (vgl. z. B. Dtn 6,20ff; 2Kön 17,7; 21,15).

Aber auch innerhalb des Dtn wäre ein Verweis auf die Patriarchentraditionen mit Hilfe kurzer formelhafter Wendungen recht ungewöhnlich. Die (meist) paradigmatische Aufnahme von Exodus-, Wüsten-, und Sinai-/Horebtraditionen geschieht auf ganz andere, »ausführlichere« Art und Weise (Dtn 6,20ff; 8,2ff; 5,23ff usw.). Die »Väter« im Dtn bleiben trotz ihrer Wichtigkeit eine »anonyme Größe«. Auf spezifische Einzelzüge der Erzväterüberlieferungen wird weder in den Untersuchungskontexten noch im Makrotext des Dtn eingegangen. So wird man kaum von einem »Patriarchen-Dtn« sprechen können[25].

Jos 24, Rückverweise und Zitate: Verschiedenes

Nach Dtn 34,4 begegnen die Patriarchennamen erstmals wieder in Jos 24. Für LOHFINK ist dieser Text sehr wichtig, um meine These einer mit der Patriarchentrias arbeitenden Pentateuchredaktion zu widerlegen: Durch Jos 24 sei »dem Problem, daß von Jos 1 ab die Rückverweise auf die Landverheißung nicht mehr mit den Patriarchennamen verbunden werden, ... ein wenig von seiner Dramatik genommen« (77). Aber: אבות mit der Patriarchentrias zusammen finden sich in Jos 24 nicht, von den Patriarchen (denen übrigens in 24,3-4 das Land weder verheißen noch gegeben ist) ist allein Abraham als אב angesprochen, die אבות evozieren auch in Jos 24 vor allem die Ägypten- und Exodusgeneration. Zudem halte ich gegen LOHFINK weiterhin an einer nachdtr und nachexilischen Deutung dieses Kapitels fest, welche ich nun in BLUMS *Studien* zusätzlich bestätigt finde. BLUM ist von einer anderen Fragestellung her zu dem Ergebnis gekommen, daß Jos 24 den Abschluß einer »Hexateuch-Bearbeitung« bildet, der

---

24 Vgl. dazu auch die grundsätzlichen Überlegungen von ROSE, »croissance« 217ff.

25 In diesem Zusammenhang finde ich es sehr bezeichnend, daß in der Präsentation des Dtn von CLEMENTS, *Deuteronomy*, in dem den »central theological themes« gewidmeten Kapitel (49-68) die Patriarchen nicht in Erscheinung treten. Auf S. 55 heißt es einmal: Israel »dwells in a land which, is claimed, had been promised to its ancestors (cf. especially Deut. 6.1; 7.1)«. Es folgt dann die Darstellung der Landtheologie des Dtn, ohne jeglichen Verweis auf eine Patriarchenlandverheißung.

wahrscheinlich »nicht nur das DtrG und die D-Komposition im Pentateuch vorgegeben war, sondern ... auch die priesterliche Hauptkomposition im Pentateuch«[26]. LOHFINK behauptet zwar (76, Anm. 3), daß eine solche Datierung »auf jeden Fall« ausscheidet, sagt aber nicht warum[27]. Somit finde ich meine These, daß im dtr redigierten Josuabuch die Patriarchen nicht präsent seien, von ihm nicht widerlegt[28].

Zu den dtr »Rückverweisen«, denen LOHFINK sein letztes Kapitel widmet, sei hier folgendes angemerkt: Die Auseinandersetzung mit SKWERES habe ich bei jeder der von ihm behandelten »Väter-Stellen« geführt. So kann die Kritik an dieser Auseinandersetzung nicht auf meinen zweiseitigen Exkurs zu den Rückverweisen beschränkt werden. Auch schiebt LOHFINK BLUMS Anfragen an SKWERES[29], denen ich zum großen Teil zustimmen kann, wohl doch etwas zu schnell beiseite.

Das Problem der »Rückverweise« impliziert die bereits angesprochene Frage eines angemessenen Bezugssystems für das Dtn, und für SKWERES liegt dieses im vorpriesterlichen Tetrateuch, so wie ihn sich die neuere Urkundenhypothese vorstellt[30]. Eine solche Option vermag m. E. dem komplexen Befund, den die »Verweise« im Dtn und im DtrG bieten, nicht gerecht zu werden. Zunächst ist BLUM zuzustimmen, »daß sich die 'dem Deuteronomisten' vorgegebenen Traditionen keineswegs auf *unsere* vorpriesterliche 'Tetrateuch'-Überlieferung einschränken lassen«[31]. Es sei zudem nochmals daran erinnert, daß aufgrund SKWERES' eigenem Postulat inhaltlicher und sprachlicher Übereinstimmung zwischen Verweisen und Verwiesenem die Patriarchen-Verheißungen, wie sie in der Gen fixiert sind, sich nicht als Grundlage der mit den »Vätern« verbundenen דבר/נשבע אשר(כ)-Konstruktionen nachweisen lassen[32]. HULST, der diese Schwierigkeiten bemerkt hatte, und der von LOHFINK nicht erwähnt wird, war für die כאשר-Sätze im Dtn zu dem Ergebnis gelangt, daß diese oft keine konkreten Texte anvisieren, sondern beim Leser verschiedenene (mündliche) Traditionen wachrufen wollen[33]. Man wird die dtr Verweise kaum über einen Kamm scheren können. Das zeigt auch der von LOHFINK als Kontrollinstanz zu Rate gezogene 1Kön 8, wo häufig auf Ereignisse, Handlungen und Reden verwiesen wird. Interessanterweise gehen diese

---

26 BLUM, *Studien* 364.
27 Zu aus sehr unterschiedlichen »Schulen« kommenden Autoren, die eine nachdtr Datierung von Jos 24 vetreten vgl. RÖMER 329, Anm. 29. Vgl. weiter die Überlegungen bei AURELIUS, *Fürbitter* 120, Anm. 135.
28 Zu Jos 1,6; 5,6; 21,43-45 habe ich bei LOHFINK keine an den Texten selbst gewonnene Begründung dafür gefunden, daß die אבות an diesen Stellen eine Patriarchenreferenz beinhalten. Er begnügt sich mit der Annahme von »offenen Vorfahren-Aussagen«, die aufgrund der semantischen Kraftfelder von Dtn 1,8; 6,10 usw. die Erzväter miteinbeziehen.
29 Vgl. BLUM, *Studien* 172-176.
30 Vgl. SKWERES, *Rückverweise*, bes. 15-18.
31 BLUM, *Studien* 173.
32 Dieses für die Annahme einer literarischen Dependenz wichtige Postulat SKWERES' wird bei LOHFINK relativiert: »Hier hat SKWERES sich etwas zuviel an Beweis abgefordert« (106).
33 HULST, »Opmerkingen« 352, 354 u.ö.

Erinnerungen aber nicht über Ägypten hinaus, d.h. sie bleiben im dtr Traditionsspektrum (vgl. auch die Verweise in 2Kön 17 und anderen dtr Texten)[34].

Im Rahmen der Diskussion über die »Rückverweise« im DtrG sollte auch über die in diesem Korpus anzutreffenden »wörtlichen Zitate« nachgedacht werden, für welche sich kein (zumindest uns bekannter) Bezugstext ausmachen läßt, selbst wenn diese Texte nicht unbedingt mit einer כ(אשׁר)-Konstruktion verbunden sind. Mir kommen hierbei folgende Belege in den Sinn: Dtn 17,16[35]; 28,68[36]; 1Sam 2,30[37]; 2Sam 5,2[38]; 2Kön 21,7f[39]. An allen diesen Stellen wird »Vergangenes« durch (fiktives?) Zitieren ins Leben gerufen. Es kann hier nicht geklärt werden, ob die Deuteronomisten dabei dieselbe Strategie anwenden wie Nathan und Bathseba in 1Kön 1,11ff. Auf jeden Fall zeigen solche »Zitate«, daß für den Deuteronomismus die Erinnerung an frühere Yhwh-Worte, die den Adressaten durchaus »Texte«, »Traditionen« oder »Konzepte« nahebringen sollten, ohne daß sich selbige in der hebräischen Bibel im Detail präzisiert finden, ein häufig wahrgenommenes Kommunikationsmittel ist.

Die Identität der im Yhwh-Schwur erscheinenden אבות mit den Patriarchen kann durch eine Rückverweistheorie im Sinne SKWERES' nicht bewiesen werden.

Ursprungsmythen und Pentateuchtraditionen: Spekulatives[40]

Die Schweiz feiert in diesem Jahr ihren siebenhundertsten Geburtstag. Ihr »offizieller« Ursprung findet sich demnach in dem 1291 geschlossenen Pakt, ein (keineswegs erstmaliger) Beistandsbund dreier Kantone. Daneben wird aber im volkstümlichen

---

34 Beachtenswert ist auch die (dtr?) Formel »seit dem Tag, da Israel/die Väter aus Ägypten auszog(en), bis auf diesen Tag« o. ä. (Ri 19,30; 1Sam 8,8; 2Sam 7,6; 2Kön 21,15; vgl Dtn 9,7; Jer 7,25; 11,7). Wird hier nicht auch auf einen »Anfang« verwiesen?

35 Nach LOHFINK, »Hos. xi,5«, ist der Bezugstext von Dtn 17,16 in Hos 11,5 zu finden. Traditionsgeschichtlich mögen Bezüge zwischen beiden Texten bestehen, ein direktes Zitat von Hos 11,5 scheint mir Dtn 17,16 nicht zu sein. Zudem ist das Dependenzverhältnis, in welchem beide Texte zueinander stehen, nicht geklärt. Für YEE, *Composition* 221-223, gehört Hos 11,5 zur dtr (End-) Redaktion des Hoseabuchs. Vgl. weiter die Diskussion bei REIMER, »return« 219-222.

36 Die von SKWERES, *Rückverweise* 193f, angestellte Erwägung, dieser Text könne auf Ex 14,13 verweisen (so auch wieder REIMER, »return« 219f), ist, ganz abgesehen von der Datierungsfrage, kaum haltbar, vgl. BLUM, *Studien* 173, Anm. 325.

37 Im Kontext dieses Yhwh-»Zitats« ist auch v. 27f erwähnenswert, wo ein uns nicht bekanntes Ereignis in Ägypten »erinnert« wird (vgl. RÖMER 277f).

38 Für 2Sam 5,2 behält VEIJOLA, *Dynastie* 133, mit seiner Bemerkung Recht, daß in diesem Vers ohne bekannte Grundlage ein Gotteswort an David zitiert wird. LOHFINK entgegnet (92), daß hier ein כ(אשׁר)-Verweis fehlt, nichtsdestotrotz bleibt diese Stelle für die Rückverweisproblematik interessant. Im übrigen sind manche der von LOHFINK gegen VEIJOLA vorgebrachten Kritikpunkte berechtigt; ob er jedoch zu allen bei VEIJOLA angeführten Belegen Bezugstexte gefunden hat, scheint mir fraglich. Ich möchte das Problem im Rahmen dieses Nachworts offen lassen.

39 Dieses »Zitat« will möglicherweise als ein Résumé von 2Sam 7 und 1Kön 8-9 verstanden werden (vgl. RÖMER 370f). Aber auch in einem solchen Fall bleiben »Überschüsse«.

40 Auch wenn das folgende sich oft sehr affirmativ anhören mag, möchte ich betonen, daß es hier um Spekulationen geht. Das Affirmative soll lediglich zur Diskussion reizen.

Gedächtnis die Entstehung der Schweiz mit der Figur Willhelm Tells in Verbindung gebracht, dessen »Zyklus« jedoch mit den Ereignissen von 1291 zunächst nichts zu tun hat[41].

BERGIER bemerkt: »La séquence des aventures de l'arbalétrier s'insère mal ... dans le contexte (von 1291, T.R.); ... les narrateurs ... les historiens et les artistes jusqu'à Schiller et Rossini, se sont ingéniés pourtant à rapprocher le héros uranais des événements qui agitaient ses compatriotes; donc à amalgamer des souvenirs disparates«[42].

So beruht die Schweizer Identität auf »deux actes de fondation«[43], »offizielle« und »populäre« Traditionen über die »Anfänge« werden zu einem großen nationalen Mythos zusammengefaßt.

Hier lassen sich m. E. Parallelen zum alttestamentlichen Befund ziehen. Die hebräische Bibel liefert uns eindeutige Hinweise auf ein Nebeneinander von unterschiedlichen Ursprungskonzeptionen: eine exodische, die Israel auf אבות in Ägypten zurückführte und eine »autochthone«, die auf Identifikation einer Gruppe mit einem Patriarchen beruhte[44]. Dies wird, soweit ich sehe, von LOHFINK nicht bestritten. Allerdings ist für ihn im Dtn (und im DtrG) die Synthese dieser Konzeptionen längst vollzogen. Aber diese Annahme hängt im Grunde allein von der Identifikation der dtr »Väter« mit den Patriarchen ab. So möchte ich diese Gleichsetzung abschließend noch einmal von grundsätzlichen Erwägungen her in Frage stellen.

Wenn die zwei großen in unmittelbarer zeitlicher (und wohl auch geographischer) Nähe zum DtrG entstandenen Werke, das Ezechielbuch und das dtr (!) überarbeitete Jeremiabuch, beide die Geschichte Israels vom Exodus her entwerfen (vgl. LOHFINK 101), ist es dann so sicher, daß das DtrG eine Synthese von Patriarchen- und Exoduskonzeptionen beabsichtigt? Diese Anfrage soll nicht besagen, daß die Deuteronomisten die Patriarchengestalten überhaupt nicht kannten, es geht eher darum, daß sie sie *nicht kennen wollten*. Die Nichtaufnahme der Patriarchen in die dtr Geschichtsdarstellung könnte ideologisch-religiöse Gründe haben.

Die Ablehnung der Patriarchentradition im dtr Dtn zeigt sich auch in dem (vom späten, nach LOHFINK wohl priesterlich beeinflußten 10,22 abgesehen) einzigen Vers, der explizit vor Ägypten einsetzt und einen einzelnen (wenn auch ungenannten) Vater auftreten läßt: 26,5[45]. Der Anfang des »geschichtlichen Credos«, der vom Abzug eines

---

41 Vgl. BERGIER, »Tell« 6-8.

42 BERGIER, »Tell« 7.

43 SCARONI, »flèches« 22. Nach SCARONI (23) hat der Tellmythos vom »enfant exposé« dieselbe Funktion wie die Erzählung von Abraham und Isaak in Gen 22.

44 Das traditionsgeschichtliche Alter der Patriarchengestalten ist Gegenstand heftiger Diskussion. Für Jakob bezeugt Hos 12 die Existenz eines (mündlichen?) Zyklus im 8. Jh. (vgl. dazu den umsichtigen Aufsatz von WHITT, »Relation«); eine vorexilische Abrahamtradition ist aufgrund von Ez 33,24 ebenfalls wahrscheinlich. Zur »problematischen« Gestalt Isaaks vgl. SCHMID, *Gestalt*.

45 Mit LOHFINK (103) möchte ich es offenlassen, ob das »Credo« Dtn 26,5ff oder eine Vorform desselben bereits im »Urdeuteronomium« gestanden hat. Daß die Akten über 26,5ff nicht geschlos-

anonymen אב (Jakob?) nach Ägypten spricht, hat im jetzigen Kontext wohl eine pejorative Konnotation.

Dies hat DE PURY dargelegt: »Quand ... on tient compte du fait que le 'père en perdition' correspond fort mal à la fin du cycle de Jacob qui voit, au contraire, le patriarche rentrer de son exil chargé de biens et entouré de ses fils, on ne peut s'empêcher de penser que le Deutéronomiste entend présenter l'ancêtre sous un jour péjoratif: cet ancêtre est un étranger et il est en perdition. Le Deutéronomiste ne veut décidément rien savoir des Patriarches, ni même de Jacob! Il me semble que son attitude résulte d'un *refus*. Pour lui, l'histoire d'Israël commence en Egypte, et il n'y a pas d'Israël, même embryonnaire, avant la naissance et l'élection du peuple par Yhwh en Egypte.«[46]

Erst in Ägypten beginnt für die Deuteronomisten die Geschichte *Israels*. Der dorthin hinabziehende אב, besonders wenn er in der volkstümlichen Tradition »Israel« genannt wird (Gen 32,29), ist noch ein *Aramäer*! Es sieht so aus, als ob es für die dtr Konzeption vor Ägypten kein Israel geben *dürfe*.

Die Gründe für diese Ablehnung einer patriarchischen Ursprungskonzeption hat die dtr Schule von der prophetischen Tradition geerbt, wie besonders Hos 12 (vgl. Jer 9,3) zeigt. LOHFINK schreibt (102), in Hos 12 werde keine »Symbiose« zwischen Jakob und Ägypten angestrebt. Natürlich nicht! Es geht genau um das Gegenteil: Die Jakob-Tradition wird zugunsten der Exodus-Tradition verworfen. Die Adressaten werden aufgefordert, ihre Identität und Gottesbeziehung nicht über ein genealogisches, auf Identifikation mit einem Urahn beruhenden Ursprungskonzept zu definieren, sondern über ein vokationelles, prophetisches System[47]. Der Deuteronomismus ist dieser Aufforderung nachgekommen: An keiner Stelle, an der im Dtn und DtrG die אבות begegnen, wird mit ihnen ein genealogisches System konstruiert, wie dies in der Gen der Fall ist. Die »Väter« im Dtn bleiben immer eine unstrukturierte Kollektivität. Es gibt in dieser anonymen »Vätermasse« auch keine rechtliche oder politische Hierarchie. Die einzige Mittlerinstanz ist die prophetische, wie sie von Mose repräsentiert wird.

Der in Hos 12 dramatisierte Unterschied zwischen Patriarchen- und Exoduskonzeption ist auch im »Tetrateuch« noch deutlich sichtbar. Es sei hier nur auf den »dtr«, vokationellen Bericht der Moseeinsetzung in Ex 3 verwiesen und auf dessen priesterliche, genealogisch-patriarchische Korrektur in Ex 6[48].

---

sen sind, zeigt der jüngst erschienene Artikel von DANIELS, »creed«, mit dessen unhaltbaren Sprachstatistiken ich mich hier nicht auseinandersetzen kann.

46 DE PURY, »cyle« (Zitat nach dem in *VTS* 42 erscheinenden Manuskript).

47 Vgl. dazu ausführlich DE PURY, »cycle«. Er macht z. B. darauf aufmerksam, daß in Hos 12 Gott in Verbindung mit Jakob nur »El(ohim)« genannt wird, Yhwh ist ausschließlich der »Gott von Ägypten« her.

48 Ich möchte hier offenlassen, ob hinter dem »dtr[2]« Text von Ex 3 eine ältere Vorlage auszumachen ist, was mir durchaus möglich erscheint. Für Ex 6 ist vor allem auf SKA, »Remarques« 100ff, zu verweisen, der gezeigt hat, daß in Ex 6,2-8, im Gegensatz zu Ex 3, ein familär-genealogisches Wortfeld vorliegt und durch den Verweis auf die Patriarchen ein »lien de parenté« zwischen Yhwh und Israel in Ägypten geschaffen wird.

Damit sind wir nun doch noch bei der Tetrateuch-Pentateuch-Frage angelangt. Für RENDTORFF war ja bekanntlich die Betonung des »Bruchs« zwischen dem Patriarchenzyklus und der Auszugsgeschichte ein wichtiges Argument bei der Infragestellung der Urkundenhypothese[49]. Dieses Argument kommt bei der manchmal recht globalen, teilweise aber beliebten Charakterisierung des gesamten vorpriesterlichen Tetrateuch als »deuteronomistisch« zu kurz. BLUM zufolge ist mit einer umfassenden »deuteronomistischen« Redaktion des Tetrateuch zu rechnen. Für diese Bearbeitung lassen sich aber, wie er für Ex und Num dargelegt hat, durchaus schriftliche Vorlagen ausmachen, wenn vielleicht auch nicht rekonstruieren[50]. Problematisch ist m.E. der Einsatzpunkt von »KD«. BLUM situiert ihn zu Beginn der Patriarchenerzählung. Dann wird man aber mit SKA fragen müssen: »Pourquoi, en particulier, KD n'a-t-il pas voulu introduire le thème des promesses de la Genèse en Ex 3-4?«[51]. So scheint mir ein Einsatz von »KD« im Exodusbuch (Ex 3?) wahrscheinlicher.

Im Gegensatz zu BLUM finde ich in Gen 12ff kaum Spuren einer umfassenden »dtr« Bearbeitung. Die wenigen typisch »dtr« Sprachstil aufweisenden Texte wie Gen 15(?); 22,15-18; 26,3-5 u. ä. können auch auf das Konto einer nachpriesterlichen, »deuteronomisierenden« (End-?)Bearbeitung gehen.

Eine solche Sicht der Dinge kann m. E. vom Dtn her bestätigt werden: Das Dtn setzt denselben Traditionskomplex voraus wie die »D-Bearbeitung« von Exodus bis Numeri[52], d. h. die Patriarchentraditionen bleiben in der dtr Traditionsbildung außenvor[53]. Somit hat wohl »P« zum erstenmal einen Penta- bzw. Tetrateuch geschaffen. Die endgültige Fertigstellung der Torah geht auf eine nachpriesterliche mit dtr Stil und Themen arbeitende Redaktion zurück, welche nicht durch »Tricks«, sondern durch eine wohlüberlegte Neuinterpretation die Patriarchenverheißungen zu einem Leitmotiv für den gesamten *Penta*teuch macht (Gn 50,24 - Dtn 34,4). Den »Programm-Text« dieser Redaktion sollte man wohl in Gen 15 suchen, zumal HA jetzt wichtige Gründe für eine nachpriesterliche Entstehung dieses Kapitels geliefert hat[54]. Dieser »vermittlungstheologische« Text, der als Inhaltsverzeichnis der Torah verstanden werden will[55],

---

49 Vgl. RENDTORFF, *Problem* 65-67.

50 Vgl. BLUM, *Studien*, bes. 9-99.

51 SKA, »Wellhausen« 258.

52 BLUM, *Studien*, hat (bes. 176-188) aufgezeigt, wie komplex das Verhältnis von vordtr Texten (in Ex; Num), dem dtr Dtn und der »D-Komposition« ist.

53 Dies wird indirekt bei einer Äußerung von LOHFINK selbst deutlich. So schreibt er (105), daß die dtr Bearbeitung des Dtn »weite Textbereiche aus unseren Büchern Genesis - Numeri kennt und bei ihren Adressaten als bekannt voraussetzt«. Danach zählt er folgende Themen auf: Kundschaftergeschichte, Wüstenwanderung, Horebgeschehen, Exodusgeschichte. Damit wird nun nicht »der Zusammenhang mit Genesis - Numeri ... greifbar«, es wird allein der Bereich Ex und Num abgedeckt.

54 Vgl. HA, *Genesis 15*, bes. 205f. 209ff. Ich kann hier nicht auf LOHFINKS Überlegungen zu Dtn 12,1 und Gen 15,18 eingehen. Nur soviel: Das Perfekt von נתן in Dtn 12,1 kann zunächst aus der chiastisch-evolutiven Struktur von Dtn 11,31-12,1 erklärt werden, und die wörtlichen Bezüge zu Gen 15,18 sind eher vage (vgl. LOHFINK, »Dtn 12,1« 197f).

55 Vgl. HA, *Genesis 15*, und einen von mir in *DBAT* erscheinenden Artikel zu »Gen 15 und 17«.

macht aus Abraham eine Integrationsfigur: Der bei Ezechiel (33,24) noch abgelehnte Anspruch der »Autochthonen« (נתן ,ירש) wird positiv aufgenommen, zugleich wird Abraham aber auch eine exodisch-sinaitische Figur (vgl. 15,7; כרת ברית v.18). So finden sich schließlich in Abraham exodisches und autochthones Israel zusammen, und damit wird er nicht nur zum »Vater des Glaubens«, sondern auch zum »Vater« sämtlicher Pentateuchtraditionen.

Da meine voluminöse Dissertation LOHFINK nicht überzeugen konnte, wäre es nun von mir anmaßend zu hoffen, daß dieses kurze Nachwort ihn umzustimmen vermöchte. Und es fällt mir nicht schwer, auch die Enttäuschung nachzufühlen, die LOHFINK seinerseits empfinden muß angesichts der Tatsache, daß er trotz seiner kraftvollen und subtilen Argumentation bei mir nicht größere Eingeständnisse einhandeln konnte. Es ist vielleicht überhaupt ein delikates Unternehmen, eine wissenschaftliche Disputatio innerhalb derselben Buchdeckel zu führen. Daß LOHFINK die Initiative ergriffen hat, seinem Gegner zum Schluß noch einmal das Wort zu erteilen, ist eine seltene und faire Geste. Für diese Großzügigkeit möchte ich ihm nochmals von ganzem Herzen danken. Eines wird dem Leser klar geworden sein: Die Debatte über die Väter Israels ist zu einer Kernfrage für das Verständnis der deuteronomistischen Literatur geworden, und von ihrem Ausgang darf man sich die Lösung mancher Frage zur israelitischen Traditionsgeschichte erhoffen. Diese Debatte ist noch nicht zu Ende. Ich wünsche mir, daß sie sinnvoll und offen weitergeht.

Literaturverzeichnis

ABUSCH, TZ., u.a. (Hrsg.), *Lingering over Words. Studies in Ancient Near Eastern Literature in Honor of William L. Moran* (HSSt 37; Atlanta 1990)

ACHENBACH, R., *Israel zwischen Verheißung und Gebot. Literarkritische Untersuchungen zu Deuteronomium 5 - 11* (EHS.T 422; Frankfurt 1991)

AULD, A. G., »Joshua: The Hebrew and Greek Texts,« in: EMERTON, *Historical Books* 1-14

AURELIUS, E., *Der Fürbitter Israels. Eine Studie zum Mosebild im Alten Testament* (Stockholm 1988)

BECKER, J., »Einige Hyperbata im Alten Testament,« *BZ* 17 (1973) 257-263
- *Esra / Nehemia* (NEB 25; Würzburg 1990)

BERGIER, J. F., »Guillaume Tell: Naissance d'un mythe,« *Campus* 10 (1991) 6-9

BLUM, E., *Die Komposition der Vätergeschichte* (WMANT 57; Neukirchen-Vluyn 1984)
- *Studien zur Komposition des Pentateuch* (BZAW 189; Berlin 1990)

BRAULIK, G., *Die Mittel deuteronomischer Rhetorik, erhoben aus Deuteronomium 4,1-40* (AnBib 68; Rom 1978)
- »Zur deuteronomistischen Konzeption von Freiheit und Frieden,« in: EMERTON, *Congress Volume Salamanca 1983* 29-39 = BRAULIK, *Studien* 219-230
- *Deuteronomium 1 - 16,17* (NEB 15; Würzburg 1986)
- *Studien zur Theologie des Deuteronomiums* (SBAB 2; Stuttgart 1988)
- »Die Funktion von Siebenergruppierungen im Endtext des Deuteronomiums,« in: REITERER, *Offenbarung* 37-50

BREKELMANS, C., & LUST, J., (Hrsg.), *Pentateuchal and Deuteronomistic Studies. Papers Read at the XIIIth IOSOT Congress Leuven 1989* (BEThL 94; Löwen 1990)

BUDDE, K., *Die sogenannten Ebed-Jahwe-Lieder und die Bedeutung des Knechtes Jahwes in Jes. 40 - 55. Ein Minoritätsvotum* (Gießen 1900)

CAMPBELL, A.-F., *Of Prophets and Kings. A late Ninth-Century Document* (1 Samuel 1 - 2 Kings 10) (CBQ.S 17; Washington, D.C., 1986)

CARMICHAEL, C., »A New View of the Origin of the Deuteronomic Creed,« *VT* 19 (1969) 273-289

CLEMENTS, R. E., *Deuteronomy* (Old Textament Guides; Sheffield 1989)

CONROY, CH., »Reflections on the Exegetical Task. Apropos of Recent Studies on 2 Kg 22 - 23,« in: BREKELMANS & LUST, *Studies,* 255-268

CRAIGIE, P. C., *The Book of Deuteronomy* (The New International Commentary on the Old Testament; Grand Rapids 1976)

DANIELS, D. R., »The Creed of Deuteronomy xxvi Revisited,« in: EMERTON, *Studies* 231-242

DIEPOLD, P., *Israels Land* (BWANT 95; Stuttgart 1972)

DIETRICH, W., *Prophetie und Geschichte. Eine redaktionsgeschichtliche Untersuchung zum deuteronomistischen Geschichtswerk* (FRLANT 108; Göttingen 1972)

– *David, Saul und die Geschichte. Das Verhältnis von Religion und Politik nach den prophetischen Überlieferungen vom frühesten Königtum in Israel* (BWANT 122; Stuttgart 1987)

DRIVER, S. R., *A Critical and Exegetical Commentary on Deuteronomy* (ICC; Edinburgh, [3]1901)

EMERTON, J. A. (Hrsg.), *Studies in the Historical Books of the Old Testament* (VTS 30; Leiden 1979)

– (Hrsg.), *Congress Volume Salamanca 1983* (VTS 36; Leiden 1985)

– (Hrsg.), *Studies in the Pentateuch* (VTS 41; Leiden 1990)

– (Hrsg.), *Congress Volume Leuven 1989* (VTS 42; Leiden 1991) (im Druck)

EYNIKEL, E., *De hervorming van Josia en de compositie van de deuteronomistische geschiedenis* (Diss. Löwen 1989)

FISCHER, G., u. LOHFINK, N., »,Diese Worte sollst du summen'. Dtn 6,7 *w^{e}dibbartā bām* – ein verlorener Schlüssel zur meditativen Kultur in Israel,« *ThPh* 62 (1987) 59-72

GESE, H., u. RÜGER, H. P., (Hrsg.), *Wort und Geschichte* (FS K. Elliger; AOAT 18; Kevelaer u. Neukirchen-Vluyn 1973)

GIESEN, G., *Die Wurzel שבע »schwören«. Eine semasiologische Studie zum Eid im alten Testament* (BBB 56; Bonn 1981)

GÖRG, M., (Hrsg.), *Die Väter Israels: Beiträge zur Theologie der Patriarchenüberlieferungen im Alten Testament* (FS J. Scharbert; Stuttgart 1989)

HA, J., *Genesis 15: A Theological Compendium of Pentateuchal History* (BZAW 181; Berlin 1989)

HULST, A. R., »Opmerkingen over de Ka'ašer-Zinnen in Deuteronomium,« *NedThT* 18 (1963/64) 337-361

JEREMIAS, J., und PERLITT, L., (Hrsg.), *Die Botschaft und die Boten. Festschrift für Hans Walter Wolff* (Neukirchen-Vluyn 1981)

KAYSER, W., *Das sprachliche Kunstwerk. Eine Einführung in die Literaturwissenschaft* (Bern und München [12]1967)

KEDAR, B., *Biblische Semantik* (Stuttgart 1981)

KEIL, C. F., *Die Bücher Samuelis* (BC 2, 2; Leipzig [2]1875)

KOOPMANS, W. T., *Joshua 24 as Poetic Narrative* (JOSOT.SS 93; Sheffield 1990)

KREUZER, S., *Die Frühgeschichte Israels in Bekenntnis und Verkündigung des Alten Testaments* (BZAW 178; Berlin 1989)

LABERGE, L., »Le texte de Deutéronome 31 (Dt 31,1-29; 32,44-47),« in: BREKELMANS & LUST, *Studies* 143-160

LOHFINK, N., »Darstellungskunst und Theologie in Dtn 1,6 – 3,29,« *Bib.* 41 (1960) 105-134 = LOHFINK, *Studien zum Deuteronomium I* 15-51
– »Die deuteronomistische Darstellung des Übergangs der Führung Israels von Moses auf Josue. Ein Beitrag zur alttestamentlichen Theologie des Amtes«, *Scholastik* 37 (1962) 32-44 = ders., *Studien zum Deuteronomium I*, 83-97
– *Das Hauptgebot. Eine Untersuchung literarischer Einleitungsfragen zu Dtn 5 – 11* (AnBib 20; Rom 1963)
– *Höre, Israel! Auslegung von Texten aus dem Buch Deuteronomium* (Die Welt der Bibel 18, Düsseldorf 1965)
– *Die Landverheißung als Eid. Eine Studie zu Gn 15* (SBS 28; Stuttgart 1967)
– »Dt 26,17-19 und die ‚Bundesformel'«, *ZkTh* 91 (1969) 517-553 = LOHFINK, *Studien zum Deuteronomium I* 211-261
– »Beobachtungen zur Geschichte des Ausdrucks עם יהוה,« in: WOLFF, *Probleme* 275-305
– »Zum ‚kleinen geschichtlichen Credo' Dtn 26,5-9,« *ThPh* 46 (1971) 19-39 = LOHFINK, *Studien zum Deuteronomium I* 263-290
– »Hos. xi 5 als Bezugstext von Dtn. xvii 16,« *VT* 31 (1981) 226-228
– »Glauben lernen in Israel,« *KatBl* 108 (1983) 84-99 = ders., *Jüdisches* 144-166
– »Zur deuteronomischen Zentralisationsformel,« *Bib.* 65 (1984) 297-329
– »Kerygmata des Deuteronomistischen Geschichtswerks,« in: JEREMIAS u. PERLITT, *Botschaft* 87-100
– (Hrsg.), *Das Deuteronomium. Entstehung, Gestalt und Botschaft* (BEThL 68; Löwen 1985)
– »Zur neueren Diskussion über 2 Kön 22 – 23,« in: ders., *Deuteronomium* 24-48
– *Das Jüdische am Christentum. Die verlorene Dimension* (Freiburg 1987)
– »The Cult Reform of Josiah of Judah: 2 Kings 22 – 23 as a Source for the History of Israelite Religion,« in: MILLER, *Religion* 459-475
– Bespr. von RÜTERSWÖRDEN, *Gemeinschaft,* in: *ThLZ* 113 (1988) 425-430
– »Dtn 12,1 und Gen 15,18: Das dem Samen Abrahams geschenkte Land als der Geltungsbereich der deuteronomischen Gesetze,« in: GÖRG, *Väter* 183-210
– *Studien zum Deuteronomium und zur deuteronomistischen Literatur I* (SBAB 8; Stuttgart 1990)
– »Welches Orakel gab den Davididen Dauer? Ein Textproblem in 2 Kön 8,19 und das Funktionieren der dynastischen Orakel im deuteronomistischen Geschichtswerk,« in: ABUSCH, *Lingering over Words* 349-370 (Vorabdruck in: STRUPPE, *Messiasbild* 127-154)
– »Bundestheologie im Alten Testament. Zum gleichnamigen Buch von Lothar Perlitt,« in: ders., *Studien zum Deuteronomium I* 325-361
– »2 Kön 23,3 und Dtn 6,17,« *Bib.* 71 (1990) 34-42
– »Gibt es eine deuteronomistische Bearbeitung im Bundesbuch?,« in: BREKELMANS & LUST, *Studies* 91-113

- »Das Deuteronomium: Jahwegesetz oder Mosegesetz?,« *ThPh* 65 (1990) 387-391
- Bespr. von AURELIUS, *Fürbitter*, in: *RB* 97 (1990) 85-111
- »ʿd(w)t im Deuteronomium und in den Königsbüchern,« *BZ* 35 (1991) 86-93

MACHOLZ, G. C., *Israel und das Land. Vorarbeiten zu einem Vergleich zwischen Priesterschrift und deuteronomistischem Geschichtswerk* (Ungedruckte Habilitationsschrift; Heidelberg 1969)

MAYES, A. D. H., »Deuteronomy 4 and the Literary Criticism of Deuteronomy,« *JBL* 100 (1981) 23-51

MCCARTER, P. K., *I Samuel* (AnchB 8; Garden City, N.Y., 1980)

MILGROM, J., »Profane Slaughter and a Formulaic Key to the Composition of Deuteronomy,« *HUCA* 47 (1976) 1-17
- »A Formulaic Key to the Sources of D (Ivrit),« *ErIs* 14 (1978) 42-47 und 123*-124*

MILLER, P. D., u.a. (Hrsg.), *Ancient Israelite Religion* (FS F. M. Cross; Philadelphia 1987)

MITTMANN, S., »Num 20,14-21 – eine redaktionelle Kompilation," in: GESE, *Wort,* 143-149

MOMMER, P., *Samuel. Geschichte und Überlieferung* (WMANT 65; Neukirchen-Vluyn 1991)

NOTH, M., *Überlieferungsgeschichtliche Studien. Die sammelnden und bearbeitenden Geschichtswerke im Alten Testament* (Tübingen ²1957)
- *Überlieferungsgeschichte des Pentateuch* (Stuttgart 1948)

PAUL, M. J., *Het Archimedisch Punt van de Pentateuchkritiek. Een historisch en exegetisch onderzoek naar de verhouding van Deuteronomium en de reformatie van koning Josia (2 Kon 22-23)* (s'Gravenhage 1988)

PERLITT, L., »Motive und Schichten der Landtheologie im Deuteronomium," in: STRECKER, *Land* 46-58
- »Deuteronomium 1 – 3 im Streit der exegetischen Methoden,« in: LOHFINK, *Deuteronomium* 149-163
- »Priesterschrift im Deuteronomium?,« *ZAW* 100 (1988) Supplement 65-88
- *Deuteronomium* (BK V/1-2; Neukirchen-Vluyn 1990/91)

POLZIN, R., *Moses and the Deuteronomist. A Literary Study of the Deuteronomic History. Part One. Deuteronomy, Joshua, Judges* (New York 1980)

PURY, A. DE, (Hrsg.), *Le Pentateuque en question. Les origines et la composition des cinq premiers livres de la Bible à la lumière des recherches récentes* (Le monde de la Bible; Genf 1989)
- »La tradition patriarcale en Genèse 12 - 35,« in: ders., *Pentateuque* (Genf 1989)
- »Le Cycle de Jacob comme légende autonome des origines d'Israël,« in: EMERTON, *Congress Volume Leuven*

RAD, G. VON, *Deuteronomium-Studien* (FRLANT 58; Göttingen 1947) = Ders., *Gesammelte Studien II* 109-153
- *Das fünfte Buch Mose. Deuteronomium* (ATD 8; Göttingen 1964)
- *Gesammelte Studien zum Alten Testament. Band II* (ThB 48; München 1973)
REIMER, D. J., »Concerning Return to Egypt: Deuteronomy xvii 16 and xxviii 68 Reconsidered,«, in: EMERTON, *Studies* 217-229
REITERER, F. V., (Hrsg.), *Ein Gott, eine Offenbarung. Beiträge zur biblischen Exegese, Theologie und Spiritualität* (FS N. Füglister; Würzburg 1991)
RENDTORFF, R., *Das überlieferungsgeschichtliche Problem des Pentateuch* (BZAW 147; Berlin 1976 [1977])
RICHTER, W., *Exegese als Literaturwissenschaft. Entwurf einer alttestamentlichen Literaturtheorie und Methodologie* (Göttingen 1971)
ROGGE, J., u. SCHILLE, G., (Hrsg.), *Theologische Versuche II* (Berlin 1970)
RÖMER, TH., *Israels Väter. Untersuchungen zur Väterthematik im Deuteronomium und in der deuteronomistischen Tradition* (OBO 99; Freiburg [Schweiz] und Göttingen 1990)
ROSE, M., *Deuteronomist und Jahwist. Untersuchungen zu den Berührungspunkten beider Literaturwerke* (AThANT 67; Zürich 1981)
- »La croissance du corpus historiographique de la Bible - une proposition,« *RThPh* 118 (1986) 217-236
- »Empoigner le Pentateuque par sa fin! L'investiture de Josué et la mort de Moïse,« in: PURY, *Pentateuque 129-147*
RÜTERSWÖRDEN, U., *Von der politischen Gemeinschaft zur Gemeinde. Studien zu Dt 16,18 - 18,22* (BBB 65; Frankfurt 1987)
SCARONI, D., »Les flèches de Tell, ou l'épreuve initiatique,« *Campus* 10 (1991) 22-23
SCHMID, H., *Die Gestalt des Isaak: ihr Verhältnis zur Abraham- und Jakobtradition* (EdF 274; Darmstadt 1991)
SKA, J. L., »Quelques remarques sur P^g et la dernière rédaction du Pentateuque,« in: PURY, *Pentateuque 95-125*
- »*Our Fathers Have Told Us*«. *Introduction to the Analysis of Hebrew Narratives* (Subsidia biblica 13; Rom 1990)
- »Un nouveau Wellhausen?,« *Bib.* 72 (1991) 253-263
SKWERES, D. E., *Die Rückverweise im Buch Deuteronomium* (AnBib 79; Rom 1979)
SMEND, R., »Das Gesetz und die Völker. Ein Beitrag zur deuteronomistischen Redaktionsgeschichte,« in: WOLFF, *Probleme* 67-72 = SMEND, *Mitte* 124-137
- *Die Mitte des Alten Testaments. Gesammelte Studien Band 1* (BEvTh 99; München 1986)
SOGGIN, J. A., *Le livre de Josué* (CAT 5a; Neuchatel 1970)
STERNBERG, M., *The Poetics of Biblical Narrative. Ideological Literature and the Drama of Reading* (Indiana Studies in Biblical Literature; Bloomington 1985)

STRECKER, G. (Hrsg.), *Das Land Israel in biblischer Zeit. Jerusalem-Symposium 1981 der Hebräischen Universität und der Georg-August-Universität* (GTA 25; Göttingen 1983)

STRUPPE, U., (Hrsg.), *Studien zum Messiasbild im Alten Testament* (SBAB 6; Stuttgart 1989)

TAGLIACARNE, P., *»Keiner war wie er«. Untersuchung zur Struktur von 2 Könige 22 - 23* (ATSAT 31; St. Ottilien 1989).

VAN SETERS, J., »Confessional Reformulation in the Exilic Period,« *VT* 22 (1972) 448-459
- *Abraham in History and Tradition* (New Haven u. London 1975)

VEIJOLA, T., *Die ewige Dynastie. David und die Entstehung seiner Dynastie nach der deuteronomistischen Darstellung* (STAT.AASF 193; Helsinki 1975)
- *Das Königtum in der Beurteilung der deuteronomistischen Historiographie. Eine redaktionsgeschichtliche Untersuchung* (STAT.AASF 198; Helsinki 1977)
- *Verheißung in der Krise. Studien zu Literatur und Theologie der Exilszeit anhand des 89. Psalms* (STAT.AASF 220; Helsinki 1982)

WASSERMANN, G., »Das kleine geschichtliche Credo (Deut. 26,5ff.) und seine deuteronomische Übermalung,« in: ROGGE, *Theologische Versuche II*, 27-46

WEIMAR, P., *Die Berufung des Mose. Literaturwissenschaftliche Analyse von Exodus 2,23-5,5* (OBO 23; Fribourg und Göttingen 1980)

WEISER, A., »Die Legitimation des Königs David. Zur Eigenart und Entstehung der sogen. Geschichte von von Davids Aufstieg,« *VT* 16 (1966) 325-354

WEVERS, J. W., *Text History of the Greek Deuteronomy* (MSU XIII; Göttingen 1978)
- *Notes on the Greek Text of Exodus* (Septuagint and Cognate Studies 30; Atlanta 1990)

WHITT, W. D., »The Jacob Tradition in Hosea and their Relation to Genesis,« *ZAW* 103 (1991) 18-43

WOLFF, H. W., (Hrsg.), *Probleme biblischer Theologie. Gerhard von Rad zum 70. Geburtstag* (München 1971)

WÜRTHWEIN, E., *Die Bücher der Könige 1.Kön.17 - 2.Kön.25* (ATD 11,2; Göttingen 1984)

YEE, G. A., *Composition and Tradition in the Book of Hosea. A Redaction Critical Investigation* (SBLDS 102; Atlanta 1987)

ZEVIT, Z., »Converging Lines of Evidence Bearing on the Date of P,« *ZAW* 94 (1982) 481-511

ZIMMERLI, W., »Sinaibund und Abrahambund. Ein Beitrag zum Verständnis der Priesterschrift,« *ThZ* 16 (1960) 268-280 = ders., *Gottes Offenbarung* 205-216
- *Gottes Offenbarung. Gesammelte Aufsätze* (ThB 19; München 1963)

Bibelstellenverzeichnis

(Auswahl)

Autorenverzeichnis

(Das Autorenverzeichnis enthält keine Verweise für die Namen N. Lohfink und Th. Römer)

ORBIS BIBLICUS ET ORIENTALIS

Bd. 1   OTTO RICKENBACHER: *Weisheitsperikopen bei Ben Sira.* X–214–15* Seiten. 1973. Vergriffen.

Bd. 2   FRANZ SCHNIDER: *Jesus der Prophet.* 298 Seiten. 1973. Vergriffen.

Bd. 3   PAUL ZINGG: *Das Wachsen der Kirche.* Beiträge zur Frage der lukanischen Redaktion und Theologie. 345 Seiten. 1974. Vergriffen.

Bd. 4   KARL JAROŠ: *Die Stellung des Elobisten zur kanaanäischen Religion.* 294 Seiten, 12 Abbildungen. 1982. 2. verbesserte und überarbeitete Auflage.

Bd. 5   OTHMAR KEEL: *Wirkmächtige Siegeszeichen im Alten Testament.* Ikonographische Studien zu Jos 8, 18–26; Ex 17, 8–13; 2 Kön 13, 14–19 und 1 Kön 22, 11. 232 Seiten, 78 Abbildungen. 1974. Vergriffen.

Bd. 6   VITUS HUONDER: *Israel Sohn Gottes.* Zur Deutung eines alttestamentlichen Themas in der jüdischen Exegese des Mittelalters. 231 Seiten. 1975.

Bd. 7   RAINER SCHMITT: *Exodus und Passa.* Ihr Zusammenhang im Alten Testament. 124 Seiten. 1982. 2. neubearbeitete Auflage.

Bd. 8   ADRIAN SCHENKER: *Hexaplarische Psalmenbruchstücke.* Die hexaplarischen Psalmenfragmente der Handschriften Vaticanus graecus 752 und Canonicianus graecus 62. Einleitung, Ausgabe, Erläuterung. XXVIII–446 Seiten. 1975.

Bd. 9   BEAT ZUBER: *Vier Studien zu den Ursprüngen Israels.* Die Sinaifrage und Probleme der Volks- und Traditionsbildung. 152 Seiten. 1976. Vergriffen.

Bd. 10   EDUARDO ARENS: *The ΗΛΘΟΝ-Sayings in the Synoptic Tradition.* A Historico-critical Investigation. 370 Seiten. 1976.

Bd. 11   KARL JAROŠ: *Sichem.* Eine archäologische und religionsgeschichtliche Studie, mit besonderer Berücksichtigung von Jos 24. 280 Seiten, 193 Abbildungen. 1976.

Bd. 11a   KARL JAROŠ/BRIGITTE DECKERT: *Studien zur Sichem-Area.* 81 Seiten, 23 Abbildungen. 1977.

Bd. 12   WALTER BÜHLMANN: *Vom rechten Reden und Schweigen.* Studien zu Proverbien 10–31. 371 Seiten. 1976. Vergriffen.

Bd. 13   IVO MEYER: *Jeremia und die falschen Propheten.* 155 Seiten. 1977. Vergriffen.

Bd. 14   OTHMAR KEEL: *Vögel als Boten.* Studien zu Ps 68, 12–14, Gen 8, 6–12, Koh 10, 20 und dem Aussenden von Botenvögeln in Ägypten. – Mit einem Beitrag von Urs Winter zu Ps 56, 1 und zur Ikonographie der Göttin mit der Taube. 164 Seiten, 44 Abbildungen. 1977. Vergriffen.

Bd. 15   MARIE-LOUISE GUBLER: *Die frühesten Deutungen des Todes Jesu.* Eine motivgeschichtliche Darstellung aufgrund der neueren exegetischen Forschung. XVI–424 Seiten. 1977. Vergriffen.

Bd. 16   JEAN ZUMSTEIN: *La condition du croyant dans l'Evangile selon Matthieu.* 467 pages. 1977. Epuisé.

Bd. 17   FRANZ SCHNIDER: *Die verlorenen Söhne.* Strukturanalytische und historisch-kritische Untersuchungen zu Lk 15. 105 Seiten. 1977.

Bd. 18   HEINRICH VALENTIN: *Aaron.* Eine Studie zur vor-priesterschriftlichen Aaron-Überlieferung. VIII–441 Seiten. 1978.

Bd. 33   OTHMAR KEEL: *Das Böcklein in der Milch seiner Mutter und Verwandtes*. Im Lichte eines altorientalischen Bildmotivs. 163 Seiten, 141 Abbildungen. 1980.

Bd. 34   PIERRE AUFFRET: *Hymnes d'Egypte et d'Israël*. Etudes de structures littéraires. 316 pages, 1 illustration. 1981.

Bd. 35   ARIE VAN DER KOOIJ: *Die alten Textzeugen des Jesajabuches*. Ein Beitrag zur Textgeschichte des Alten Testaments. 388 Seiten. 1981.

Bd. 36   CARMEL McCARTHY: *The Tiqqune Sopherim and Other Theological Corrections in the Masoretic Text of the Old Testament*. 280 Seiten. 1981.

Bd. 37   BARBARA L. BEGELSBACHER-FISCHER: *Untersuchungen zur Götterwelt des Alten Reiches im Spiegel der Privatgräber der IV. und V. Dynastie*. 336 Seiten. 1981.

Bd. 38   MÉLANGES DOMINIQUE BARTHÉLEMY. *Etudes bibliques offertes à l'occasion de son 60e anniversaire*. Edités par Pierre Casetti, Othmar Keel et Adrian Schenker. 724 pages, 31 illustrations. 1981.

Bd. 39   ANDRÉ LEMAIRE: *Les écoles et la formation de la Bible dans l'ancien Israël*. 142 pages, 14 illustrations. 1981.

Bd. 40   JOSEPH HENNINGER: *Arabica Sacra*. Aufsätze zur Religionsgeschichte Arabiens und seiner Randgebiete. Contributions à l'histoire religieuse de l'Arabie et de ses régions limitrophes. 347 Seiten. 1981.

Bd. 41   DANIEL VON ALLMEN: *La famille de Dieu*. La symbolique familiale dans le paulinisme. LXVII–330 pages, 27 planches. 1981.

Bd. 42   ADRIAN SCHENKER: *Der Mächtige im Schmelzofen des Mitleids*. Eine Interpretation von 2 Sam 24. 92 Seiten. 1982.

Bd. 43   PAUL DESELAERS: *Das Buch Tobit*. Studien zu seiner Entstehung, Komposition und Theologie. 532 Seiten + Übersetzung 16 Seiten. 1982.

Bd. 44   PIERRE CASETTI: *Gibt es ein Leben vor dem Tod?* Eine Auslegung von Psalm 49. 315 Seiten. 1982.

Bd. 45   FRANK-LOTHAR HOSSFELD: *Der Dekalog*. Seine späten Fassungen, die originale Komposition und seine Vorstufen. 308 Seiten. 1982. Vergriffen.

Bd. 46   ERIK HORNUNG: *Der ägyptische Mythos von der Himmelskuh*. Eine Ätiologie des Unvollkommenen. Unter Mitarbeit von Andreas Brodbeck, Hermann Schlögl und Elisabeth Staehelin und mit einem Beitrag von Gerhard Fecht. XII–129 Seiten, 10 Abbildungen. 1991. 2. ergänzte Auflage.

Bd. 47   PIERRE CHERIX: *Le Concept de Notre Grande Puissance (CG VI, 4)*. Texte, remarques philologiques, traduction et notes. XIV–95 pages. 1982.

Bd. 48   JAN ASSMANN / WALTER BURKERT / FRITZ STOLZ: *Funktionen und Leistungen des Mythos*. Drei altorientalische Beispiele. 118 Seiten, 17 Abbildungen. 1982. Vergriffen.

Bd. 49   PIERRE AUFFRET: *La sagesse a bâti sa maison*. Etudes de structures littéraires dans l'Ancien Testament et spécialement dans les psaumes. 580 pages. 1982.

Bd. 50/1 DOMINIQUE BARTHÉLEMY: *Critique textuelle de l'Ancien Testament*. 1. Josué, Juges, Ruth, Samuel, Rois, Chroniques, Esdras, Néhémie, Esther. Rapport final du Comité pour l'analyse textuelle de l'Ancien Testament hébreu institué par l'Alliance Biblique Universelle, établi en coopération avec Alexander R. Hulst †, Norbert Lohfink, William D. McHardy, H. Peter Rüger, coéditeur, James A. Sanders, coéditeur. 812 pages. 1982.